Diemer Elementarkurs Philosophie

Alwin Diemer

**Elementarkurs Philosophie
Philosophische Anthropologie**

Econ Verlag
Düsseldorf · Wien

1. Auflage 1978
Copyright © 1978 by Econ Verlag GmbH, Düsseldorf und Wien
Alle Rechte der Verbreitung, auch durch Film, Funk, Fernsehen,
fotomechanische Wiedergabe, Tonträger jeder Art, auszugsweisen
Nachdruck oder Einspeicherung und Rückgewinnung in Datenverarbeitungsanlagen aller Art, sind vorbehalten.
Gesetzt aus der Akzidenz Grotesk der Berthold AG
Satz: Aske+Kleine-Möllhoff GmbH, Hattingen
Papier: Papierfabrik Schleipen GmbH, Bad Dürkheim
Druck und Bindearbeit: Bercker GmbH, Kevelaer
Printed in Germany
ISBN 3 430 12068 3

INHALT

	Vorwort	15
	Einleitung	17
	ALLGEMEINES	21
1.	**Das Themenfeld**	21
1.1.	Das Wortfeld »Mensch«	21
1.1.1	griechisch	
1.1.2	lateinisch	
1.1.3	deutsch	22
1.1.4	französisch	
1.1.5	englisch	
1.2	Das Wortfeld »Befassung mit dem Thema«	23
1.2.1	Psycho-logia	
1.2.2	Anthropo-logia	
1.2.3	Pneumato-logia	
1.3	Das Begriffsfeld »Anthropologie«	23
1.3.1	Allgemeine Menschenkunde	
1.3.2	Metaphysische Grundanschauung vom Wesen des Menschen	24
1.3.3	Wissenschaft vom Menschen 1) Anthropologie als »dritte Biologie« 2) Anthropologie als Universalwissenschaft	
1.4	Das Begriffsfeld »philosophische Anthropologie«	24
1.4.1	Philosophische Richtung	
1.4.2	Metaphysische Anthropologie	25
1.4.3	Philosophische Disziplin	
2.	**Differenzierung der Anthropologie**	25
2.1	Allgemeine Menschenkunde	26

2.2	Empirische (Human-/Anthropo-) Wissenschaft	26
2.2.1	Die Verhaltenswissenschaften, Behavioral Sciences, Ethologie	
2.2.2	Die Psychologie	
	1) Die naturwissenschaftliche Psychologie	
	2) Die geisteswissenschaftliche Psychologie	
2.2.3	Die Anthropologie i.e.S.	27
	1) Die biologische Anthropologie	
	2) Die allgemeine Anthropologie	
2.2.4	Die Soziologie i.e.S.	27
2.3	Anthropo-Theorie	27
2.3.1	Kybernetik	
2.3.2	Systemtheorie	28
2.4	Anthropo-Metaphysik	
2.5	Philosophische Anthropologie	
2.5.1	Die Bestimmung	
2.5.2	Die Voraussetzungen	
	1) Die Tradition	
	2) Wissenschaftliche Erkenntnisse	29
	3) Der Zeitgeist	
	4) Eigene persönliche Erfahrung	
2.5.3	Die Aufgaben	
	1) Reine Information	
	2) Vorgabe von Leitideen	
	3) Kritische Funktion	
	4) Erstellung eines gemeinsamen Bodens als Ermöglichung für das Reden über »den Menschen«	
2.6	Meta-Anthropologie	30
2.6.1	Traditionelles Verständnis	
2.6.2	Modernes Verständnis	
2.7	Die (philosophischen) Bereichs-Anthropologien	30
	GESCHICHTE	33
0.	**Vorbemerkung**	33
1.	**Die Wurzeln europäisch-abendländischer Anthropologie**	35
1.1	Die griechische Antike	
1.2	Die biblische Tradition	
1.3	Die beiden Wurzeln und ihre Relevanz für die europäische Anthropologie	36

2.	**Die mittelalterliche Anthropologie**	37
3.	**Die neuzeitliche Anthropologie**	37
3.0	Allgemeines	
3.1	Die Zeit des Anthropologismus	39
3.1.1	Grundlegung und Vollendung: Descartes-Kant	
3.1.2	Das Werden des Anthropologismus	40
3.1.3	Das Jahrhundert des Anthropologismus 1750–1850	41
3.1.4	Werden und Differenzierung einer Disziplin »Anthropologie«	43
3.2	Der Mensch im Denken des klassischen Idealismus	45
3.3	Der Mensch im Denken der Romantik	46
3.4	Anthropologie in und nach der großen Wende des 19. Jahrhunderts	47
3.4.0	Allgemeines	
	1) Die Vielfalt damaliger anthropologischer Schlagworte	
	2) Das neue anthropologische Denken	
3.4.1	Der Evolutionismus	49
	1) Wortfeld	
	2) Begriff	
	3) Darwin(ismus)	50
	4) Andere Evolutionismen	51
3.4.2	Die neuen Wissenschaften vom Menschen	
	1) Die (biologische) Anthropologie	52
	2) Die neue Psychologie	
	3) Die neue Medizin	
3.4.3	Das neue Bild vom Menschen	
	1) Das Menschenbild bei Marx und Engels	
	2) Freuds anthropologischer Ansatz	53
	3) Der Mensch in der Lebensphilosophie	
4.	**Die philosophische Anthropologie des 20. Jahrhunderts**	55
4.0	Allgemeines	
4.0.1	Fünf Typen von Anthropologie	
	1) Die Anthropologie-Wissenschaft	
	2) Die weltanschauliche Anthropologie	
	3) Die philosophische Anthropologie als philosophische Bewegung	56
	4) Die philosophischen Anthropologietheorien/Anthropologien	
	5) Die philosophische Anthropologie als systematische philosophische Disziplin	
4.0.2	Gliederung der Darstellung	

4.1	Die »philosophische Anthropologie«	56
4.1.0	Allgemeines	
4.1.1	Die naturwissenschaftlich-biologisch-orientierte philosophische Anthropologie	57
4.1.2	Die kulturorientierte philosophische Anthropologie	58
4.2	Die christliche Anthropologie	58
4.3	Die bürgerliche Anthropologie	59
4.4	Die existenzorientierte Anthropologie	61
4.5	Das Menschenbild des/im Marxismus	61
4.6	Die tiefenpsychologische Anthropologie	64
4.7	Die kritische Anthropologie	66
4.8	Die struktural(istisch)e Anthropologie	67
4.9	Die behavioristische Anthropologie	68
4.10	Die analytische Anthropologie	69
4.11	Die historische/geschichtliche Anthropologie	70
4.12	Die anthropologische Philosophie	71
4.13	Die Kritik an der philosophischen Anthropologie	72
	SYSTEMATISCHE ANTHROPOLOGIE	75
0.	**Vorbemerkung**	
1.	**Das Phänomen »Mensch«**	76
1.0	Allgemeines	
1.1	Die Unterscheidungsmerkmale	77
1.1.1	Die Unterscheidung »nach oben«	
1.1.2	Die Unterscheidung »nach unten«	
	1) Die biologische Konzeption	
	1.1) Der aufrechte Gang	
	1.2) Der Besitz der Hand	78
	1.3) Die Instinktentbundenheit	
	1.4) Die Ausdrucksmöglichkeit	
	1.5) Das Spielenkönnen	79
	1.6) Sonstiges	
	2) Die nicht-biologische Konzeption	
	2.1) Arbeit	
	2.2) Besitz der Kleidung	80
	2.3) Sprachbesitz	
	2.4) Moral-(Normen-)-Besitz	
1.2	Die Bestimmungsmerkmale	81
1.2.1	Die geistige Fähigkeit	
1.2.2	Die Freiheit	

1.2.3	Das Zeitbewußtsein	
1.2.4	Die Fähigkeit der Negation	82
1.2.5	Die Fähigkeit der Reflexion bzw. Reflexivität	
1.2.6	Die »sozio-kulturelle Lebensform« (Habermas)	
2.	**Die Phänomenologie des Humanbereiches (Human-Statik)**	**82**
2.0	Allgemeine Vorgaben	
2.1	Die »Humanlandschaft« (»Landschaft der Seele«)	86
2.1.0	Allgemeines	
2.1.1	Körper-Leib	88
	0) Wortfeld	
	1) Der Körper	89
	2) Der Leib	
	2.1) die Außengegebenheit	
	2.2) die Innengegebenheit	90
	3) Das Leib-Seele-Problem	93
	3.0) Allgemeines	
	3.1) Das Wortfeld	94
	3.2) Die Thematisierung des Problems	95
	3.3) Die Lösungen des Problems	96
	3.4) Allegorische Modelle des Leib-Seele-Verhältnisses	99
2.1.2	Die Seele / Das Seelische	100
	1) Das Wortfeld	101
	2) Das Begriffsfeld	
	3) »Die Seele«	
	4) »Das Seelische«	
	5) Der »Sitz der Seele«	102
	6) Leben – Erleben – Lebenssinn – Lebenswelt	103
2.1.3	Das Bewußtsein	104
	1) Das Wortfeld	
	2) Das Begriffsfeld	105
	3) Das funktionale Bewußtsein	107
	4) Das materiale Bewußtsein	
2.1.4	Das Unbewußte	108
	0) Allgemeines	
	1) Das Wortfeld	
	2) Die Geschichte	109
	3) Die Bestimmung (Begriff)	
	4) Die Aktivität des Unbewußten	111
	5) Die Tiefen-Therapie	
2.1.5	Der Geist	
	0) Allgemeines	

	1) Das Wortfeld	112
	2) Die Charakterisierung	117
	Anhang zum Begriffsfeld »Leben-Seele-Bewußtsein-Geist«	118
2.1.6	Das Selbst	119
	0) Allgemeines	
	1) Die Charaktere des Selbst	
	2) Das Selbst als Individualität	120
2.1.7	Das Ich	121
	1) Das Wortfeld	
	2) Vier klassische Ich-Konzeptionen	
2.1.8	Die Person	123
	1) Das Wortfeld	
	2) Die Geschichte	
	3) Die Charaktere	
	4) Weitere Differenzierungen	124
2.1.9	Die Existenz	125
	0) Allgemeines	
	1) Allgemeine Charaktere	
	2) Der existenzphilosophische Hintergrund	
	3) Die Ausstrahlung existentiellen Denkens in die Anthropologie	126
2.1.10	Die Freiheit	127
	1) Das Wortfeld	
	2) Die Geschichte	
	3) »Wesen« und Typen der Freiheit	128
	4) Die Freiheitsprobleme	130
2.1.11	Die Transzendenz	131
	1) Phänomen und Problem der Transzendenz	
	2) Das Wortfeld	
	3) Die Rede von der menschlichen Transzendenz	132
	4) Die Idee des Übermenschen	
2.2	Die anthropologische Schichtung	132
2.2.0	Allgemeines	
2.2.1	Die anthropologische Schichtenkonzeption	135
2.2.2	Die anthropologische Aufschichtung	137
	0) Allgemeines	
	1) Geist-Leben	138
	2) Phantasie	
2.2.3	Die anthropologische Kernschichtung	141
	0) Allgemeines	
	1) Der Dispositions-/Habitualitätsbereich	142
	2) Exkurs: Humane Zeit(lichkeit), Geschicht(lichkeit) und Räum(lichkeit)	148

3.	**Die Dynamik des Humanbereiches (Human-Dynamik)**	150
3.0	Allgemeines	
3.1	Formale Handlungslehre	151
3.1.1	Das Phänomen »Handlung«	
	1) Verhalten	152
	2) Akt	153
	3) Handlung	
	4) Tätigkeit (Aktivität)	
3.1.2	Die Handlungsmomente (-elemente)	154
	1) Das Handlungssubjekt	
	2) Der Handlungsursprung	
	3) Die Intentionalität	155
	4) Das Erleben	156
	5) Das Bewußtsein	
	6) Die Kontextualität	
	7) Die Normenorientierung	
	8) Die Adskriptionen (Zuschreibungen)	157
3.1.3	Modi (Modalitäten) der Handlung (des Aktes)	
3.1.4	Die Handlungsdifferenzierung	
3.1.5	Die Handlungskontextualität	158
3.1.6	Der Normalitätsaspekt	
3.1.7	Die Handlungserfahrung	159
	1) Die Betroffenheit (»praktische Erfahrung«)	
	2) Die theoretische Erfahrung	160
	3) Die Handlungsbewertung	
3.2	Materiale Handlungslehre	
3.2.0	Allgemeines	
	1) Historische Entwicklung	
	2) Systematik	162
	3) Die Relevanz der Handlungstypen für die Konstitution der Wirklichkeit	
	4) Grundsätzliches für die folgenden Ausführungen	163
3.2.1	Die praktische Aktualisierung (die praktische Handlung)	
	0) Allgemeines	
	1) Die Funktion des Praktischen	
	2) Die praktischen Instanzen (nach Auf- und Kernschichtung)	164
	3) Die Handlungsaktualisierung und ihre Phasen	170
3.2.2	Die theoretische Aktualisierung (die theoretische Handlung)	172
	0) Allgemeines	
	1) Das Wortfeld	173

	2) Die theoretischen Instanzen	
	3) Die theoretische Aktualisierung	175
3.2.3	Das Emotionale	177
	0) Allgemeines	
	1) Das Wortfeld	
	2) Historische Entwicklung	179
	3) Systematik	180
4.	**Anthropologische Kosmologie (Mensch und Welt)**	181
4.0	Allgemeines	
4.1	Das Wortfeld	182
4.2	Historische Enwicklung	183
	1) Antike	
	2) Mittelalter	
	3) Neuzeit	185
	4) Gegenwart	
4.3	Welt als anthropologisches Problem	186
4.3.0	Allgemeines	
4.3.1	Die Struktur von Welt	
	1) Die Konstitution von Welt	
	2) Der Horizontcharakter	187
	3) Die Räumlichkeit	
	4) Die Zeitlichkeit	188
4.3.2	Die Stufen von Welt	
	1) Nähe und Ferne	
	2) Individual- und Sozialwelt	189
	3) Variationen von Welt	
4.3.3	Charaktere von Welt	
4.3.4	Die (materiale) Differenzierung von Welt	190
	0) Allgemeines	
	1) Das Wortfeld	
	2) Das Kultur-Dreieck	191
	3) Gliederung der Welt bzw. der Kultur	
5.	**Die Humansubjektivität und ihre Welten**	194
5.0	Allgemeines	
5.1	Die Humansubjektivität in ihrer Totalität	195
5.1.1	Die Stufung vom Ego über das Alter zum Inter	
	1) Der allgemeine Sozialaspekt der Subjektivität	
	2) Ego- und Alter-Subjektivität	196
	3) Ego- und Inter-Subjektivität	
5.1.2	Die Inter-Subjektivität als solche	

5.1.3	(Transzendentale) Inter-Subjektivität und konkretes »ich«	197
	1) Das Ich hat, d. h. konstituiert Welt	
	2) Das Ich »ist« als Ich konstituiert durch die Intersubjektivität	198
	3) Das »ich« »trägt« als konkretes »ich« im Jetzt und Hier die transzendentale Intersubjektivität	
	4) Das »ich« ist zugleich Moment der fungierenden transzendentalen Intersubjektivität	
5.2	Die Stufung der zugehörigen Welten	
5.2.0	Allgemeines	
5.2.1	Die Ego-Welt (»meine Welt«)	199
5.2.2	Die Alter-Welt	
5.2.3	Die intersubjektive Welt	200
	0) Allgemeines	
	1) Die (jeweilige) Wir-Welt (Die normale Alltags-Welt)	
	2) Die objektive All-Welt	
5.3	(Inter-)Subjektivität und (Inter-)Mundivität	202
5.3.1	Welt und Subjektivität/Selbst	
5.3.2	Welt – Einräumung und Zeitlichkeit	
5.3.3	Die Inter-Mundivität	203
6.	**Das Ganze des Mensch-Seins (»Totalität des Daseins«)**	204
6.0	Allgemeines	
6.1	Das Sinn-Problem	205
6.2	Der Tod	206
7.	**Reflexivität und Selbst-Sein**	208
7.0	Allgemeines	
7.1	Die Ego-Subjektivitäts-Reflexivität	209
7.1.1	Die Reflexivitätsstruktur	
7.1.2	Das Selbst-Sein und seine Modi	
7.1.3	Die Selbst-Werdung	
7.1.4	Das Gelingen und Gelungensein der Selbstwerdung	210
7.1.5	Das Mißlingen von Selbst und Selbst-Werden	212
7.1.6	Die Relevanz des Nichtgelingens der Selbstwerdung	213
7.2	Die Inter-Subjektivitäts-Reflexivität	
7.2.1	Die Wir-Intersubjektivität	214
7.2.2	Die All-Intersubjektivität	
8.	**Variationen des Menschseins**	215
8.0	Allgemeines	

8.1	Formale Variation: So-sein – Anders-sein / Ideal-sein u. ä.	216
8.2	Materiale Variation: männlich – weiblich / unreif – reif / gesund – krank / Normbefolgung – Verstoß	217
8.3	»Wesen« Mensch oder Variation von »Menschen-Bildern«?	220

	DAS WESEN DES MENSCHEN	**221**
0.	**Vorbemerkung**	
1.	**Negierende Theorien**	222
1.0	Allgemeines	
1.1	Die historische Konzeption	
1.2	Die skepti(zisti)sche Konzeption	
1.3	Die existentielle Konzeption	
1.4	Die pluralistische Konzeption	223
2.	**Der Humanismus**	223
2.0	Allgemeines	
2.1	Der klassische Humanismus	
2.1.1	Renaissance-Humanismus	
2.1.2	Neu-Humanismus	224
2.1.3	Dritter Humanismus	
2.1.4	Vierter Humanismus	
2.2	Der moderne nicht-klassische Humanismus	
3.	**Die Wesenstheorien**	225
3.0	Allgemeines	
3.1	Objektivistische Theorien	226
3.1.1	Ontologische Theorien	
	1) materialistische	227
	2) biologische	
	3) geist-orientierte	229
	4) theologische	230
3.1.2	Die Menschenbilder	231
	1) Theoretische Menschenbilder	
	2) Metaphysisch-ideologische Menschenbilder	
	3) Kultur- oder geschichtsorientierte Typologie	232
3.2	Subjektivistische Konzeption	
4.	**Die »Homo«-Titel**	232
5.	**Eigener Ansatz: Die Anthropologie des/eines pluralen Humanismus**	233

Bibliographie	237
Informationsindex	278
Register	286

Keine Zeit hat so viel über den Menschen gewußt wie die heutige.
Keine Zeit hat aber weniger gewußt, was der Mensch eigentlich sei.

Max Scheler

VORWORT

Nach allgemeiner Meinung ist heute das wichtigste Problem für den Menschen der Mensch selbst. Indem dieses behauptet wird, zerrinnt das Ganze sofort unter der Hand, wenn heute in zunehmendem Maße gerade die These in Frage gestellt wird, es gäbe so etwas wie »den« Menschen. So nimmt es auch nicht Wunder, daß bei aller sonstigen Divergenz sich gerade »bürgerliche« wie marxistische Theoretiker weitgehend darin einig sind, daß es dergleichen nicht gäbe. Geschichte und kulturelle Vielfalt stehe alledem entgegen.
Unter diesen Voraussetzungen wird heute in weitem Maße das bekämpft, was als »philosophische Anthropologie« bezeichnet wird. Mag man dabei auch primär eine spezifische Richtung im Auge haben, so attackiert man im letzten dabei doch weitgehend die Anthropologie als systematische philosophische Disziplin. Desungeachtet reden sie alle von »dem« Menschen und erklären zugleich, es gäbe keine »Wesensbestimmung« »des« Menschen. Die folgende Darstellung versucht, eine Facettierung jenes »Menschenmodells« vorzustellen, wie es sich weitgehend im Rahmen abendländischer Tradition als invariant herausgebildet hat. Als diese Rahmenvorgabe kann es umgekehrt auch eine Vorlage abgeben für die Begegnung mit dem nichteuropäischen Menschentum und den Selbstverständnissen, die von ihm entwickelt worden sind.

EINLEITUNG

1. Unter allem Wirklichen (»Seienden«) ist der *Mensch* bzw. sind die Menschen die einzigen Wesen, die sich selbst zum Problem und so zum Thema und Objekt werden. Dadurch »ist« »der« Mensch nicht schlicht, was er faktisch ist, sondern ist einerseits ein »Zu-sich« und andererseits ein »Über-sich-hinaus«. Er fragt nach seinem Wesen, seiner Natur, seinem Woher und seinem Wohin und stellt bei alledem die Sinnfrage. Ist als Mensch hierbei *alles* das anzusehen, »*was Menschenantlitz trägt*«, dann resultieren aus diesen seinen Fragen die verschiedenen Verständnisse und Selbstverständnisse des Menschen, gleich, ob im Mythos, in der Religion oder in der modernen Wissenschaft und Philosophie. In ihnen werden jeweils spezifische Momente, Elemente, Gründe, Strukturen, Zusammenhänge usw. herausgestellt und unter einer jeweiligen Idee »Mensch« sinnhaft zusammengefaßt.

2. Ist von der *philosophischen Anthropologie* und ihrer *Thematik* bzw. *Aufgabe* die Rede, so sind vielerlei Aspekte und Momente zu berücksichtigen, die später bei der Systematik im einzelnen behandelt werden. Nur dieses Grundsätzliche sei hier gesagt: Es ist klar, daß es ihr um so etwas wie ein »*Allgemeines*« oder dergleichen geht – von »Wesen« soll hier noch nicht gesprochen werden.
Dagegen werden von vornherein Einwände vorgebracht, von denen hier die beiden wesentlichen genannt werden mögen: Einmal ist es der positivistisch-historische Einwand, jedes »Wesen« des Menschen »zerfließe« im Fluß der Geschichte und »gehe unter« in der Fülle menschlicher Erscheinungen wie Kultur, Ethnos usw. – Auf der anderen Seite stehen die Einwände sogenannter »reflexiver« Anthropologie, die gegenüber allem »Allgemeinen« darauf hinweist, daß in einer solchen Betrachtung der Mensch

nicht nur »Objekt«, sondern zugleich auch Subjekt der Betrachtung und vor allem der Untersuchung etwa der wissenschaftlichen Anthropologie sei. Dazu käme noch, daß jede derartige Betrachtung den Menschen zum »Objekt« mache, d. h. ihn verdingliche und entfremde.

Ohne auf eine kritische Auseinandersetzung einzugehen – später wird davon zu reden sein – sei nur ihre Thematikfassung in der folgenden Darstellung sowie die Notwendigkeit ihrer Konzeption kurz erörtert.

3. *Aufgabe der (einer) philosophischen Anthropologie* im vorliegenden Verständnis ist die Erstellung – ob »Konstruktion« oder »Entwurf«, sei hier noch dahingestellt – eines *Normal-Modells Mensch*. Dieses wird einerseits verstanden im Sinne einer *Invariante aller philosophischen Aussagen über »den« Menschen*, die gemacht worden sind, und andererseits im Sinne einer *Invariante aller Vorverständnisse in der Rede vom oder über den Menschen*. Es ist der *Versuch eines Entwurfs eines Invarianten-Modells Mensch als Normal-Orientierungs-Modell für das Reden vom und über den Menschen*. Dies hat nichts zu tun mit der Erarbeitung einer »Wesensdefinition« des Menschen. Erst unter Voraussetzung dieses Modells ist eine positive oder negative Antwort bzw. Arbeit zu diesem Problem möglich.

4. An Notwendigkeiten für die philosophische Anthropologie seien folgende Punkte genannt:

4.1 *Alles Reden,* auch derjenigen, die das »Wesen« Mensch ablehnen, spricht irgendwie von »dem« Menschen, d. h. *setzt ein Invariantenschema voraus.* Das gilt vor allem auch gegenüber »fremden« Zeiten und Kulturen: Wir weisen z. B. dem Neandertaler bzw. Cromagniden so etwas wie Sinnlichkeit und Geistigkeit, eine Triebstruktur, ein Verhalten und Handeln usw. zu. Jedes Erklären mit »weil« setzt ein solches Normalmodell als »Conditio humana sine qua non« voraus.

4.2 *Alle konkreten Sonderdisziplinen,* die sich mit dem Menschen befassen, voran etwa Pädagogik und Medizin, *benötigen ein solches Modell als Vorgabe;* erst dann sind solche Sonderbestimmungen wie etwa »gesund« und »krank« zu erarbeiten.

4.3 Noch wichtiger aber ist folgendes: Wir stehen heute im Zeitalter einer *globalen Diskussion* über »den« Menschen, etwa in der Diskussion der vielfältigen Probleme, nicht zuletzt der zugehörigen philosophischen, in der »*Entwicklungspolitik*«. Dazu gehört auch so etwas wie eine »*Philosophie der Entwicklung*«. Eine Ablehnung eines Gemeinsamen für alle, die wir als »Menschen« – welche semantische Bedeutung auch die verschiedenen Übersetzungen dieses Wortes implizieren – bezeichnen, bedeutet nichts anderes als den Rückfall in die Zeit eines anthropologischen Kolonialismus. Wenn nun offenbar die Rede vom wahren Menschen als dem Bürger, dem Arbeiter bzw. dem Proletarier laufend in eine erst durch ihre Einseitigkeit kritisch werdende Anthropologie zurückfällt, so können wir in der Zukunft von »dem« Menschen nur reden als von demjenigen, »der Menschenantlitz trägt«. Wenn ein solches »Plädoyer für ›den‹ Menschen« den Rahmen einer an sich und grundsätzlich intendierten Darstellung von Sachverhalten zu überschreiten scheint, so bittet der Verfasser um Nachsicht. Dieses Plädoyer soll an keiner Stelle die inhaltliche Herausarbeitung der einzelnen Momente, Elemente persönlich gewichten oder färben. Es soll nur die Notwendigkeit einer solchen Allgemeinheit »Natur« – oder wie man es nennen möge – nochmals unterstreichen.

5. Die Darstellung gliedert sich wie folgt:
   I. Allgemeines
   II. Geschichte
   III. Systematik
   IV. Das »Wesen« des Menschen
   (Theorien, Metaphysik)

Die *Wissenschaftstheorie* der Anthropo-/Human-Wissenschaft soll im Rahmen der Wissenschaftstheorie behandelt werden. Das Gleiche gilt auch für die *Bereichsanthropologien*. Für die *Darstellung* selbst gilt: Sie dient primär der Information über Fakten und Probleme im historischen wie systematischen Zusammenhang. Ein wesentliches Element ist dabei – mehr noch als bei anderen Disziplinen – die Information über die Bezeichnung bzw. Wörter, d. h. hier die Wortfelder. Das gilt vor allem im Hinblick auf die Bezeichnungen der Humaninstanzen; denn *Wortexplikationen sind immer auch Problemexplikationen*, manchmal sogar aufschlußreicher als die unmittelbare Problembehandlung. Dies gilt sowohl in historischer wie in systematischer Hinsicht.
Die Wortführung versucht die Thematik verständlich darzulegen und sich von redundanter Rhetorik frei zu halten.

ALLGEMEINES

1. **Das Themenfeld**

   Es scheint angebracht, das thematische Feld nach Objekt und Befassung getrennt zu behandeln, um dann auch die Bedeutung von »philosophischer Anthropologie« zu explizieren.

   1.1 *Das Wortfeld »Mensch«*
   An sich wäre es interessant und notwendig, eine breite Bedeutungsliste dieses Wortfeldes, vor allem auch aus dem Bereich der nicht-indogermanischen Sprachen, vorzuführen. Beispielsweise könnte auf die ontologischen Implikationen der Klassendifferenzierungen der Bantu-Sprachen verwiesen werden: ist Ba(n)-tu eine Pluralbildung etwa im Sinne »die Menschen« mit einem zugehörigen »Singular« Mu(n)-tu, so impliziert die Verwendung des Wortes »Mensch« eine klare Differenz zu unserem Vorverständnis. Dazu gehört z.b. auch das Totemtier, aber nicht die nichtgeschlechtlich-konstitutive Mitwelt.
   griechisch: anthropos
   Die Etymologie von *»anthropos«* ist unklar; drei Assoziationen werden verwendet: man trennt »an(a)-tra-op(s)« und deutet »das Wesen, das hinauf schaut«. Der Mensch ist also nach oben, d. h. zum Licht, zu den göttlichen Wesen hin orientiert. –
   Eine andere Deutung leitet von »anth-« ab, dann handelt es sich um das Aufgeblühte, das Kräftige. Eine dritte Deutung leitet von »andr-op-os« ab; dann ist der Mensch das Manns-gesicht, das »Manns-bild«.
   lateinisch: homo
   Die Etymologie von *»homo«* wird im allgemeinen von »humus«, der Erde, abgeleitet. Der Mensch ist dann das Wesen aus Erde oder das Wesen, dessen Bereich die Erde ist.

Ähnliches bedeutet auch der Name »Adam« (»ha adama« = die Erde).
Ableitungen sind »Hominisation«, d. h. die Menschwerdung – etwa in der Evolution im Übergang von den Primaten zum Menschen.
Hominismus ist die radikale Orientierung und Beschränkung, etwa der Philosophie auf den Menschen. Vom Humanismus wird später die Rede sein.
deutsch: Mensch-Subjekt
1) *Mensch*
Das Wort ist die Adjektivbildung von »män(n)isch«.
2) *Subjekt* (Subjectum)
Bedeutsam für den philosophischen Sprachbereich ist das Wort »Subjekt«, einschließlich der zugehörigen Wortbildungen, wie »Subjektivität«, »subjektiv« und entsprechender Komposita wie »Ego-subjekt(ivität)«, »Alter-subjekt(ivität)« und »Intersubjekt-(ivität)«. Die ursprüngliche Bedeutung meint wie »Substanz« das »Zugrundeliegende«, von dem etwas ausgesagt wird. Entsprechend besteht der Aussagesatz aus Subjekt und Prädikat.
Die »Subjektivierung« des Subjektbegriffes entwickelt sich im Rahmen der neuzeitlichen Philosophie. In Ableitung etwa von Descartes' »Cogito ergo sum« als dem primär Gegebenen und dem Fundament von Wirklichkeit und Philosophie ist der Mensch »das subjectum«; von ihm her bestimmen sich Begriffe wie Subjekt und Objekt (= Gegenstand) und apriori und aposteriori. Allgemein üblich wird dieser Wortgebrauch erst durch Hegel, also nach Kant!
Bedeutsam ist, was vielfach übersehen wird, die mehrdeutige Verwendung des Adjektivs »subjektiv«, die in manchen Kontroversen zu gegenseitigen Mißverständnissen führt. Zwei Bedeutungen sind vor allem relevant:
1. »subjektiv«: ist dasjenige, was im Subjekt »ist« bzw. als im Subjekt wirklich angesehen wird. Gegensatz ist: außerhalb des Subjekts.
2. »subjektiv«: ist die persönliche »Sicht«, Beurteilung usw. gegenüber der »objektiven« (wissenschaftlichen) Sicht, die vielfach als intersubjektiv angesehen wird.
französisch: homme
englisch: man, man-kind
1) *man* vgl. oben!
2) *man-kind* Mensch-heit

1.2 Das Wortfeld »Befassung mit dem Thema«

(vgl. auch Computer-Printout S. 278 ff.)
Es ist klar, daß hier im Mittelpunkt das Wort »Anthropologie« steht. Wie eng und wie weit das zugehörige Umfeld ist, hängt zu einem guten Teil davon ab, wie eng oder weit man das erste Wort nimmt. Hier soll es relativ eng gefaßt werden.

1.2.1 Anthropologie

Als erster formuliert Aristoteles in der »Nikomachischen Ethik« den Titel vor als »sich mit den Anthropina befassender Philosophie« (»he peri ta anthropina philosophia«); entsprechend bedeutet »anthropologos« »vom Menschen redend«.
Entsprechende Buchtitel finden sich erst zu Beginn der Neuzeit. Meist werden genannt: M. Hundt »Anthropologium de hominis dignitate, natura et proprietatibus; de elementis, partibus et membris humani corporis; de spiritu humano; de anima humana« (1501). Werden hier schon wesentliche Themen genannt, so wird meist als erster Titel i.e.S. genannt: »Psychologia anthropologica sive animae humanae doctrina methodice informata . . .« von O. Casmann (1594).
Nennen die herausgestellten Bezeichnungen damals thematische Titel, so könnte noch hinzugefügt werden, daß sich in der Folgezeit weitere Kombinationen finden, angefangen etwa mit »Anthropo-graphie«, »Anthropo-sophie« u. ä.

1.2.2 Psycho-logie

Auch hier gibt Aristoteles den ersten Titel vor: »Peri psyches« (»Über die Seele«). Analog zu gleichzeitigen Titelbildungen wie »Onto-logie« findet sich »Psychologie« zuerst bei dem Reformator Melanchthon und dann als Buchtitel 1590 bei Goclenius. In der Aufklärung, bs. Chr. Wolff, werden die beiden behandelten Bezeichnungen allgemein gebräuchlich.

1.2.3 Pneumato-logia

Das abendländische Wesenselement hebt der Titel »Pneumatologie« heraus, ein Wort, das im 18. Jahrhundert geläufig ist. Es ist die »Geisterlehre« – später »Geisteswissenschaft« –, die von den geistigen Wesen handelt. Zuweilen spricht man auch von »Pneumatik«.

1.3 Das Begriffsfeld »Anthropologie«

Im heutigen Sprachgebrauch lassen sich folgende Bedeutungen unterscheiden:

1.3.1 allgemeine Menschenkunde

1.3.2 *metaphysische Grundanschauung vom Wesen des Menschen*
1.3.3 *Wissenschaft vom Menschen in zweifachem Sinn*
1) *Anthropologie als »dritte Biologie«*
Vor allem im deutschen Sprachbereich ist Anthropologie die »dritte Biologie« – neben Botanik und Zoologie –, also die rein biologische Wissenschaft vom Menschen. Vgl. z. B. »Anthropologisches Institut«!
2) *Anthropologie als Universalwissenschaft vom Menschen.*
Im englisch-amerikanischen Denkbereich ist Anthropologie die *Universalwissenschaft* vom Menschen.
»(Anthropologie ist die) Untersuchung der Gleichheiten und Verschiedenheiten, sowohl biologisch wie verhaltensmäßig, der Völker der Erde seit Beginn der menschlichen Geschichte bis heute. Anthropologie gräbt aus und untersucht die Überreste der vergangenen Kulturen (Archäologie); sie beschreibt die Evolution und den gegenwärtigen Stand unserer Art (biologische bzw. physische Anthropologie = Anthropologie im europäischen Sinne). Sie untersucht weiterhin die Entwicklung und Ausbreitung der Sitten, Gebräuche und Geräte über die Oberfläche der Erde, indem sie erforscht, wie ihre Institutionen, ihre Kunst, ihr Glaube sowie ihre Technik den psychischen Bedürfnissen der Individuen genügen und den sozialen Zusammenhang garantieren (»cultural anthropology«, nach unserem Sprachgebrauch weitgehend Ethnologie, Völkerkunde, einschließlich der Volkskunde). Schließlich bestimmt sie noch die Verschiedenheit der menschlichen Sprachen und untersucht ihre gegenseitigen Beziehungen (Linguistik).« (Cl. Kluckhohn)

Wichtig ist im Zitat auch die Rede von der »*Kulturanthropologie*«; sie betrachtet den Menschen als »Schöpfer und Geschöpf« (M. Landmann) der Kultur.

1.4 *Das Begriffsfeld »philosophische Anthropologie«*
Im heutigen Sprachgebrauch lassen sich drei Konzepte unterscheiden:
1.4.1 *Philosophische Richtung*
Unter diesem Begriff versteht sich eine philosophische Bewegung, die in den zwanziger Jahren ansetzt. Als Begründer gelten vor allem Max Scheler (1874–1928) und Helmut Plessner (1892), die auf Ansätze von Herder, Nietzsche u. a. zurückgreifen; weitere Vertreter sind Groethuysen, A. Gehlen u. a.

Im Mittelpunkt ihrer Philosophie steht der Mensch und seine Stellung in der Welt. Von dieser Basis aus werden alle weiteren Aspekte (Ontologie, Ethik usw.) thematisiert (vgl. S. 56).

1.4.2 *Metaphysische Anthropologie*
Sie befaßt sich mit den jeweiligen Konzeptionen des Menschen (»Menschenbilder«) in den einzelnen Metaphysiken: So spricht man von der christlichen, existenzialistischen, materialistischen, marxistischen usw. Anthropologie. Hierzu sind auch spezifischere Formen zu zählen wie strukturale Anthropologie u. a.

1.4.3 *Philosophische Disziplin*
im Sinne der folgenden Darstellung im Rahmen der systematischen Philosophie (vgl. 2.5)

2. Differenzierung der Anthropologie

Wenn im folgenden eine Differenzierung versucht wird, so muß dabei gesehen werden, daß eine solche – »systematische« – Gliederung nicht von vorgegebenen Gliederungen ausgeht, sondern vielmehr in der Fülle der vorliegenden Disziplinen bzw. Typen der Befassung mit dem Thema Mensch eine gewisse Ordnung zu schaffen versucht. Dabei muß gesehen werden, daß die einzelnen Bezeichnungen von den jeweiligen Autoren verschieden akzentuiert werden können und daß es im einzelnen fließende Übergänge gibt. Das gilt vor allem bei der Wissenschaft.

Setzt man dieses voraus, so läßt sich folgendes Schema vorgeben:

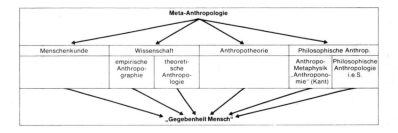

Entsprechend ist zu gliedern:

2.1 *Allgemeine Menschenkunde*
Die Einbeziehung dessen, was man allgemeine Menschenkunde nennen kann – wobei das Wort in Analogie etwa zu Natur-Kunde u. ä. zu verstehen ist – umfaßt nicht nur die allgemeinen Erfahrungen, die »man« macht und die eventuell zu Papier gebracht werden. Es darf nicht übersehen werden, daß nicht zuletzt auch die Literatur im weitesten Sinne hier einzubeziehen ist; große Anthropologen wie Dilthey u. a. haben immer wieder betont, daß in mancher Dichtung, manchem Roman mehr Psychologie stecke und dargestellt werde als in vielen Psychologien. (vgl. dazu auch den nächsten Abschnitt!)

2.2 *Empirische (Human-/Anthropo-) Wissenschaft*
Die empirische Wissenschaft vom Menschen kann von verschiedenen Voraussetzungen ausgehen, etwa von der Dreiertypik der Wissenschaften (metrische, Verhaltens- und hermeneutische Wissenschaften – nach Diemer), oder verschiedene Intentionen verfolgen, etwa mehr individual – oder mehr sozial orientiert sein. Es scheint sinnvoll zu sein, drei spezifische Typen zu unterscheiden:

2.2.1 *Verhaltenswissenschaften, Behavioral Sciences, Ethologie*
Ihr Ansatz variiert zwischen ausgesprochen phänomenologischer Beschreibung des Verhaltens, so wie es etwa Konrad Lorenz bei den Tieren macht, und einer mehr metrisch-naturwissenschaftlichen Orientierung. Doch hier ist auch der moderne Behaviorismus (Skinner vor allem!) nicht mehr so primär physiologisch orientiert, wie es die diesbezüglichen klassischen Ansätze, etwa von Watson, waren. In starkem Maße wird hier die Statistik einbezogen.

2.2.2 *Psychologie*
Hier haben wir nach wir vor zwei gegensätzliche Richtungen:
1) *Die naturwissenschaftliche Psychologie*
versteht sich vielfach schlechthin als »wissenschaftliche Psychologie«. Sie arbeitet stark im Sinne der Verhaltensforschung; zuweilen tendiert sie auch zu entsprechenden Physiologien. Bezeichnungen wie »Neuro-psychologie« – für die Ohren traditionalistischer Philosophen oft ein Greuel – bringen dies zum Ausdruck. Früher gab es dann vielfach den Vorwurf der »Psychologie ohne Seele«.

2) *Die geisteswissenschaftliche Psychologie*
ist vielfach auf Selbstbeobachtung aufgebaut, von der man dann im Analogisierungsverfahren zur Fremderfahrung übergeht. Die aktuelle geisteswissenschaftliche Psychologie ist vielfach zugleich sozial orientiert bzw. versteht sich als Sozialwissenschaft. – Ein Problem bilden dann Disziplinkonzepte, wie z.B. »Sozialpsychologie«.
Im systematischen Sinne ist hier auch die *Tiefenpsychologie* bzw. *Psychoanalyse* zu nennen: Ihre ursprüngliche psychologisch-behavioristische Konzeption – etwa beim frühen Freud – hat sich zunehmend hermeneutisch und soziologisch umorientiert. Beim letzteren spielt die Sprachproblematik (Kommunikation, Analyse usw.) eine große Rolle (vgl. S. 64).

2.2.3 *Anthropologie i. e. S.*
Hier sind zwei Typen zu unterscheiden:
1) die *biologische Anthropologie*
als dritte Biologie,
2) die *allgemeine Anthropologie*
im Sinne der Cultural bzw. Social Anthropology.

2.2.4 *Soziologie i. e. S.*
Sie unterscheidet sich wesentlich etwa von einer Sozialpsychologie; dieser geht es um die sozialintentionalen Akte, Handlungen usw. des Individuums, jener um die »sozialen Phänomene«. Über ihre Konstitution bzw. ihren Wirklichkeits- und Gegebenheitscharakter gibt es entsprechende Auseinandersetzungen.

2.3 *Anthropo-Theorie*
Die Bezeichnung »Anthropo-Theorie« findet sich zwar noch nirgends, doch scheint es angebracht zu sein, auch im Bereich der Beschäftigung mit dem Menschen ähnliche Entwicklungen zu sehen, wie sie sich etwa im Bereich der Beschäftigung mit der Sprache schon finden. Vertreter der bzw. einer Sprachtheorie sind etwa dann zwischen empirischer Wissenschaft und Philosophie i. e. S. angesiedelt; man nehme etwa für die Sprachtheorie Saussure und Chomsky.
Die Anthropo-Theorien entwickeln Modelle, um das Funktionsgefüge Mensch theoretisch-rational in den Griff zu bekommen. Typische Beispiele sind:

2.3.1 *Kybernetik*
Der Mensch wird als kybernetisches Modell – mit Feedback usw. – interpretiert. So u.a. im orthodoxen szientifischen Marxismus

(vgl. R. Havemann, Dialektik ohne Dogma, Hamburg/1964; G. Klaus, Kybernetik und Erkenntnistheorie, Berlin-Ost/1972).

2.3.2 *Systemtheorie*
Der Mensch wird hier analog zur Systemtheorie des Sozialen interpretiert (vgl. J. Habermas/N. Luhmann, Theorie der Gesellschaft oder Sozialtechnologie, Frankfurt/1971).

2.4 *Anthropo-Metaphysik*
Sie geht von einer jeweiligen absoluten Position aus. So gesehen hat jeder philosophische »Ismus« eine spezifische zugehörige Anthropo-Metaphysik, die das »Wesen« des Menschen dogmatisch bestimmt.

2.5 *Philosophische Anthropologie* (im vorliegenden systematischen Verständnis)
2.5.1 *Die Bestimmung*
Die Philosophische Anthropologie wird als eine Disziplin der systematischen Philosophie verstanden, näher als eine Ontologie.

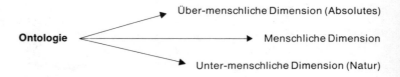

Ist deren Thematik seit Aristoteles das »Seiende als solches«, so ist diejenige der philosophischen Anthropologie »der Mensch als solcher und im ganzen« (Löwith). Ihre Aufgabe ist die Erarbeitung der Phänomene, Elemente, Strukturen usw., die dem »Menschen als Menschen« zukommen.

2.5.2 *Die Voraussetzungen*
Die Philosophische Anthropologie ist in diesem Sinne keine Absolutdisziplin, sondern greift auf verschiedene Voraussetzungen zurück. Dadurch wird natürlich jede Darstellung in einem gewissen Sinne relativiert. Derartige Quellen sind:
1) *Die Tradition*
Wie im geschichtlichen Überblick gezeigt wird, sind Ideen, Begriffe usw. entwickelt worden, die natürlich auch heute noch ihre Bedeutung haben.

2) *Wissenschaftliche Erkenntnisse*
Empirische Ergebnisse werden immer wieder in den Bereich der Philosophie aufgenommen wie umgekehrt gerade hier philosophisch-metaphysische Vorverständnisse in die empirische Forschung mit eingehen. Beispiel ist der Streit um Angeborenheit der Ideen oder Leerheit des Menschen (»tabula rasa«), etwa in der Diskussion um die Aggression: Ist sie angeboren, gewissermaßen Instinkt – oder nur sekundäres Produkt, etwa eines Lernprozesses oder einer Frustration?
3) *Der Zeitgeist*
Jede Zeit hat ihre thematischen Schwerpunkte. Sie steht dabei immer in der Ambivalenz zwischen sogenannten progressiven und sogenannten konservativ-reaktionären Konzeptionen. Die neueste Entwicklung zeigt, daß man fast von einer Art »corsiricorsi«-Modell sprechen kann: Alle 10 Jahre erfolgt eine Umkehr.
4) *Eigene persönliche Erfahrung*
Jeder, der eine philosophische Anthropologie entwickelt, ist ein Mensch mit persönlichen Erfahrungen; entsprechend fließen auch in die allgemeinen Konzeptionen des Philosophen seine persönlichen Erfahrungen mit ein.

2.5.3   Die Aufgaben
An Aufgaben werden in den vielfältigen Diskussionen die folgenden genannt:
1) *Reine Information*
Das gilt natürlich vor allem für die empirischen bzw. empirisch orientierten Anthropologien.
2) *Vorgabe von Leitideen*
Die traditionelle Anthropologie – auch wenn sie empirisch mitbestimmt ist – sucht in ihren jeweiligen Vertretern so etwas wie »das Wesen« »des« Menschen herauszuarbeiten, das dann wiederum in den verschiedenen Bereichen menschlicher Welt und Kultur als Leitvorgabe dient, etwa im Sozialbereich bei der Konstitution des Rechts wie der Gerechtigkeit, im Erziehungswesen bei der Telosvorgabe für Erziehung und Bildung.
3) *Kritische Funktion*
Zu einem guten Maße versteht sich die aktuelle Anthropologie, nicht nur die »kritische« (S. 66), als Kritik, vor allem gegenüber der bestehenden Gesellschaft. Das kann dann direkt zu einer »Selbst-Aufhebung« – das Wort im Hegelschen Sinn genommen – der Anthropologie führen.
4) *Erstellung eines gemeinsamen Bodens als Ermöglichung für das Reden über »den Menschen«* (vgl. S. 18)

Diese Konzeption, die für die vorliegende Darstellung in weitem Maße bestimmend ist, müßte sich eigentlich als eine Art »Meta-Anthropologie« gegenüber den anderen verstehen. Sie sucht das Invariante der verschiedenen Vorverständnisse herauszuarbeiten und darzustellen.

2.6 *Meta-Anthropologie*
Genau wie bei anderen theoretischen Befassungen mit einem thematischen Objekt kann auch hier von einer Meta-Anthropologie gesprochen werden. Darunter kann zweierlei verstanden werden:

2.6.1 *Traditionelles Verständnis*
(vgl. Meta-physik!) In diesem Sinne ist Meta-Anthropologie die These, daß der Mensch sich immer von einem »Höheren« her als der Mensch verstehe, daß »hinter den menschlichen Erscheinungen« ein »Höheres« sei.

2.6.2 *Modernes Verständnis*
(vgl. Meta-mathematik!) In diesem Sinne ist Meta-Anthropologie die reflexive Befassung mit den verschiedenen Befassungen mit dem Menschen. So verstanden ist sie u. a. auch Wissenschaftstheorie der Anthropologie(-Wissenschaft).

2.7 *Die (philosophischen) Bereichs-Anthropologien*
Für diese sind zwei Aufgaben bestimmt:
1) *Erarbeitung der allgemeinen philosophisch-anthropologischen Grundlagen*
zur Konstitution des Menschseins in seiner spezifischen Modalität (vgl. Gesund-sein/Krank-sein für die Konstitution des Bereiches Medizin!).
2) *Erstellung der leitenden Menschenbilder,*
die in den einzelnen Bereichen leitend (Leit-bilder!!) sind.
Dementsprechend kann man nennen:

2.7.1 *Kultur-Anthropologie*
2.7.2 *Sozial-Anthropologie*
2.7.3 *Sprach-Anthropologie*
2.7.4 *Geschichts-Anthropologie* (Historische Anthropologie)
(vgl. S. 70)
2.7.5 *Religions-Anthropologie*
2.7.6 *Kunst-Anthropologie*
2.7.7 *Medizinische Anthropologie*
2.7.8 *Pädagogische Anthropologie*

2.7.9 *Wissenschafts-Anthropologie*
2.7.10 *Wirtschafts-Anthropologie*
2.7.11 *Techno-Anthropologie*

GESCHICHTE

0. **Vorbemerkung**

Jeder Versuch einer Darstellung der Geschichte der/einer (philosophischen) Anthropologie, für die natürlich ihr Beginn wesentlich ist, steht vor der Aufgabe, zuvor das dabei leitende Vorverständnis zu explizieren.

0.1 Je nach Ansatz könnte man eine solche Geschichte an vier Zeitpunkten der menschlichen Geschichte beginnen lassen.
1) Der *universale* Ansatz geht von der Voraussetzung aus, daß jedes menschliche Sein in seinen sozialkulturellen Gegebenheiten sich in entsprechenden kulturellen Phänomenen und theoretisch vor allem in den entsprechenden »Schöpfungsmythen« manifestiert: Als Beispiele wären zu nennen der griechische Mythos von Prometheus usw.; die beiden biblischen Mythen, der ältere (Gen. 2,4 ff.) mit seiner später (christlich) so gedeuteten Lehre vom »Sündenfall«, der als Ursprungsmythos aus der Konkurrenz zwischen dem Geschöpf und dem Schöpfer die menschlichen Grundphänomene wie die Zeugung als Schöpfung und die zugehörige Geburt (vgl. die Namensgebung »Eva«, weil sie »die Mutter alles Lebendigen« ist) sowie Arbeit und schließlich auch Tod »erklärt« – und schließlich der jüngere (Gen. 1–2,3) mit der Ursprungsthese von der »Ebenbildlichkeit Gottes« im gemeinsamen Zeugen von Mann und Frau, in der Beherrschung der Erde usw.
2) Der *philosophische* Ansatz i. e. S. läßt die Geschichte der Anthropologie im Rahmen der Entstehung »der Philosophie« beginnen, angefangen bei den Vorsokratikern, unter denen etwa Anaxagoras die Prävalenz der Hand gegen diejenige des Kopfes diskutiert; dann bei den klassischen Philosophen Platon und vor

allem Aristoteles mit seinen beiden bis heute aktuellen Definitionen des Menschen als »zoon logon echon« (»animal rationale«) sowie »zoon politikon«.
3) Der *anthropologische* Ansatz wäre in erster Linie dort zu suchen, wo das Wort Anthropologie – im Verband analoger Titel wie etwa auch Psychologie – zum ersten Mal auftaucht. Dies ist der Beginn der Neuzeit. Nicht von ungefähr vollzieht sich hier auch die nach Kant so genannte »Kopernikanische Wende« auf den Menschen.
4) In einem ganz extremen Sinn kann man die *philosophische Anthropologie* mit der philosophischen Bewegung identifizieren, die sich selbst so bezeichnet. Dann läge der Beginn in den zwanziger Jahren unseres Jahrhunderts.

0.2 Im Sinne der zuvor gegebenen Bestimmung der philosophischen Anthropologie, die alle »Modelle« der Konzeption des Menschen einzubeziehen versucht, scheint es sinnvoll, keine der genannten Ansätze und der damit verbundenen Phasen total zu akzeptieren, sondern ein relativ offenes Modell vorzulegen.
Dabei darf nicht übersehen werden, daß wir neben dem Raum europäisch-abendländischen Menschentums und seines jeweils leitenden Selbstverständnisses auch die anderen Denkräume in historischer Tiefe – man denke etwa an die Konzeption der Ägypter u. a. – wie in kultureller Breite – man denke an die vielen Ursprungsmythen der »dritten Welt« (Afrika usw.) – betrachten müssen.

0.3 Unter Berücksichtigung der Vorbemerkungen scheint es am vernünftigsten, die Geschichte auf die europäisch-abendländische zu reduzieren. Diese Begrenzung der geschichtlichen Darstellung auf unseren Denkraum darf auf keinen Fall als Arroganz unserer Tradition angesehen werden. Sie stellt einen Kompromiß dar; einmal aus Gründen der notwendigen Raumbeschränkung, zum anderen aus Gründen der relativen Unkenntnis der leitenden außereuropäischen Menschenbilder. Zur allgemeinen Orientierung für die Darstellungsfolge sei bereits hier auf die Modelldarstellung *der Entwicklung der Weltkonzeption* verwiesen (s. S. 184).

1. **Die Wurzeln europäisch-abendländischer Anthropologie**

Es sind zwei Wurzeln, die jeweils spezifische Konzeptionen des Menschen darstellen: die griechische Antike und die biblische Tradition.

1.1 *Die griechische Antike*
Folgende Grundideen lassen sich bei aller Divergenz in den Einzelheiten als Gemeinsamkeit herausstellen:

1.1.1 Umgreifende Vorgabe ist der *Kosmos* – wir bezeichnen heute dieses Umgreifende mit Welt, obwohl seine ursprüngliche Bedeutung wohl »umgreifende Ordnung, Schönheit« usw. bedeutet (vgl. S. 182).
Die griechische Frühzeit und noch die Klassik versteht den Kosmos als umgreifende Wirklichkeit, die Himmel und Erde, Götter und Menschen (»Sterbliche«) umfaßt. In ihr werden diese Wesen verortet. Die Spätantike faßt den Kosmos dann enger als »Menschen-Welt«. Entsprechend ist der Mensch nicht mehr, wie bis dahin, »zoon politikon«, d.h. ein Wesen, das durch seinen Standort in der Polis bestimmt ist, sondern ein »kosmo-polites«, d.h. ein »Welt-Bürger«, der überall zu Hause ist.

1.1.2 Der Mensch ist als Manifestation des *Makro-Kosmos* der *Mikro-Kosmos,* die »kleine Welt«. Als solcher repräsentiert er in sich die Stufenordnung des Alls: angefangen vom Erdhaften der Füße, über das Pflanzliche der Eingeweide und Geschlechtsorgane, das Tierische der Sinnesorgane bis hin zum gottgleichen Geist im aufrecht erhobenen Haupt.

1.1.3 Die kulturell-psychische *Entwicklung* läßt die ursprüngliche Kosmoskonzeption zusammen- und auseinanderfallen. Der Zusammenbruch Griechenlands ist zugleich der Aufbruch der »alten Welt« unter Alexander. Entsprechend wird der Mensch jetzt Kosmo-polit. – Dieser Verlust der äußeren Ortsbestimmung verlagert die Eigenbestimmung des Menschen in den Menschen selbst, in sein Inneres; typisch ist hierfür etwa die Verortung der Freiheit (vgl. S. 127).

1.2 *Die biblische Tradition*
Sie ist primär kosmisch und subjektiv geprägt: Es gibt eigentlich nur die Spannung zwischen zwei Subjekten, dem obersten Wesen, *Gott* genannt und »anthropo-morph« verstanden, und dem *konkreten Menschen,* sei es als Individuum (Adam), sei es

als Gruppe (»mein Volk«). Diese Spannung ist in zwei Ursprungsmythen vorgegeben.

1.2.1 Der *ältere* sogenannte *Sündenfallmythos* setzt die Konkurrenz: Gott erschafft zuerst einen Mann, dann eine »Männin« (isch, ischa). Ihr Zusammenwirken führt zunächst zum selbständigen Schaffen, d. h. dem Zeugen von neuen Menschen. Entsprechend stellt das oberste Wesen nach dem »Sündenfall« fest, der Mensch sei »geworden wie unsereiner, der zeugen kann«. Analog wird die »Männin« jetzt Eva genannt (Chava=Leben), »weil sie ist die Mutter alles Lebendigen«. Hat der Mensch so Leben gewonnen, so wird er dann aus dem »Paradies« vertrieben, »damit er nicht vom Baum des Lebens esse und ewig lebe«, also um eine Gottgleichheit zu verhindern.

1.2.2 Der *jüngere* »*Ebenbildmythos*« läßt den Menschen von einem Gott als sein Ebenbild geschaffen sein. Seine Ebenbildlichkeit besteht einmal in der Zweiheit von Mann und Frau und der damit verbundenen Zeugungskraft neuen Lebens – und zum zweiten in der Herrschaftsstellung in der Welt über die Natur. (»Macht Euch die Erde untertan!«)

1.3 *Die beiden Wurzeln und ihre Relevanz für die europäische Anthropologie*
Beide Wurzeln sind für das Selbst- und Weltverständnis des abendländischen Menschen bis heute konstitutiv:
Die *griechische* Tradition begründet mehr das Denken, das man das *katholische* nennen kann, wobei dieses Wort nicht im konfessionellen Sinne verstanden werden darf. Es meint das »Allgemeine«: Der Mensch steht in der allgemeinen Ordnung und erhält von dort her seine Bestimmung. In seiner Weltorientierung ist die *einräumende Ordnung* das primäre Konstitutivum.
Die *biblische* Tradition kennt im Grunde Welt und Natur überhaupt nicht. Sie kennt nur *Subjekte,* sei dies der absolute oder der irdische Mensch. – Der *Mensch* ist dabei primär als das *praktischherrschende Wesen* verstanden: Die Welt ist die Möglichkeit des Zugriffes, der Eroberung und Gestaltung. Wirklichkeit und Natur (Erde) ist Vorgabe für Arbeit und Gestaltung. Dieses Menschenbild ist leitend in der *protestantischen*Tradition des Abendlandes.
Für die Geschichte insgesamt gesehen, läßt sich sagen: Das *Mittelalter* ist eine Art Synthese im Sinne einer katholischen Mensch- und Weltkonzeption. Mit Beginn der *Neuzeit* setzt sich der andere Trend durch: Der Mensch als praktisch-hantierendes

Wesen erobert das »Welt-All«, angefangen von der Wissenschaft bis zur Kosmo-nautik; er erobert die *Erde* durch Naturforschung und Erdgestaltung – und er erobert die Menschenwelt, angefangen von der »*Neuen Welt*« bis hin zur »*dritten Welt*« durch Kolonialismus usw.
Wie weit die *aktuelle Gegenwart* eine Umorientierung darstellt: weg von der Welteroberung zur Einfügung in eine gemeinsame Welt; weg von der »Zivilisierung« und »Industrialisierung« der Umwelt hin zum »Um-Welt-Schutz« usw., ist eine offene Frage. Im Kapitel »Intersubjektivität« und »Intermundivität« soll die Frage nochmals aufgenommen werden (vgl. S. 202 ff.).

2. **Die mittelalterliche Anthropologie**

Hier gilt:
2.1 Der oberste und erste Wirklichkeitsgrund ist ein anthropomorphes Wesen, *Gott,* verstanden in Analogie zum Menschen als Wesen, das mit (theoretischem) Geist und Willen ausgestattet ist. Im Geist Gottes ist das *Was der Wirklichkeit* und in seinem Willen ihr *Daß,* etwa im Schöpfungsakt, begründet.
2.2 Der *Mensch* ist *Ebenbild Gottes.* Als solcher ist er zunächst in »dieser« »dies-seitigen« Welt Herr der Natur. Die – so lehren die Philosophen – eigentliche Ebenbildlichkeit besteht im Geist, realisiert etwa in der Intelligentia und dem Intellectus. Der Wille ist jenem untergeordnet.
2.3 Diesseitige Wirklichkeit ist der *Zeit* als der Vergänglichkeit unterworfen – umgekehrt ist die Zeit als »Zukünftigkeit« zugleich auf das Ende (»Eschatologie«) ausgerichtet.
2.4 Von dort her bestimmt sich das faktische Dasein, das mit der *Sünde* belastet ist – wofür der »erste Mensch«, Adam, die Schuld trägt. Diese ist wiederum durch den »zweiten Adam« (Christus) »entsühnt« worden.

3. **Die neuzeitliche Anthropologie**
(Neuzeit verstanden als Zeit von ca. 1500 bis 1850/1900)

3.0 *Allgemeines*
Folgende Züge lassen sich aufzeigen:

3.01 Die *Säkularisierung* bedeutet die Entgöttlichung der Welt: Die erste Subjektivität verschwindet entweder überhaupt an den Anfang der Welt zurück (so der Deismus) oder, was bedeutsamer ist, sie geht im Sinne des Prinzips »Deus sive Natura« (Spinoza) in der Immanenz der Naturgesetzlichkeit auf.

3.0.2 Die *Anthropologisierung* zeigt sich nicht zuletzt in der Prägung dieses Wortes (Casmann, 1594) und analoger Begriffe wie Psychologie usw. Sie bedeutet, daß der Mensch nun ganz in »dieser Welt« (vgl. 1) zu Hause ist und hier als das erste Seiende fungiert. In der Umprägung des Wortes »Subjekt« und dem neuen leitenden Satz des Descartes: »Cogito ergo sum« wird dies zum Ausdruck gebracht. Im Bewußtsein, d. h. dem Wissen um mich und dem Sein zu mir selbst, ist mir eine Selbstschöpfung gegeben (vgl. S. 209). Das Ich ist zugleich das Fundament des Seins der Wirklichkeit.

Diese Anthropologisierung kommt u. a. auch zum Ausdruck in der Differenzierung des alten Begriffes des *»Nomos physikos«* bzw. der *»Lex naturalis«*. Die ursprüngliche Universalität des »Naturgesetzes« differenziert sich jetzt einmal in das *»Naturgesetz«* der untermenschlichen Wirklichkeit, die der Mensch in Naturforschung und Industriegestaltung gemäß dem Prinzip »Wissen ist Macht« (Bacon) sich zu eigen macht. Für den Menschen gibt es demgegenüber das *»Natur-Recht«;* Ein Begriff, der in seiner schillernden Bedeutung (vgl. S. 225) die Möglichkeit für die vielfältigen Selbstdeutungen des neuzeitlichen Menschen vorgibt, nicht zuletzt für die Gestaltung, d. h. »Zivilisierung« und »Polizierung« der menschlichen Mit-welt.

3.0.3 Als einen weiteren Zug der Ansiedelung des Menschen in dieser dem Zeitfluß unterworfenen Welt ließe sich die *Historisierung* (Historismus) nennen (vgl. Diemer, Geschichtsphilosophie).

Allgemeine Gliederung:

Eine allgemeine adäquate Gliederung, die der Fülle der Erscheinungen wie der Schriften des entwickelten Gedankengutes gerecht sein kann, ist schwierig. Dies gilt um so mehr bei der vorliegenden Raumbeschränkung. Als ersten Abschnitt kann man zunächst die *voridealistische Zeit* mit ihren Stufen bzw. Ausprägungen *anthropologischen Denkens* wie Renaissance, Reformation, Rationalismus, Empirismus, Aufklärung sowohl wie Gegenaufklärung usw. nennen. Es scheint sinnvoll, hier von der Geburt des Anthropologismus zu sprechen.

Ein weiterer Komplex ist der *Idealismus;* hier ist Kant die »Kehre«.

Er führt das »Cogito ergo sum« Descartes' zu seiner Vollendung und schafft mit seiner Totalsubjektivierung der Welt philosophische Vorgaben für den Idealismus.
Der *idealistische Anthropologismus* bricht in der Mitte des 19. Jahrhunderts zusammen: Der *spekulative* Höhenflug fällt in die *»nackte Existenz«* historisch-aktuellen Menschendaseins zusammen und zurück. An die Stelle der einheitlichen Welt und Welt-Vernunft tritt jetzt die Fülle der Weltanschauungen und der Wissenschaften wie Geschichte usw. Dieser Umbruch ist zugleich der Durchbruch des protestantischen Prinzips in der säkularisierten Welt: »Die Philosophen haben die Welt (und damit auch den Menschen) verschieden interpretiert, es kommt darauf an, sie (u. d. h. auch den Menschen) zu verändern« (Marx). Die moderne Wissenschaft, die sich jetzt als positiv begründet, tritt damit zugleich in den »Dienst des Menschen« – in des Wortes mehrfältiger Bedeutung.
Das gilt nicht nur für die Weltbewältigung, sondern auch für die gegenseitige Manipulation, angefangen bei der Kriegsforschung bis hin zur Genmanipulation. Entsprechend der Darlegung lassen sich vier Phasen unterscheiden:
1) Die Zeit des Anthropologismus
2) Der Mensch im Denken des Idealismus
3) Der Mensch im Denken der Romantik
4) Anthropologie in und nach der großen Wende des 19. Jahrhunderts

3.1   *Die Zeit des Anthropologismus*
Wie bereits gesagt, können hier Descartes als Anfang und Kant als Vollendung angesetzt werden.
3.1.1   *Grundlegung und Vollendung: Descartes – Kant*
Descartes' »Cogito ergo sum« setzt die These, gibt gewissermaßen das Motiv vor, das in der Folgezeit durchgespielt, variiert, entwickelt und differenziert wird.
Wenn die traditionelle Philosophiegeschichtsschreibung in der Folgezeit zwischen dem Rationalismus und dem Empirismus unterscheidet, und wenn der moderne »kritische Rationalismus« beide zusammen als Rationalismus bezeichnet, so werden damit die wesentlichen Grundzüge aufgezeigt. Das lateinische Wort *»Ratio«* impliziert die neue Situation des Menschen: Ratio ist nun einmal die *Vernunft* als spezifische Instanz des Menschen, die das Herrschaftsprinzip abgibt, nicht nur für die Erkenntnis,

sondern auch für die Rationalisierung der Welt; Ratio ist aber auch *Prinzip* und *Grund* (principium rationis). Für die Begründung bedarf es keiner göttlichen Erleuchtung odgl. mehr. Jetzt gilt: »Sei vernünftig und rationalisiere.«
Rationalismus und *Empirismus* – im klassischen Sinne – sind die beiden Exponenten des neuen Denkens: Jener setzt die Begründung in die Intellektualität, dieser in die Sinnlichkeit und die Erfahrung.
So gesehen ist dann *Kants* »Kopernikanische Wende« die Vollendung und der Triumph des Menschen über die Welt: Diese muß sich nach ihm orientieren. Was die Dinge sind, das sind sie als »Gegenstände« für menschlichen Zugriff.
Für die Selbstgestaltung aber gilt Kant: »Die *physiologische Menschenkenntnis* geht auf die Erforschung dessen, was die Natur aus dem Menschen macht, die *pragmatische* auf das, was er, als frei handelndes Wesen, aus sich selbst macht oder machen kann und soll!« (Anthropologie in pragmatischer Hinsicht.) Entsprechend gilt für die Philosophie überhaupt: »Was aber die Philosophie nach dem Weltbegriff (in sensu cosmico!) betrifft: So kann man sie auch eine Wissenschaft von der höchsten Maxime des Gebrauchs der Vernunft nennen . . .

Das Feld der Philosophie in dieser weltbürgerlichen (!) Bedeutung läßt sich auf folgende Fragen bringen:
1) Was kann ich wissen?
2) Was soll ich tun?
3) Was darf ich hoffen?
4) *Was ist der Mensch?*

Die erste Frage beantwortet die Metaphysik, die zweite die Moral, die dritte die Religion und die vierte die Anthropologie. Im Grunde könnte man aber *alles dieses zur Anthropologie rechnen,* weil sich die drei ersten Fragen auf die letzte beziehen« (Logik).

Das Werden des Anthropologismus
In diese Entwicklung lassen sich die verschiedenen Erscheinungen, evtl. sogar Phasen einbauen.
Die *Renaissance* entdeckt als *Humanismus* (vgl. S. 233) die Antike nicht um ihrer selbst willen, sondern als Vorlage für das neue Selbstverständnis des Menschen, der sich frei vom (christlichen) »finsteren Mittelalter« nach heidnischem Vorbild selbst

konstituiert. Typisches Manifest ist etwa Pico della Mirandolas (1463–1498) »Über die Würde des Menschen« (1486).
Eine andere Form des Humanismus ist die *Reformation*. Im Rückgriff auf das »reine Christentum« und das »wahre Wort« Gottes, für dessen Auslegung ausschließlich der »Glaube«, d. h. die subjektive Vernunft des Menschen, zählt, wird jetzt die Stellung des Menschen in der Welt neu bestimmt: Luthers Prägung des Wortes »Beruf« gibt dem Ausdruck; es bezeichnet jetzt nicht mehr den Ruf (vocatio), in »Gottes Dienste« einzutreten, sondern den Auftrag des Menschen, in der säkularisierten Welt zu arbeiten usw.
Einen weiteren radikalen Schritt macht die Konzeption der *Aufklärung*. Wenn sie das Prinzip der Vernunft und damit den »vernünftigen Menschen« auf den Thron erhebt, dann vollzieht sie – um mit Kant zu reden – »den Hervorgang des Menschen aus seiner selbstverschuldeten Unmündigkeit«. Der *»mündige Mensch«* ist so das Leitbild der Aufklärung. Daß dies nicht in einem rein rationalistisch-intellektualistischen Sinne zu verstehen ist, zeigt u. a. die Tatsache, daß ein Aufklärer, Tetens, die bis heute klassisch gebliebene Dreiteilung der menschlichen »Vermögen« entwickelt: »Denken – Fühlen – Wollen«, d. h., das Fühlen als neues Vermögen entdeckt.
Mit der Erklärung der Mündigkeit des Menschen in der Fülle seiner Gegebenheiten, nicht nur der genannten Dreifaltigkeit seiner Vermögen, sondern in der Vielfalt seiner Manifestationen ist die Aufklärung eigentlich schon mehr als nur ein Werden des Anthropologismus; sie steht schon mitten inne.

3.1.3 *Das Jahrhundert des Anthropologismus: 1750–1850*
Versteht sich der Anthropologismus als die Menschen- und Weltsicht, die sich in einem Philosophieren niederschlägt, für das der Mensch nicht nur primäres Thema ist, sondern auch Orientierungspol für alle Weltsicht, so vollzieht sich dieses Denken im engeren Sinne eines Philosphierens in einem Jahrhundert, an dessen Anfang Herder und an dessen Ende dann Feuerbach steht.
Als Fürst des *Anthropologismus* ist *J. G. Herder* (1744–1803) anzusehen. Er ent-wickelt und ent-faltet in seinen Schriften die Fülle des Menschseins in ihrer geschichtlichen Tiefe, die bis zu den »edlen Wilden« zurückgeht, wie auch in ihrer kulturellen Breite, die die Kulturen der gesamten bis dahin bekannten Welten einzubeziehen sucht. Als erster formuliert er die Idee der

»*Sonderstellung des Menschen in der Welt*«, voran gegenüber dem Tier. Als Anthropina nennt er die freie Hand, die Instinktreduktion gegenüber der Instinktfixiertheit des Tieres, das freie Haben von Welt gegenüber der Instinktgebundenheit des Tieres an die Umwelt (vgl. S. 78). Ist der Mensch so »der erste Freigelassene der Schöpfung«, so ist für Herder das höchste Anthropinon die Sprache: Der Mensch ist das »Sprachgeschöpf«, die Sprache »das Organ unserer Vernunft«. Indem wir reden und die Dinge bezeichnen, entsteht Welt, und umgekehrt vollzieht sich über die Sprache die Reflexion – Herder spricht von »Besonnenheit« – zum Selbstwerden. Herders Sprachkonzeption wird dann auch zur Bildungsgrundlage: Mit dem Erlernen der »Muttersprache« konstituiert sich für das Kind erst Welt. Umgekehrt ist wahres Erlernen einer fremden Sprache nur möglich durch das Einfühlen in die dabei bestimmende Kultur.

Auf Grund dieser exzeptionellen Stellung Herders variiert Gehlen Kants Aussage über die Bedeutung der Logik des Aristoteles: »Die Anthropologie ist seit Herder keinen Schritt vorangekommen.«

Den Gesamtkomplex des Philosophierens, den man zuweilen auch als die »deutsche Bewegung« bezeichnet hat (Kant, deutscher Idealismus, Romantik u. ä.), kann man in einem gewissen Sinne als den mittleren Abschnitt anthropologistischen Denkens ansehen. Allerdings wird es überlagert von einem gewissen spekulativ-idealistischen Denken, das man meist dem anthropologischen Philosophieren nicht notwendig zuspricht, das aber hier doch immer »*den*« Menschen in seinem Mittelpunkt sieht.

Das Ende dieser Entwicklung vollzieht sich im Umbruch des idealistischen Denkens in die »Tiefe« der Fülle des »konkreten« menschlichen Seins in Geschichte, Natürlichkeit usw. Hier steht dann *Ludwig Feuerbachs* (1804–1872) »physiologische Anthropologie«. Programmatisch faßt er die Entwicklung zusammen: »Die Aufgabe der neueren Zeit war die Verwirklichung und Vermenschlichung Gottes – die Verwandlung und Auflösung der Theologie in die Anthropologie.« – »Gott war mein erster, die Vernunft mein zweiter, der Mensch mein dritter und letzter Gedanke.« Dies ist Anthropologismus in Vollendung, d. h., die Philosophie ist jetzt nur noch als Anthropologie möglich: »Wahrheit ist nur die Anthropologie«.

Im Hinblick auf die Ablösung durch den Menschen steht hier

programmatisch Nietzsches Wort: »Gott ist tot – es lebe der Übermensch«.

3.1.4 *Werden und Differenzierung einer/der Disziplin »Anthropologie«* (die »Schulanthropologie«)

Wenn im vorigen Abschnitt vom Zeitalter des Anthropologismus gesprochen wurde, so sollte damit unterstrichen werden, daß in dieser Zeit der säkularisierte und alles säkularisierende Mensch in den Mittelpunkt des Denkens und Philosophierens tritt. Dies muß aber nicht einhergehen mit der Entwicklung auch einer zugehörigen Wissenschaft bzw. wissenschaftlich/philosophischen Disziplin; denn gerade modernes anthropologisches Denken steht der/einer Anthropologie-Wissenschaft vielfach skeptisch und kritisch gegenüber. Diese objektiviere, verdingliche, metrisiere usw. das Subjekt Mensch, wird erklärt. Hier in dieser Zeit nun bedingt die Prägung des Namens »Anthropologie« zugleich auch den Anstoß zur Erstellung einer Disziplin bzw. Wissenschaft. Sie ist zunächst »*doctrina de homine*« und handelt von der »*natura humana*« (vgl. S. 225). Mit diesem letzten Titel beginnt eine Problemgeschichte, die bis heute noch nicht ganz geklärt ist; denn (vgl. S. 225) die (zumindest) Zweideutigkeit des Wortes »natura« läßt die neue Wissenschaft im Sinne einer »Lehre vom Wesen/Ganzen des Menschen« verstehen, zugleich aber auch im Sinne einer »Lehre von der Natur-seite« des Menschen. Genau unter dieser Doppelschichtigkeit steht die Entwicklung der Disziplin bzw. dann Wissenschaft Anthropologie.

Unter der Vorgabe Cartesischen Denkens entwickelt sich einmal »die« Wissenschaft Anthropologie als Lehre von der »*natura physicalis*«. Entsprechend wird eine Wissenschaft aufgebaut, für die die Mechanik Vorbild ist. Sie setzt ihre Tradition fort etwa im französischen Denken des 18. Jahrhunderts, nicht zuletzt im anthropologischen Materialismus der Idee des »l'homme machine« eines Lamettrie. Sie lebt dann wieder auf in der Anthropologie der Mitte des 19. Jahrhunderts, nicht zuletzt in der sich als (Natur-)Wissenschaft begründenden Medizin.

Ihr steht gegenüber, und bringt sich im deutschen Denken der 2. Hälfte des 18. Jahrhunderts mehr und mehr zum Ausdruck, eine Konzeption, die den Menschen »als Ganzes« behandelt, d. h. sowohl nach seinem Aufbau »unten« (Natur, Triebwelt usw.) versus »oben« (Geist, Vernunft, Freiheit), also im Sinne des »Leib-Seele-Problems«, wie auch im Sinne des »außen« (Leibgegeben-

heit, Erscheinungsweise) versus »innen« (Ich, Selbst, »Perfektionabilität« u. ä.).
Diese Thematik entwickelt sich in zwei Richtungen: einmal in der Richtung des Aufbaues einer systematischen Wissenschaft, zum anderen sprossen jetzt vielfältig sogenannte »Bindestrich«-Anthropologien aus dem Boden.
Es liegt nahe, daß, falls eine Disziplin als Wissenschaft aufgebaut werden soll und dabei Systematik aufweisen muß, sie im 18. Jahrhundert notwendigerweise in die Nähe der *Philosophie* rückt. So kommt es, daß sich zunächst so etwas wie eine *philosophische Anthropologie* entwickelt (Titel zuerst 1782). Sie kann nach verschiedenen Aspekten gegliedert werden, in physiologische und pragmatische, in theoretische und praktische, die vor allem die »moralische« Seite des Menschen – das Wort in der Breite seiner Bedeutung von Brauch, Sitte bis zur Sittlichkeit verstanden – untersucht.
Demgegenüber wird dann versucht, eine *konkrete Anthropologie* aufzubauen, die den Menschen in der Fülle seines konkreten Lebens aufzeigt. Wenn dabei die »historische Methode« (auch »*historische Anthropologie*«) eine Rolle spielt, dann muß diese in der zwiefältigen Bedeutung des Wortes »Geschichte« (einmal »Empirie«, zum anderen »Vergangenheitsbericht«) genommen werden. So gibt es eine »Naturgeschichte des Menschen« wie eine »Geschichte der Menschheit«. Es ist dann Kant, der 1772/73 aus dieser Wissenschaft eine »ordentliche akademische Disziplin« zu machen versucht.
Um diesen zentralen Kern und mit ihm verwoben entstehen jetzt die Sonder-Anthropologien, voran die *medizinische Anthropologie*. Gerade sie kennt alle Seiten des Menschseins, die körperlich-seelische, die Variationen in Gesund- und Kranksein, den sozialen Aspekt; Hebenstreits »forensische Anthropologie« (1751) z. B. untersucht Probleme des öffentlichen Gesundheitswesens. Allgemeine Orientierung gibt E. Platners »Anthropologie für Ärzte und Weltweise« (1772), weitergeführt in der »Neuen Anthropologie für Ärzte und Weltweise« (1790).
Es gibt dann »*theologische*«, »*psychologische*« u. ä. Anthropologien (vgl. hierzu das Sachregister von M. Linden, Untersuchungen zum Anthropologiebegriff des 18. Jahrhunderts, 1976). Bedeutsam sind die Ansätze zu einer »*pädagogischen Anthropologie*« seit Ende des 18. Jahrhunderts. Für ihre Begründung hatte schon Tetens (vgl. S. 41) erklärt: »Allemal aber kann die

Frage: Was kann aus dem Menschen werden, und was und wie soll man es aus ihm machen? nur gründlich und bestimmt beantwortet werden, wenn die theoretische: Was ist der Mensch? ... vorher bestimmt und deutlich beantwortet ist.« – Im Hinblick darauf, d. h. auf »Charakterkenntnis und Charakterbildung«, entwickelt W. v. Humboldt den »Plan einer *vergleichenden Anthropologie*«. In diesem Sinne wird die Anthropologie zum »Inbegriff aller Wissenschaften«.

3.2 *Der Mensch im Denken des klassischen Idealismus* (»Idealistische Anthropologie«)

3.2.1 In einer Art »dialektischer« Formulierung könnte man sagen, daß hier die Höhe und Abgründigkeit anthropologischen, ja anthropologistischen Denkens vorliegt.

1) *Die Höhe*
Das absolute Wirklichkeitsprinzip, wie man es im einzelnen auch bezeichnen mag, Ich, Weltgeist odgl., wird total anthropomorphisiert: So erklärt etwa Hegel, daß Spinozas absolute Substanz als absolutes Subjekt zu verstehen und zu explizieren sei. Analog wird die alte Mikrokosmos-Makrokosmos-Idee jetzt von Novalis umformuliert in diejenige des »Meget-anthropos« (»Großmensch«) und »Mikro-anthropos«.

2) *Die Abgründigkeit*
Umgekehrt ist der Mensch noch nie so »unmenschlich, ja entmenschlicht« verortet worden. Er ist weiter nichts als Moment, als Entwicklungselement des geschichtlichen Werdens des Absoluten. Die »großen Individuen« sind dessen Funktionäre, die »Kleinen« laufen Gefahr, vom Weltgeist bei seinem Gang durch die Weltgeschichte »am Wegesrand zertreten« zu werden. Was schert es ihn! – so Hegel in seiner Geschichtsphilosophie.

3.2.2 Bei dieser Einbindung in das *Entwicklungsgeschehen* des absoluten Subjektes ist auch die Individualentwicklung nichts anderes als eine Kurzfassung der Universalentwicklung. Es ist dies eine Idee, die von Pascal, vor allem von Herder schon vorentworfen worden war und die dann nach der biologischen Wende sich als »biogenetisches Grundgesetz« Haeckels wiederfindet: »Die Ontogenese (Individualentwicklung) ist die kurze Rekapitulation der Phylogenese (Gattungsentwicklung).«

3.2.3 Die *menschlichen Grundvermögen* werden bei alledem in entsprechender Relevanz angesetzt:
So ist für *Fichte* der Mensch primär »*praktisches*« Wesen, für

Hegel geht *Denken und Theorie* über alles, *Schelling* möchte man fast in die *Emotionalorientierung* der Romantik eingliedern. Ist er es doch auch, der dem *Unbewußten* seinen Raum und seine Relevanz zuweist.

3.2.4 Wenn oben von der Höhe und der Abgründigkeit des anthropologischen Denkens des Idealismus gesprochen wurde, so darf nicht die große Bedeutung von Hegels Anthropologie für heute übersehen werden. Läßt er auch das Individuum Mensch in der Totalität eines Weltgeistes letztlich untergehen, so ist er es – nach Kant (bs. Freiheit) – doch, der den Menschen hineinstellt in das Gesamt menschlich-kulturellen Seins. Das gilt einmal im Sinne seiner Systementwicklung wie vor allem auch der Einbeziehung menschlicher Grundphänomene wie Krankheit, Tod usw. in diese Gesamtentwicklung.

3.3 *Der Mensch im Denken der Romantik*
Unbestritten ist die Romantik eine spezifische Übergangszeit, in der das Thema und Problem »Mensch« im Mittelpunkt steht. Einerseits ist die Romantik noch Idealismus und erkennt entsprechend noch ein umgreifendes Ganzes an, das allerdings stark anthropomorph gesehen wird. Der Begriff des »Meget-Anthropos« ist von einem Romantiker geschaffen worden. Andererseits wird – im Gegensatz zum Idealismus – jetzt gerade der Mensch, genauer das *Individuum, als Individualität* entdeckt. Dies ist der neue Akzent, den die Romantik der geistigen Bewegung des Anthropologismus zuführt. Individualität bedeutet jetzt: »ich – hier – jetzt« in dieser meiner aktuellen Situation, sei es – und dies ist auch eine Neuentdeckung – als Mann, als Frau, als Kind, als Freund usw.
Als typisch für dieses anthropologische Denken ist wohl *W. v. Humboldts* Konzeption der *Bildung* anzusehen. Bildung, in welchem Bereich auch immer, wissenschaftlich – W. v. Humboldt ist der Begründer der modernen Universität als Stätte der »Forschung (!) und Lehre«, für die das Prinzip der Freiheit gilt –, politisch, aber auch individual-personal vollzieht sich als Einheit von Universalität und Individualität zur Totalität des »gebildeten Bürgers« – nicht im Sinne des heute so verunglimpften »bourgeois«, sondern des Bürgers als Vollmitglied der bürgerlichen Gesellschaft.
Ein anderer relevanter Bereich ist die romantische *Medizin:* Sie ist es, die gegenüber dem mehr mechanistisch-physikalistisch

orientierten neuen wissenschaftlichen Denken in der Medizin – wie es dann zur »Begründung der Medizin als Wissenschaft« führt – die personale Fülle des Menschen bewahrt, mit allen Vor-, aber auch (zuweilen traditionell-reaktionären) Nachteilen einer solchen Konzeption. Wenn zum Schluß auf die Rede vom »*romantischen Menschen*« verwiesen werden soll, so ist im Rahmen der Vermögenstrias neben dem Geist – aus dem etwa die Einstellung der romantischen Ironie resultiert –, vor allem auf Gemüt und Gefühl zu verweisen. Dabei kommt neben dem Bewußtsein vor allem das Unbewußte zum Tragen; zwar ist es von Aufklärern (z. B. dem Anthropologen Platner) entdeckt worden, aber ausgebaut wird seine Theorie von Romantikern (Carus u. a.). Als Lebensprinzip ist es im Erleben von Selbst und Welt, im Einfühlen in Du und geistige Schöpfung (Dichtung) usw. wirklich.

3.4 *Anthropologie in und nach der großen Wende des 19. Jahrhunderts*
3.4.0 *Allgemeines*
Was für die Entwicklung des Anthropologismus, so wie er im Ansatz S. 40 ff. dargestellt wurde, eine mehr oder minder große Kontinuität darstellt, zeigt sich für den deutschen Idealismus als ein radikaler *Umbruch:* Von der Höhe der Spekulation erfolgt er hinunter zur Tiefe des Lebens und der zugehörigen Lebenswelt. Das dabei leitende Vorverständnis des *Lebens* reicht jetzt vom biologischen *Bios* über das *menschlich-geschichtliche Leben* in jeweiliger konkreter Alltagsgegebenheit bis hin zum Geistesleben, wie es etwa in der Lebensphilosophie der verschiedenen Prägungen angesetzt wird. Jetzt ist das Fundament »unten«, der Hegelsche Geist wird »auf den Kopf gestellt« und damit der Mensch wieder auf die Beine (Marx).
1) *Die Vielfalt damaliger anthropologischer Schlagworte*
Dieser Aufbau »von unten her« läßt sich u. a. in der Vielfalt damaliger anthropologischer Schlagworte aufzeigen:
Materialismus, Physikalismus
»Denken ist die elektrische Entladung des Gehirns.«
Materialismus, Physiologismus
»Der Mensch ist, was er ißt.« – Ein Satz, den als erster bereits Paracelsus (1493–1541) formulierte. »Wie die Niere den Urin, wie die Leber die Galle, so sezerniert das Gehirn seine Gedanken.«
In den Rahmen des Physiologismus gehört auch das Virchow

zugeschriebene Wort: »Die Seele ist mir noch nie unter das Messer gekommen, also gibt es keine Seele.« Wohl erklärt etwa E. Vacherot (La science et la conscience, 1870): »Es ist klar, daß der Physiologe unter seinem Messer (Skalpell) oder seiner Lupe niemals so etwas wie ein Gefühl, eine Idee, ein Wollen gefunden hat, bei seiner anatomischen Sektion oder seiner mikroskopischen Untersuchung dergleichen gefunden hat wie einen Gedanken.«

Der Mensch als Pflanze
Der Mensch als *Pflanze* wird im neuen Naturalismus eigentlich niemals thematisiert, wohl aber in der Romantik und dann wieder in der neueren Tiefenpsychologie. Man denke etwa an Heyer.

Der Mensch als biologisches, d. h. tierisches Wesen
ist natürlich Zentralthese des Evolutionismus und spezifiziert sich dann in den sich daran orientierenden Anthropologien, man denke etwa an Engels: »Die Rolle der Arbeit in der *Menschwerdung des Affen*« u. ä.

2) *Das neue anthropologische Denken*
manifestiert sich in den neuen *Wissenschaften vom Menschen* und den Konzeptionen der neuen »Philosophie«, wobei es umstritten ist, wieweit dies Philosophien sind oder erweiterte Wissenschaften.

Das gilt voran für den *Evolutionismus,* der vor allem in seiner Form als *Darwinismus* das Fundament für fast alle damaligen Theorien vom Menschen abgibt. Hierbei zeigen sich interessante Parallelen zum idealistischen Totalismus und Evolutionismus, etwa Hegelscher Prägung. Das gilt neben anderen etwa für den berühmten Sprachwissenschaftler Schleicher, vor allem für den Marxismus, besonders Engelsscher Prägung. Physiologisch im Ansatz, was heute vielfach übersehen wird, ist auch die Freudsche Tiefenpsychologie.

Demgegenüber treten die »geisteswissenschaftlichen« Konzeptionen zurück, abgesehen von der Lebensphilosophie vor allem historischer Observanz, etwa bei Dilthey. Sie stellt aber bereits eine Überwindung des anthropologischen Denkens des 19. Jahrhunderts dar.

Für die Darstellung scheint es sinnvoll, mit dem Evolutionismus zu beginnen, dann die neueren Theorien anzuschließen, gefolgt von den neuen theoretischen Ansätzen.

3.4.1   *Der Evolutionismus*
Dreierlei ist vorzugeben: Das Wortfeld, das Begriffsfeld und

schließlich die spezifischen Differenzierungen dieser umgreifenden »Bewegung« – ein Wort, das eben diesem Gedankenkreis entsprungen ist.
1) *Wortfeld*
griechisch: Genesis – Werden, Entspringen, Ursprung (vgl. »Genesis«, der Titel des 1. Buches der Bibel). Abgeleitet sind Bildungen wie Anthropo-genie (Haeckel), Onto-, Phylo-genese, weiterhin biogenetisches Grundgesetz. Davon abgeleitet ist das Adjektiv »genetisch«. Die *»genetische Methode«* ist im 19. Jahrhundert eine Art *Anti-Methode* zur dialektischen; sie ist methodisch wie auch thematisch wissenschaftlich bestimmt.
lateinisch: Die hier vorgegebenen Wörter gehen von einem Grundmodell »Aus-, Ent-wickelung« eines Gegebenen aus, angefangen vom handwerklichen bis zum geistigen, also angefangen von der Auswicklung der Schriftrolle über die »Entwicklung« des Begriffes als logischem Vollzug bis hin zur Übertragung des Modells auf das Geschehen der Wirklichkeit.
Hier ergibt sich dann eine entscheidende Entwicklung: Am Anfang steht die Idee einer eingewickelten Vorgabe (Idee odgl.), am Ende die Idee des rein prozessualen Geschehens, wie sie der Evolutionismus vertritt (vgl. folgendes).
e-volutio – Aus-wicklung
ex-plicatio – Ent-faltung (plica = Falte)
ex-planatio – Dar-legung (planum = Ebene)
Beide Wörter verstehen sich heute ausschließlich methodisch im Rahmen der Logik und Hermeneutik (vgl. Diemer, Hermeneutik).
Pro-zeß – Fort-schreiten als einfaches lineares Geschehen
Pro-greß – Fortschritt im Sinne des Hinauf- und Besserwerdens.
deutsch: Ent-wicklung. Für dieses Wort gilt das o. a. Gesagte.
Fort-schritt; vgl. o.
französisch: evolution – der »natürliche« Fortgang
developpement – der gemachte Fortschritt
englisch: evolution
development (wie französisch)
2) *Begriff*
Wenn auch keine absolute Einhelligkeit besteht, so lassen sich – das gilt vor allem auch im Hinblick auf die aktuelle Gegenwart – drei Bedeutungen von Entwicklung unterscheiden:
E_1: allgemeiner Prozeß, Geschehen überhaupt
E_2: die üblicherweise als Evolution im Sinne des Evolutionismus verstandene Entwicklung (vgl. folgendes). Im Englischen und Französischen gilt hier *evolution*.

E_3: die vom Menschen gemachte Entwicklung im ökonomischen, technischen und kulturellen Bereich. Entsprechend wird hier *development* verwendet. Dabei sind zu unterscheiden
1. die *ökonomische Entwicklung*. Entsprechend gibt es unter-, entwickelte und überentwickelte Länder, gibt es Entwicklungshilfe, -politik usw.
2. die *technische Entwicklung,* als Umsetzung der Forschungsresultate in die Anwendung. Entsprechend spricht man von »Forschung und Entwicklung« (F & E, R & D).
Im Evolutionismus vereinigen sich die beiden Grundströmungen des 19. Jahrhunderts, der *Naturalismus* und der Historismus. Jener lehrt, daß es nur »Natur« gibt, d. h., daß nur die untermenschliche Wirklichkeit eigentlich Wirklichkeit ist: Materie in den verschiedenen Formen ihrer Erscheinung, sei sie mehr statisch als Atom, Molekül usw., sei sie mehr dynamisch als Energie in der Fülle der Erscheinungen der »Bewegung«, so wie es der (bürgerliche) Energetismus eines Ostwald, Haeckel u. a. lehrte und wie es der (proletarische) dialektische Marxismus eines Engels übernahm und weiterentwickelte.
Damit zeigt sich zugleich der *Historismus:* Für ihn gilt, daß es (zunächst negativ) keine wirklichkeitsimmanente Teleologie gibt; alles ist »nur« Geschehen und Faktizität. Dies zu *erforschen,* zu *erklären* und – im menschlichen Raum – zu *verstehen,* ist Aufgabe der Wissenschaft. Nur so versteht sich die aktuelle Situation des Menschen.
3. *Darwin(ismus)*
Seine spezifische Ausprägung erhält der naturalistische Evolutionismus durch *Charles Darwin:* Für ihn sowie für den sich an ihm orientierenden *Darwinismus* gilt: Er ist eine Theorie der *»Entstehung der Arten«,* d. h. der (nicht-vorgeprägten) Entwicklung der biologischen Wirklichkeiten.
Wesentliches Prinzip dieser Entwicklung ist der *»Kampf ums Dasein«;* Leben besteht danach im »Kampf um Leben bzw. Überleben und Tod«.
In diesen Auseinandersetzungen setzt sich der *»Fitteste«* (»survival of the fittest«) durch. So entsteht durch »natürliche Auswahl/ Zuchtwahl« die Vielfalt der Arten.
Was im allgemeinen biologischen Bereich gilt, gilt dann natürlich auch für den *menschlichen Bereich.* Auch hier setzen sich die »fittesten« Gruppen durch. Es gibt nichts dergleichen wie Idee, Gerechtigkeit usw.; biologisches Gesetz ist eben das Durchsetzen des »Fittesten«, d. h. Stärksten usw.

Was dann für die Gattung bzw. Art gilt, gilt umgekehrt auch für das *Individuum.* Formuliert wird dies in E. Haeckels »biogenetischem Grundgesetz«: »Die Ontogenese (Individualentwicklung) ist die kurze Rekapitulation der Phylogenese (Stammesentwicklung).« Was hier zunächst mehr oder minder für die Embryonalentwicklung bis zur Geburt galt, wird dann auch auf die nachgeburtliche Entwicklung übertragen und gilt bis heute, wenn die Rede ist von der »Durchsetzung der eigenen Interessen«, für die man in der Schule »fit« gemacht werden soll.

Dieser *Sozial-Darwinismus* ist weitgehend die Basis für das gesellschaftlich-politische Denken vor allem der 2. Hälfte des 19. Jahrhunderts. Er schlägt sich nieder in dem Sozialismus der verschiedenen Prägungen, z. B. »Zuchtauswahlprinzip« auf rassischer Grundlage etwa des Nationalsozialismus, als Klassenkampftheorie des Kommunismus. (Marx: »Geschichte ist Geschichte der Klassenkämpfe.«) »Interessenkampf« ist ebenso Grundprinzip des liberal(istisch)en Denkens, angefangen vom Kapitalismus bis in das 20. Jahrhundert hinein.

4. *Andere Evolutionismen*

Neben diesen radikal naturalistischen gibt es auch mehr »idealistisch« getönte Formen. Sie finden sich als Strömungen dessen, was man *Lebensphilosophie* nennt. So kennt der Engländer Spencer seine »Evolution«, der Franzose H. Bergson seine »Evolution créatrice«, der ein »élan vital« zugrunde liegt.

Zur Diskussion kommt es im Gesamtkomplex dieser Theorien in der *Beurteilung der Zukunft:* Ist der Prozeß der Evolution nur Prozeß (»Die Bewegung ist alles, das Endziel ist nichts«, erklärt der »Revisionist« Bernstein), oder ist der *Prozeß* zugleich auch *Progreß?* Wenn ja, aber wozu und wohin? Zum Übermenschen durch Rassenzucht? Zum Sieg der Fittesten durch Diktatur und Unterjochung, um nicht zu sagen »totale Negation«, d. h. Tötung des anderen? Dieser Fragenkomplex des 19. Jahrhunderts ist vielleicht das zentrale anthropologische Erbe des 19. Jahrhunderts an uns – und zwar sowohl in Theorie wie vor allem in der Praxis.

3.4.2 *Die neuen Wissenschaften vom Menschen*

Eigentlich sollte man nicht so sehr von den neuen Wissenschaften, sondern vom neuen wissenschaftlichen Denken vom Menschen sprechen. Was im Evolutionismus »zwischenwissenschaftlich« entwickelt wird, wird jetzt durch kritische Forschung, Experiment usw. wissenschaftlich fundiert. Im wesentlichen können folgende Disziplinen genannt worden:

1) *Die (biologische) Anthropologie*
versteht sich primär als dritte Biologie (vgl. vorne S. 48).
2) *Die neue Psychologie*
will nicht mehr spekulieren, sondern empirisch forschen. Neben die traditonelle Selbstbeobachtung tritt das Experiment. So errichtet W. Wundt (1832–1920) 1875 in Leipzig das erste Institut für experimentelle Psychologie. Die hierbei nach wissenschaftlichen Kriterien erarbeiteten Gesetze (»Weber-Fechnersches Gesetz«) machen die Psychologie zur echten Wissenschaft; sie bildet dann das Fundament für die anderen Humanwissenschaften.
Daneben darf allerdings die zur selben Zeit einsetzende geisteswissenschaftliche Psychologie (Dilthey) nicht übersehen werden, die dann auch die Völkerpsychologie usw. umfaßt.
3) *Die neue Medizin*
In einem gewissen Sinn kann die romantische Philosophie als Höhepunkt idealistischer Anthropologie und Medizin angesehen werden. Gegen sie richtet sich jetzt das »neue Denken in der Medizin« – so Virchow im ersten Heft seines »Archivs« (1847). Man eliminiert zunächst die »Krankheiten« im Sinne von »Substanzen« der sogenannten »medizinischen Ontologie«. Nur die Wissenschaft zählt, und sie kennt nur Prozesse und Elemente, Zellen und Strukturen. Medizin ist nur als Naturwissenschaft, d.h. als Physiologie usw., möglich. Wird damit die Medizin zur Naturwissenschaft, dann schlägt sich dies vor allem in der Abschlußprüfung der medizinischen Grundausbildung nieder: An die Stelle des *»Philosophicums«,* das auch Psychologie und Logik umfaßt, tritt jetzt das *»Physicum«,* das nur noch naturwissenschaftlich Gesichertes umfaßt, also nichts dergleichen wie Seele und Geist mehr kennt.

3.4.3 *Das neue Bild vom Menschen*
Man hat von zwei »großen Häresien« in der Lehre vom Menschen gegenüber der Tradition gesprochen: dem Marxismus und der Psychoanalyse. Im Rahmen der Anthropologie des 19. Jahrhunderts sollen nur deren Ansätze dargestellt werden; ihre Entfaltung vollzieht sich erst im 20. Jahrhundert. Gewissermaßen als Übergang sei auf die Lebensphilosophie hingewiesen.
1) *Das Menschenbild bei Marx und Engels*
Folgende Grundthesen gelten: ,
Der Mensch ist primär ein *Lebewesen,* das als Arbeitswesen seine Lebensmittel herstellt, um damit sein Leben zu er- und

unterhalten. Er tut dies in seinen »materiellen Verhältnissen« der Lebensmittel-Produktion.
Dieser rein biologische Ansatz von Marx wird später von Engels physikalisiert. Der Mensch wird dann als ein spezifischer materieller Eiweißkomplex verstanden.
Als Arbeiter ist der Mensch primär durch seine Praxis bestimmt. Sie gibt alle Lebensinteressen vor.
Arbeit ist nur möglich als soziales Phänomen; damit ist der Mensch primär durch die Gesellschaft bestimmt und geprägt. Er ist primär Genosse einer jeweiligen »Klasse«. Sie gibt die leitende Idee vor, angefangen vom einfachen Denken bis hin zum »Überbau« wie Recht, Wissenschaft, Sprache usw.: »Die herrschenden Gedanken sind die Gedanken der herrschenden Klassen.«
Die Arbeitsteilung bedingt die *Differenzierung in Klassen*. Sie geraten in Konflikte, und damit beginnt die *Geschichte:* »Geschichte ist Geschichte der Klassenkämpfe«.
Das Ziel dieser durch den Evolutionismus vorgegebenen Geschichtskonzeption wird im allgemeinen im Sinne einer »klassenlosen Gesellschaft« – ohne Staat und ohne Arbeit (!) – gesehen, zu dem als letzter »geschichtlicher Übergang« die »Diktatur des Proletariats« führt.
Als Gesetzmäßigkeit der Entwicklung wird die *Dialektik* angesetzt. Sie bedingt vor allem, daß die Entwicklung nicht kontinuierlich, sondern »durch Sprünge«, d. h. *Revolutionen,* sich vollzieht.
2) *Freuds anthropologischer Ansatz*
ist durch zwei Momente bestimmt:
durch die Tatsache, daß Freud von der Physiologie ausgeht, und durch die Tatsache, daß Freuds erste Patienten (junge) Ehefrauen der Wiener Bürgerschicht des ausgehenden 19. Jahrhunderts sind.
Die zweite Tatsache gibt die pathologischen Phänomene (psychische Störungen, Lähmungen und dergleichen) in einer Ehesituation vor, die erste die Mittel zur Erklärung der Störungen durch die Erhellung der physiologisch gesehenen Kausalzusammenhänge. Die menschliche Wirklichkeit liegt dabei bei Freud »unter« dem Bewußtsein, d. h. im Unbewußten, genauer im (Sexual-) Triebsystem, das – etwa im Sinne der Gastheorie nach Druck und Gegendruck verstanden – sich nicht »entladen« kann, weil es durch den gesellschaftlichen Gegendruck »unterdrückt« wird.
In der Analyse werden die unbewußten unterdrückten und

verdrängten Ursachen der Störung aufgedeckt und diese damit erklärt. Die Therapie besteht dann in der sich durch die Analyse vollziehenden Entladung. Diese rein physiologisch-mechanistische Theorie wird im 20. Jahrhundert humanisiert, personalisiert und sozialisiert.

3) *Der Mensch in der Lebensphilosophie*
Wenn hier von der Lebensphilosophie gesprochen wird, so soll sie in einem weiten Sinne verstanden werden, der auch die durch sie begründeten Geisteswissenschaften mit umfaßt. Dazu gehört dann nicht nur die Geschichte im Sinne der menschlichen Geschichte, sondern auch die Fülle und die Breite der menschlichen Gegebenheiten in Gesellschaft, Kultur, Religion usw. Es ist der Bereich, für dessen spezifische Begegnungsweise das *Verstehen* angesetzt wird.

Abgesehen von der *Fülle des Neuen,* das hierbei entdeckt wird, wird für die Anthropologie vor allem das Phänomen der *Variation des Menschseins* relevant. Sie muß richtig verstanden werden, wovon später im systematischen Teil noch zu reden sein wird (vgl. S. 215).

Bislang gab es nur »den« Menschen, »die« Vernunft, »die« Welt. Zwar hatte vor allem die Aufklärung und die Romantik auf die Variationsformen in der spezifischen Ausgestaltung der Individualität verwiesen. Doch jetzt werden »voraussetzungslos« die verschiedenen Dimensionen herausgearbeitet: Dies beginnt etwa im Rahmen der Psychologie bis hin zur Psychopathologie und endet in der allgemeinen Völker- und Kulturkunde. Hier gibt es jetzt keine »Idioten« und »Primitive« mehr, es sind vielmehr Variationsformen, die es zu verstehen gilt. Das Ganze läßt sich etwa auf folgenden Nenner bringen: *An die Stelle »des« Menschen und »der« Welt tritt jetzt die Vielfalt gleichberechtigter* (vgl. Historismus) *Welt-Anschauungen* mit den jeweils zugehörigen *Menschen-Bildern.* Entsprechend entstehen im Rahmen der Lebensphilosophie nicht nur die »Philosophie der Weltanschauungen« (etwa bei Dilthey), sondern auch die vielen Versuche der »Typologien«, der »Lebensformen«, der »Denkformen« usw.

4. Die philosophische Anthropologie des 20. Jahrhunderts

4.0 *Allgemeines*
4.0.1 Die Vielfalt anthropologisch relevanter Konzeptionen läßt sich u. E. in fünf Gruppen zusammenfassen:
1) *Die Anthropologie-Wissenschaft*
Wenn sie auch hier nicht direkt ansteht, so muß doch auf die verschiedenen Formen hingewiesen werden, wie sie auch bei der systematischen Differenzierung aufgezeigt sind. U. E. lassen sich fünf Formen einer Anthropologie-Wissenschaft unterscheiden.
1.1) Die Anthropologie als dritte Biologie, neben Botanik und Zoologie.
1.2) Die nichtbiologische Anthropologie, etwa als psychologische Anthropologie usw.
1.3) Die Kulturanthropologie (cultural anthropology)
1.4) Die Sozial-Anthropologien
1.5) Die Sonder-Anthropologien. Hier sind aus der systematischen Liste (vgl. S. 30 f.) vor allem die *pädagogische,* die *medizinische* und im Augenblick die *historische Anthropologie* zu nennen.
Zwei philosophisch-anthropologische Probleme begegnen uns hier überall: Zunächst ist es die Tatsache, daß bei alledem der *Mensch zugleich Objekt wie aber auch Subjekt der Anthropo-Wissenschaft ist;* ja, manche gehen soweit zu sagen, daß natürlich die Anthropo-Wissenschaft selbst ein anthropologisches Phänomen sei.
Daraus resultiert nicht nur die Relevanz des Menschen als Subjekt für die »objektive« Wissenschaft, sondern umgekehrt auch die Relevanz der »objektiven Befunde« für die philosophische Anthropologie als mögliche Form des Selbstverständnisses.
2) *Die weltanschauliche Anthropologie*
Jede Weltanschauung, d. h. jede Letzteinstellung, hat wie eine Konzeption der Gesamtwirklichkeit so auch eine solche des »Wesens« des Menschen, so etwa das Christentum, der Islam, der Buddhismus, aber auch der Sozialismus-Kommunismus, der Liberalismus usw. Entsprechend gibt es christliche, islamische, buddhistische, sozialistische usw. Anthropologien. Auf sie sei hier nur hingewiesen.

3) *Die philosophische Anthropologie als philosophische Bewegung*
Von ihr wird sofort zu reden sein.
4) *Die philosophischen Anthropologietheorien/Anthropologien*
Rein terminologisch ließe sich hier sagen, daß man einmal von philosophischen Anthropologien reden könnte. Es ist aber auch möglich, in Analogie zu anderen Bereichstheorien hier von Anthropo-Theorien zu sprechen, so wie man auch von der Rechts-, der Sprach- u. ä.-Theorie spricht. Hierher gehören auch die strukturelle (»anthropologischer Strukturalismus«), die kritische u. a. ä. Anthropologien.
5) *Die philosophische Anthropologie als systematische philosophische Disziplin*
Sie steht hier bei der Übersicht als solche nicht zur Diskussion. Nur wird bei ihrer Darstellung jeweils auf die Probleme, Akzentuierung usw. einzugehen sein.

4.0.2 Für die Darstellung scheint es sinnvoll, auf die Anthropologie-Wissenschaften (1) nicht näher einzugehen, ebenso wenig auf die systematische (5). Begonnen werden soll mit der philosophischen Anthropologie i.e.S. Ihr schließen sich einige typische weltanschauliche Anthropologien an, erst dann folgen die Anthropo-Theorien. Den Abschluß bildet die Darstellung der Anthropologie-Kritik.

4.1 *Die philosophische Anthropologie*
(Vorbemerkungen zum Begriff vgl. S. 24 ff.)
4.1.0 *Allgemeines*
Unter der »philosophischen Anthropologie« i. e. S. wird eine allgemeine philosophische Strömung verstanden, die zunächst auch eine Lehre vom »Wesen« des Menschen zu geben versucht, die aber darüber hinaus den Menschen in den Mittelpunkt ihres Denkens und ihrer philosophischen Konzeption stellt.
Dies wird bestimmt durch die Eigenbestimmung und Selbstbestimmung des Menschen in seiner »Stellung im Kosmos« zwischen dem Absoluten und dem Untermenschlichen, dem Tier. Dabei wird natürlich der Mensch in den Mittelpunkt gestellt, so daß dann mehr oder minder zugleich auch eine »anthropologische Philosophie« vorliegt (vgl. analog »Hermeneutische Philosophie« in: Diemer, Hermeneutik).
Als Begründer wird allgemein *Max Scheler* (1874–1928), »Die Stellung des Menschen im Kosmos«, 1928, angesehen.

Bekannte Repräsentanten sind *Helmut Plessner* (1892), »Die Stufen des Organischen und der Mensch«, 1928; *Arnold Gehlen* (1904–1976), »Der Mensch« (1. Auflage 1940; 10. Auflage 1974); *Erich Rothacker* (1888–1965); »Die Schichten der Persönlichkeit«, 1938, »Probleme der Kulturanthropologie«, 1935.
Im allgemeinen werden zwei Phasen unterschieden, die ineinander übergreifen, die naturwissenschaftlich-biologisch und die kulturwissenschaftlich orientierte Phase.

4.1.1 *Die naturwissenschaftlich-bio(logisch)-orientierte philosophische Anthropologie*

Der Mensch – das nicht-festgestellte Tier
Diese Richtung – repräsentiert durch Scheler, Gehlen, Plessner, Portmann u. a. – bestimmt das »Eigenwesen« des Menschen zwar vom Biologischen her. Dies geschieht aber gerade durch die Herausarbeitung seiner *Sonderstellung* und wesentlichen *Unterschiedenheit gegenüber dem Tier.* Programmatisch läßt sich hier Nietzsches Bestimmung des Menschen als »*nichtfestgestelltes Tier*« nennen. Das Tier ist durch seine Instinkte usw. fixiert, es ist in seine »Umwelt« (J. v. Uexküll) verzahnt und dadurch lebensgesichert. Der Mensch ist demgegenüber instinktarm, damit unsicher usw. Diese Nichtfestgestelltheit erweist sich als die wesentliche Ambivalenz des Menschen: Ist er einerseits vom Leben schlecht weggekommen, so ist er andererseits dadurch gerade »weltoffen« und hat die Möglichkeit der Freiheit, des Handeln- und des Sprechenkönnens.
Ist das *Tier* so in seine *Umwelt* verzahnt, so »hat« der *Mensch Welt,* ist »weltoffen« nach *Max Scheler.* Er ist dies durch Geist, der gewissermaßen als Steuermann (Lokführer) die »Dampflokomotive« des Lebens steuert.
Analog sieht *Arnold Gehlen,* der stark auf Herder zurückgreift, den Menschen als das unspezialisierte Tier. Dadurch ist der Mensch das *Handlungswesen,* das der Welt gegenübertritt. Wesentlich für dieses Gegenübertretenkönnen ist die *Sprache,* für die ihre *Entlastungsfunktion* konstitutiv ist.
In der Bestimmung des Geistes vollzieht sich bei Gehlen eine Entwicklung: Er ist am Anfang stark biologisch vorgeprägt (1. Aufl.). Die späteren Auflagen entwickeln mehr und mehr eine gewisse Eigenständigkeit. Wesentlich ist hierbei die Explikation der sozialen Dimension bei Gehlen. Neben die Entlastung durch

die Sprache tritt jetzt noch der (soziale) Stabilisierungsfaktor der *Institutionen,* zu denen auch die Ethik gehört.
Den wesentlichen Unterschied zum Tier sieht *Helmut Plessner* in der *Exzentrizität* des Menschen: Das Tier lebt aus seiner Mitte – und ist nur dies. Der Mensch kann sich außerhalb seiner selbst stellen, hat also so etwas wie Reflexion.
Das Zurücktreten der biologischen Orientierung »kippt« dann in eine neue Konzeption um.

4.1.2 *Die kulturorientierte philosophische Anthropologie*
Der Mensch – »Schöpfer und Geschöpf der Kultur«
Unter Einbeziehung der entsprechenden Wissenschaften (Ethnologie, Kulturanthropologie usw.) wird jetzt versucht, das Eigenwesen des Menschen aus ihm selbst, modern gesprochen: aus seiner *Kreativitätsfähigkeit* zu bestimmen. Der Mensch ist das Wesen, das an sich offen unbestimmt ist. Durch diese Offenheit ist es dazu »verurteilt« (Sartre), sich selbst zu schaffen. Dies tut der Mensch, indem er sich eine *Kultur* als eine »*zweite Natur*« schafft. Diese Natur als Kultur ist dann wieder der Boden, aus dem – in einer gewissen Analogie zur ursprünglichen Bedeutung des Wortes »Kultur« (vgl. S. 190) – der jeweilige Mensch in seiner geschichtlich-sozial-kulturellen Situation zu dem wird bzw. zu dem auch »gemacht wird« (durch Erziehung), was er dann – faktisch – ist.

4.2 *Die christliche Anthropologie*
Der Mensch – das Eben- und Gegenbild Gottes
Wie weit von einer oder der oder überhaupt nur von christlicher Anthropologie bzw. anthropologischem Denken gesprochen werden kann, ist heute eine umstrittene Frage. Das gilt nicht zuletzt deswegen, weil die traditionellen Vorverständnisse christlichen Denkens, wie etwa der Glaube an einen immateriellen Gott, an die Schöpfung der Welt sowie die Erschaffung des Menschen durch diesen Gott, an die Ebenbildlichkeit Gottes wie auch an die Sündenverhaftetheit des Menschen als Allgemeingut christlichen Denkens zumindest in den Hintergrund gerückt sind, wenn es auch immer noch »traditionell-konservative« Anthropologien gibt.
Es scheint, als hätten auch heute noch hierbei das katholische Menschenbild (vgl. S. 36) einerseits, das protestantische andererseits (vgl. S. 36) die alten Traditionselemente, wie sie früher aufgezeichnet wurden, beibehalten.

In diese Vorgaben wird dann, wenn sie gewahrt bleiben, neues Ideengut eingebaut, das aus wissenschaftlichen wie sonstigen weltanschaulich-philosophischen Quellen kommen kann. So ist heute die biblische Lehre der Erschaffung des Menschen durch Gott weitgehend der Überzeugung von der Entwicklung aus entsprechenden tierischen Vorfahren (Primaten) gewichen. Allerdings wird dabei grundsätzlich die Überzeugung vom »Hiatus« zwischen Tier und Mensch (vgl. S. 77) beibehalten. Folgeprobleme ergeben sich dann etwa in dem durch § 218 gekennzeichneten Streit: die Frage nach der »eigentlichen Entstehung des Menschen ›als Mensch‹ im Mutterleib«. Der Streit um die Abtreibung führt dann zu Problemen wie dem der Verfügung über den Tod, sei es hier beim »Ungeborenen«, sei es im Problemkomplex der »Sterbehilfe« – bis hin zum Selbst-tod.

Interessant ist die christlich-anthropologische Begründung der Sozialdimension (vgl. auch später S. 194): Für die Tradition war sie bestimmt durch den Glauben, daß alle Menschen »Kinder Gottes« seien und damit eine »große Familie« bilden, wo das Prinzip der »Nächstenliebe« gilt.

4.3 *Die bürgerliche Anthropologie*
Der Mensch – die mündige Persönlichkeit

Die Rede von der bürgerlichen Anthropologie innerhalb des Rahmens der vorliegenden Übersicht scheint etwas ungewöhnlich zu sein. Denn üblicherweise wird das Wort »bürgerlich« (vgl. etwa »bürgerliche Wissenschaft«) meist, vor allem von Systemkritikern, kritisch verwendet. So qualifiziert etwa der Marxismus die Philosophische Anthropologie im Sinne einer philosophischen Bewegung wie auch als systematische Disziplin mit dem Hinweis auf ihre angeblich bürgerliche und ungeschichtliche Herkunft meist negativ ab (vgl. Klaus/Buhr, »Anthropologie«).

Alledem gegenüber muß jedoch festgestellt werden, daß es faktisch eine solche Idee gibt, wenn sie auch mehr implizit wirkt als explizit formuliert ist. Sie ist das leitende Menschenbild, das etwa der Konzeption der modernen freien Demokratie zugrunde liegt und sich in Dokumenten wie dem »Bürgerlichen Gesetzbuch« manifestiert. Die Grundideen entstammen weitgehend der Aufklärung des 18. Jahrhunderts und sind im Rahmen der Entwicklung der modernen fortschrittlichen Industriegesellschaft geformt und formuliert worden. Es sind dies:

1. Die *Idee der ontologischen Gleichheit aller Menschen.* Sie versteht sich nicht im Sinne eines äußerlichen gesellschaftlichen Egalitarismus, sondern der inneren selbstverantwortlichen Mündigkeit (vgl. Kants berühmte Bestimmung der Aufklärung als des »Herausgangs des Menschen aus seiner selbstverschuldeten Unmündigkeit«). Sie manifestiert sich etwa im Prinzip der »Gleichheit vor dem Gesetz«; dieses gilt mit allen seinen Konsequenzen, die eine moderne Demokratie gefährden können.

2. Die *Idee der Praxisprävalenz.* Sie ist wesentlich für das neuzeitliche Menschenbild, sei es für den Arbeiter, sei es für den Unternehmer, sei es für den Wissenschaftler.

3. Die *Idee der individuellen Freiheit.* Besteht zwischen der bürgerlichen und der (philosophischen) sozialistischen Anthropologie hinsichtlich der Gleichheit eine gewisse Gemeinsamkeit, so liegt hier der entscheidende Unterschied. Die bürgerliche Idee der Liberalität sieht primär im freien Individuum die eigentliche menschliche und d. h. zugleich gesellschaftliche Wirklichkeit. Diese Freiheit manifestiert sich in verschiedenen Formen, wie sie die Aufklärung postulierte: in der Freiheit des Gewissens, des Glaubens und der Religion, der persönlichen wie der Pressefreiheit usw. einerseits, der »Entfaltung der Persönlichkeit« andererseits, die u. a. durch die – negative wie positive – Chancengleichheit ermöglicht wird.

4. Die *Idee der Offenheit.* Wie nach innen Freiheit gesetzt wird, so wird nach außen etwa in der Natur, der Kultur, der Gesellschaft, aber auch der Geschichte Absolutheit und Gesetzlichkeit in Frage gestellt. Es gibt keine absolute Gesetzlichkeit, weder in der Gesellschaft noch in der Geschichte. Es gibt nur die »offene Gesellschaft« (Popper). Der Sinn des Lebens wie der Geschichte liegt dabei weitgehend in den Händen der Individuen.

5. Die *Idee der Gerechtigkeit.* Sie versucht zu harmonisieren, um die Realisierung der allgemeinen Konzeption des Menschen zu ermöglichen. Dabei ergeben sich dann zuweilen große Schwierigkeiten etwa im Phänomen der »*Interessenabwägung*« in einer »*pluralistischen Gesellschaft*«. Hier setzt dann vielfach die Kritik des Sozialismus und Marxismus an.

Das gilt nicht zuletzt auch hinsichtlich der heute viel zitierten Idee der *Solidarität.*

4.4 *Die existenzorientierte Anthropologie*
(Existenz-, Existenzialphilosophie, Existenzialismus)
Der Mensch – das »ins Nichts geworfene« und »zur Freiheit verdammte« Seiende
Vorbemerkung: Diese Anthropologie wird an sich weitgehend im Rahmen der Darstellung der Existenz (vgl. S. 125) behandelt; denn die Idee der »Existenzverfassung« des Menschen – die Grundidee dieser Anthropologie – ist heute weitgehend Allgemeingut anthropologischen Denkens geworden, an dem niemand, sei es in Zustimmung oder Variation (z. B. christliche Anthropologie), sei es in Ablehnung (z. B. Marxismus, Behaviorismus) vorbeigehen kann. Sartre z. B. versucht sogar eine Art Synthese zwischen existenzialistischer und marxistischer Anthropologie. Die wesentlichen Momente werden später genannt: negative Sicht der Conditio Humana, Isoliertheit, Aufruf zu sich selbst usw. (vgl. S. 126). Wesentliche Aspekte zeigt die Weiterentwicklung der einzelnen Denker: Sie suchen eine neue Fundierung jenseits der Existenzisoliertheit, sei es in der Gesellschaft, sei es im Metaphysischen. Von allgemeiner Relevanz ist diese Konzeption in ihrem Bestehen auf der Eigenwertigkeit des Individuums, weswegen sie zuweilen in die Nähe der bürgerlichen Anthropologie gerückt, ja mit dieser von den Kritikern identifiziert wird.
Nicht übersehen werden darf in diesem Zusammenhang die existenzialphilosophische *»Anthropologie«* (Heidegger), die sich selbst als Ontologie versteht. Ihr geht es nicht um das Engagement, sondern um die Erhellung der Grundverfassung des »Daseins« und der zugehörigen »Welt«. Die späteren Ausführungen über die Humankosmologie (s. S. 181) sind wesentlich von diesem Ansatz geprägt.

4.5 *Das Menschenbild des/im Marxismus*
(Dialektischer Materialismus)
Der Mensch – das gesellschaftsbestimmte, arbeitende und produzierende Lebewesen

4.5.0 *Allgemeines*
Der Titel dieses Kapitels stellt ein Problem dar. Zwar könnte man auf Grund der allgemeinen Voraussetzungen einfach

von der marxistischen Anthropologie sprechen. Doch dem steht dreierlei entgegen:
Da ist zunächst das Wort »*Anthropologie*«. Es wird von vielen Autoren, die sich als Marxisten verstehen, vor allem wenn sie sich dem orthodoxen Marxismus zuzählen, abgelehnt. Dabei steht die (bürgerliche) philosophische Anthropologie stark im Hintergrund; man glaubt, eine solche Theorie insistiere zu sehr auf einem absoluten, ungeschichtlichen Menschenbild. Desungeachtet bringt aber z. B. das Philosophische Wörterbuch von Klaus/Buhr einen langen Artikel »Anthropologie«. Darin wird doch eher die Bezeichnung »Menschenbild« vorgeschlagen.
Ein zweites Problem ist die Bezeichnung »*marxistisch*«.
Die Spannbreite ist ebenso weit wie etwa bei der Rede von der »christlichen Anthropologie« (vgl. dazu das Schema Marxismus in: Diemer, Dialektik, S. 84). Die Voraussetzungen sind zuweilen sehr divergent und stoßen sich vor allem in der Bestimmung »des« Menschen. Dazu kommt noch ein drittes Problem: die *hermeneutische Interpretation* der Vorgaben, vor allem von Marx selbst. Dabei stehen sich ein Anthropologismus und ein Szientismus zuweilen scharf gegenüber. Der *Szientismus* ist mehr an Engels orientiert und ist für den orthodoxen Marxismus bestimmend. Danach ist der Kommunismus ein »wissenschaftlicher« Sozialismus; Vorbild ist die exakte Naturwissenschaft, d. h. die Physik. Entsprechend ist dann ein universaler Materialismus vorgegeben, innerhalb dessen sich der Materiekomplex Mensch konstituiert.
Anders ist der *Anthropologismus,* der vor allem für den Neomarxismus bestimmend ist: Er orientiert sich primär am frühen Marx. Dieser hat einen »naturalen Humanismus« entwickelt, der vom Menschen in seinen »materiellen Verhältnissen« ausgeht.
Die beiden Vorverständnisse prallen z.B. aufeinander im Gesamtverständnis des »Kapitals«: Für jenen ist es eine »ökonomische Wissenschaft«; für diesen ist es eine Anthropologie, die den Menschen als produzierendes Wesen aufzeigt und den Kapitalismus als die Situation durchleuchtet, in der der Mensch sich selbst verkaufen muß, d. h. zur Ware wird.
Dies gerade ist die *Entfremdung.*

4.5.1   *Grundlagen von Marx*
Diese sind bereits S. 52 f. dargestellt worden.

4.5.2 *Der Engelssche Ansatz*
Wenn auch beide, Marx und Engels, von vorneherein zusammengearbeitet haben, so hat doch Engels in das im Ansatz mehr anthropologisch-soziologische Denken von Marx die physikalistische Orientierung eingebracht.

4.5.3 *Das Vorverständnis von »Materialismus«*
Eine erste Divergenz ergibt sich hier: Die einen gehen von den »materiellen Verhältnissen«, d. h. der ökonomischen Situation, aus; die anderen von der Materie als Letztinstanz, deren Bestimmung sich an der Physik orientiert. Dieses hat weitere Konsequenzen.

4.5.4 *Die szientistischen Marxisten*
gehen von der objektiven materiellen Wirklichkeit aus, die auch den Menschen mitumfaßt und für die insgesamt die (Engelsschen) Gesetze der Dialektik gelten: das Gesetz des Umschlagens von Quantität in Qualität und umgekehrt, das Gesetz von der Durchdringung der Gegensätze und das Gesetz von der Negation der Negation (vgl. dazu Diemer, Dialektik, bs. S. 92).
Der Mensch und sein Bewußtsein ist dann nichts anderes als ein Materiekomplex, das Bewußtsein ist »Widerspiegelung« der »objektiven Verhältnisse«.

4.5.5 *Die Anthropologisten*
1) Die *Anthropologisten* gehen grundsätzlich vom Menschen, primär von der gesellschaftlichen Situation aus. Der humane Sozialbereich wird im allgemeinen als *von der Natur wesensverschieden* angesehen. Dies zeigt sich vor allem in der Beschränkung der Dialektik auf den gesellschaftlich-geschichtlichen Bereich (bs. bei G. Lukács: Geschichte und Klassenbewußtsein, 1923).
2) Wenn auch im allgemeinen die Gesellschaft total prävaliert, gibt es doch eine Reihe von Versuchen, auch dem *Individuum* in seinem dialektischen Spannungsverhältnis zur Totalität seine Bedeutung zukommen zu lassen, so etwa in Sartres »Dialektik«, so vor allem in Sonnemanns »Negativer Anthropologie«, die in der »negativen Dialektik« von Adorno begründet ist (vgl. Diemer, Dialektik).
3) Wenn man im allgemeinen im Marxismus den Menschen primär als ein *praktisch hantierendes* Wesen sieht, so tritt seine Interpretation als Arbeiter, genauer als Industriearbeiter udgl., bei den Anthropologisten zurück – sind sie ja doch zum Großteil bürgerlicher Herkunft und »Intellektuelle«. Das gilt nicht nur für den

Bereich der Bundesrepublik, voran für die »kritische Theorie« (»Frankfurter Schule«), sondern auch andere wie etwa den frühen Lukács (Ungar) oder den jugoslawischen »schöpferischen Sozialismus«. Jetzt wird vor allem die »schöpferische Tätigkeit« unterstrichen – wie sie sich in der Schriftstellerei der Intellektuellen findet.

4) Als Überhöhung gewissermaßen wird schließlich noch die Reflexion (vgl. »Das Selbst« S. 119) gefordert. Wenn man alle Theoretiker menschlicher Tätigkeit, die beim Menschen die Reflexion nicht als wesentlich ansehen, als Positivisten bezeichnet (vgl. Habermas, Erkenntnis und Interesse), dann wird sogar Marx selbst zu einem Positivisten.

4.5.6 *Der »neue Mensch«/die »neue Gesellschaft«*
Gemeinsam ist fast allen Marxismen die Intention, an einem »neuen Menschen« bzw. einer »neuen Gesellschaft« zu arbeiten, d. h. ein ideales Gesellschaftsmodell zu entwickeln. Seit Marxens Idyll in der »deutschen Ideologie« bis zu Adorno und Habermas sind immer solche Zukunftsmodelle entwickelt worden. Gemeinsam ist allen, daß dort der Klassenkampf überwunden sei; an die Stelle der Revolution tritt die Diskussion oder der freie Diskurs (Habermas).

4.6 *Die tiefenpsychologische Anthropologie*
Der Mensch – das vom Unbewußten gesteuerte Triebwesen
Für den Ansatz bei Freud war bereits früher das Wesentliche gesagt worden. Die anthropologische »Häresie« Freuds hatte darin bestanden, die Wirklichkeit des Menschen nicht in dem anzusetzen, was man traditionell und üblicherweise als Wesen des Menschen ansah, also Geist, Person, Ich und Bewußtsein. Sie besteht vielmehr in einer tieferen Schicht, dem Unbewußten.
Von ihm ist später im systematischen Zusammenhang zu handeln. Hier sollen nur einige allgemeine Bemerkungen zur Entwicklung der tiefenpsychologischen Anthropologie gemacht werden:

4.6.1 *Die anthropologische Bestimmung des Unbewußten*
Freud hatte das Unbewußte weitgehend als ein Triebsystem speziell sexueller Prägung angesehen und es fast im Sinne eines biologischen, ja fast physiologischen Funktionskomplexes interpretiert. Ganz allgemein läßt sich sagen, daß sich zunehmend eine Art Humanisierung des Unterbewußtseins vollzieht. Heute wird es nur noch bedingt im Freudschen Vorverständnis betrachtet;

es ist weitgehend eine rein humane Dimension. Es kann sogar eine Art metaphysischen Charakter annehmen. Dies hat sich bei Freud selbst in der Entwicklung vom »*Unbewußten*« zum »*Es*« gezeigt. Diese Anthropologisierung zeigt sich nicht zuletzt in einer Sonderform, dem »*Freudo-Marxismus*«: Waren es bei Freud die »Triebe«, die unterdrückt werden, so bei Marx eine Sozialgruppe, das Proletariat, das das Anlagemodell abgibt. Entsprechend versucht der bürgerliche Marxist Marcuse eine Theorie des Unbewußten: Der Zukunft gehört dann die freie Entfaltung aller bürgerlich unterdrückten Bedürfnisse.

4.6.2 *Die Differenzierung des Unbewußten*
Sie geht in zwei Richtungen:
Einmal können im Triebsystem *andere Triebtypen* als wesentlich angesetzt werden, so etwa der Machttrieb u. ä. Vor allem kann das Ganze weitgehend entsexualisiert werden und mehr personalen Charakter erhalten, so etwa bei C. G. Jung.
Bedeutsamer ist die zweite Differenzierung:
Die ursprüngliche Beschränkung auf den Individualbereich wird zunehmend erweitert, es werden vor allem tiefere Schichten aufgezeigt.
Dabei lassen sich – im Überblick gesehen – drei Schichten unterscheiden, das *personale,* das *kollektive* und das *metaphysische Unbewußte,* das bereits vor Freud Ed. v. Hartmann in einer Art Weiterentwicklung Schopenhauerscher Philosophie als Fundament der Wirklichkeit bestimmt hatte.
Von Einzelheiten ist später zu reden (vgl. S. 108).

4.6.3 *Die Relevanz des Unbewußten*
Grob zusammengefaßt, läßt sich sagen, daß sie laufend zugenommen hat, so daß heute in breiten Kreisen moderner Anthropologie i. e. S. und nicht nur da das Unbewußte als der eigentliche Wirklichkeitsbereich des Menschen angesehen wird.
Die Folgen sind natürlich dann auch miteinzubeziehen: War das Unbewußte zunächst nur eine »Ursache« neurologischer o. ä. Störungen, so ist es jetzt Fundament des Gesamtseins. Alles »Höhere« wie Gewissen, Verantwortung, Freiheit ist Überbau. Seine Aktionen sind Reaktionen auf Unbewußtes bzw. seine Konfliktsituationen.
Entsprechend muß jetzt auch die *Therapie Totaltherapie* sein: So entwickeln sich Formen wie Logotherapie u. ä. Es ist nicht nur ein leicht hingesagter Slogan, wenn behauptet wird: Wie man früher zum Seelsorger ging, so geht man heute zum Tiefenpsychologen.

Dies wird vor allem dort noch akzentuiert, wo das personale Unbewußte in ein – wie auch immer vorverstandenes – kollektives Unbewußtes verankert wird. Dann gibt es nicht nur die »Gruppentherapie«, sondern das Ganze wird schließlich zu einer Gesellschaftstherapie, zumindest dem Anspruch nach.

4.6.4 *Neuere Entwicklungen*
Der soziale Aspekt kann zu weiteren spezifischen Akzentuierungen führen: So hat sich, ausgehend von der Arzt-Patient-Situation, eine *sprachlich-kommunikative* Therapie entwickelt. Das führt dazu, den ganzen Komplex als ein sprachliches Problem anzusehen, angefangen von der Störung als primäre Kommunikationsstörung bis zur Therapie als Wiederherstellung dieser Kommunikation.

4.7 *Die kritische Anthropologie*
Der Mensch – das gesellschaftsgeschädigte Reflexionswesen
Aus drei Quellen speist sich diese Konzeption: aus der bürgerlichen Anthropologie in der Situation der Spätbürgerlichkeit, dem Marxismus sowie der deutschen (dialektischen) idealistischen Reflexionsphilosophie.
Die Väter sind durchweg Kinder der gehobenen Spätbourgeoisie des ausgehenden 19. Jahrhunderts: Th. W. Adorno (1903–1969), M. Horkheimer (1895–1973), H. Marcuse (1898), E. Bloch (1885-1977). Grund ihres Denkens ist die Sorge um das Individuum in der modernen gesellschaftlichen Situation des industriell-technischen Zeitalters. Diese Situation wird übereinstimmend mit dem Marxismus als diejenige des (Spät-)Kapitalismus gesehen. Dabei ist man sich mit diesem darin einig, daß einmal der Mensch ein primär soziales Wesen sei und daß er in dieser Situation entfremdet, weil verdinglicht (vgl. S. 212) sei.
Allerdings wird dabei der wahre Mensch nicht wie beim Marxismus als Arbeiter gesehen; dieser ist sich seiner gerade nicht bewußt, er soll ja nur als Glied der Gesellschaft fungieren – weshalb J. Habermas Marx einen Positivisten nennt, da er auch ein unreflektierter Philosoph sei.
Der Mensch ist Mensch nur dadurch, daß er auf sich reflektiert. Hiermit wird die idealistische Reflexionstradition wieder aufgenommen und differenziert: Durch die *Reflexion* sichert sich der Mensch in seiner Verbundenheit mit der Gesellschaft gegenüber der Gesellschaftstotalität im Sinne der »*negativen Dialektik*« (vgl. Diemer, Dialektik) seine *Identität*. Er tut dies theoretisch dann

auch aller Anthropologie gegenüber, dies gilt für die wissenschaftliche wie auch für die philosophische. Gerade hierbei unterstreicht die kritische Theorie immer wieder ihre These, daß alle derartige Humanwissenschaft unter der Bedingung stehe, daß deren Objekt immer zugleich auch deren Subjekt sei. Diese ambivalente Situation kann durch verschiedene Bezeichnungen charakterisiert werden, so etwa als »anthropologische Differenz« (Kamper) oder gar als »negative Anthropologie« (Sonnemann). Verbindet sich mit dieser Reflexionskonzeption die kritische, ja fast feindliche Einstellung traditionellen idealistischen Denkens gegenüber Wissenschaft und Technik, so kann die Reflexivität selbst noch tiefenpsychologisch weiter differenziert werden, wobei der gesellschaftskritische Akzent – die Tiefenpsychologie ist selbst ein Produkt dieser kritisierten Gesellschaft – noch vertieft wird. Dies kann – etwa bei Marcuse – zu einem Freudo-Marxismus führen, wo an Stelle des unterdrückten Proletariats die unterdrückte Trieb-Welt fungiert.

4.8   *Die struktural(istisch)e Anthropologie*
Der Mensch – ein strukturelles Gebilde ohne Selbst
Terminologische Vorbemerkung: Mit dem Strukturalismus beginnt die Gruppe der Anthropologien bzw. Anthropo-Theorien, die zwischen einer Anthropowissenschaft und einer Anthropophilosophie anzusiedeln sind. An sich versteht sich die strukturale Anthropologie zunächst als eine spezifische Wissenschaft, etwa in Entsprechung zu einer strukturalen Linguistik; sie sieht an den jeweiligen Gegebenheiten nicht die einzelnen Elemente usw. als wesentlich an, sondern betrachtet das jeweils Gegebene als eine Ganzheit, als ein System, an dem die Struktur wesentlich ist. In dem Augenblick, wo dies zu einer Absolutthese und das Gegebene »nur« noch als Struktur angesetzt wird, liegt der Strukturalismus als eine Absoluttheorie vor. Das ist dann der Fall beim anthropologischen Strukturalismus.
Der Vollständigkeit halber sei darauf hingewiesen, daß üblicherweise die Disziplin als struktural(istisch), das Gegebene als strukturell bezeichnet wird.
Es liegt auf der Hand, daß die strukturalistische Anthropologie mehr für den Sozialbereich denn für die Individualsphäre gilt, wenn er auch hier nicht unwichtig ist. Folgende Thesen lassen sich aufzeigen: Es gibt jeweils beim Menschen als solchem nur

seine Struktur; so etwas wie eine Substanz – wie immer man sie bezeichnen mag, Ich, Person, Selbst odgl. – gibt es nicht. *Damit gibt es so etwas wie »den« Menschen nicht mehr.* Die Struktur ist ein mehr oder minder invariantes Grundmuster, in dem die jeweiligen Elemente bzw. Momente nur jeweilige Varianten abgeben. Damit entfällt jegliches Sinnmoment, jegliche Entwicklung, sei sie als Fortschritt, sei sie als falsche Entwicklung verstanden. Geschichte gibt es – scharf akzentuiert gesagt – nicht mehr. Alles dieses – zunächst vom Einzelmenschen gesagt – ist wiederum nur Manifestation des jeweiligen Gesamt, d. h. der Gruppe, des jeweiligen sozialen Systems. Das bedeutet – und dies scheint sehr wichtig zu sein –, daß es zunächst keinen wesentlichen Unterschied gibt etwa zwischen dem »wilden Denken«, dem mythischen Denken und modernem wissenschaftlichen Denken. Zwischen all diesen Formen des Denkens besteht eine »strukturale Verwandtschaft«: »Der Mensch hat sich (in alldem) immer nur wiederholt.«

Die schärfste Kritik an dieser Konzeption ist der Vorwurf, hiernach lebe der Mensch in einem »Strukturgefängnis«, dessen »Netz von Beziehungen« (so die vielfache Definition von Struktur) ihn eingefangen hat. Menschliche Freiheit gibt es nicht, es gibt nur Rollen und Funktionen.

4.9 *Die behavioristische Anthropologie*
     (Der anthropologische Behaviorismus)
     Der Mensch – der lernende Reiz-Reaktions-Organismus
Hier gilt zunächst auch das, was zum Strukturalismus gesagt wurde. Entsprechend handelt es sich zunächst einmal um eine spezifische Wissenschaft, die das Verhalten (behavior) des Menschen untersucht. Ein Behaviorismus liegt dann vor, wenn erklärt wird, nur das Verhalten sei die einzige objektive anthropologische Gegebenheit, die wissenschaftlich erfaßt werden könne – alles andere sei Spekulation, Dichtung usw. Es kann dann schließlich erklärt werden – und hier liegt der eigentliche Anthropo-Behaviorismus vor –, daß *Menschsein nicht anderes sei als Sich-Verhalten.*
Historisch gesehen, entwickelt sich der klassische Behaviorismus aus der Orientierung am exakten Wissenschaftspositivismus. Sein Begründer Watson versucht die konsequente Fundierung im Sinne eines physiologischen Reduktionismus, d. h., das feststellbare Verhalten wird letztlich auf anatomische Vor-

gänge (Sehen besteht in der Bewegung der Augenmuskulatur) oder physiologische Prozesse (Sehen ist ein chemisch-physikalischer Vorgang) zurückgeführt. Das Verhalten als solches vollzieht sich im Sinne des Reiz-Reaktions-(Stimulus-Response-)Schemas. Dies bedeutet, daß die Umgebung wesentlich wird. Die Umgebungs-(Umwelt-)Bedingungen werden zum entscheidenden Faktor nicht nur des Verhaltens, sondern auch des Werdens des Gesamtorganismus. Dieser bildet sich durch positives und negatives Verstärken erlernter Verhaltensmuster. So ist dann das, was man die »Persönlichkeit« nennt, das »Resultat der individuellen Geschichte von Verstärkungen«. Dergleichen Instanzen wie »spontaner Geist«, Freiheit, Charakter, Begabung udgl. sind weiter nichts als (wissenschaftliche) Konstrukte, d. h. handliche Bezeichnungen, für typische Verhaltenskomplexe.

Der Neo-Behaviorismus entwickelt sich dann in Richtung einer Art deskriptiver Phänomenologie, die es erlaubt, von gewissen »Innerlichkeiten« zu sprechen. Der radikalste Antityp zu dieser Menschkonzeption ist die Existenzkonzeption. Nach ihr lebt der Mensch aus seinem innersten Kern, und jede Bedingung von außen birgt die Gefahr der (Selbst-)Entfremdung.

4.10 *Die analytische Anthropologie*
Der Mensch – nur ein Wort »Mensch«?
Ob es so etwas wie eine analytische (philosophische) Anthropologie bzw. Anthropotheorie gibt, sei dahingestellt. Auf jeden Fall aber werden im Rahmen der analytischen Philosophie, vor allem derjenigen Richtung, die sich an der Alltags- bzw. Normalsprache (»ordinary-language-philosophy«) orientiert, die philosophisch relevanten anthropologischen Begriffe wie Geist, Vernunft udgl. thematisiert. Ein klassisches Beispiel ist G. Ryle, »Der *Begriff* des Geistes«. Historisch könnte man mit den frühen Empiristen wie Locke und Hume beginnen, im 20. Jahrhundert wäre vor allem Carnaps Aufsatz: »Die Überwindung der Metaphysik durch logische Analyse der Sprache« zu nennen.
Die Grundthese geht dahin, daß alle Ansätze von Instanzen, die »jenseits« des Gegebenen liegen, schlicht auf einem falschen *Sprachgebrauch* beruhen. Das gilt etwa für solche metaphysischen Instanzen wie Gott.
Das gilt dann natürlich auch für die entsprechenden Instanzen des Menschen. Ryle versucht durch die entsprechende Sprach-

erhellung Descartes' Mythos vom »Gespenst in der Maschine« – das ist eben der vom Körper (= Maschine) unterschiedene und ihm als innewohnend gesetzte Geist – zu zerstören. Er tut dies, indem er aufzeigt, daß es sich bei alledem um eine Kategorienverwechslung handelt: Man betrachtet und bezeichnet das Verhalten des Menschen und glaubt dann, man müsse dem Verhalten bzw. seiner Gesamtorganisation noch eine jeweilige Instanz »zugrunde legen«, anstatt das Ganze jeweils als Disposition bzw. Folge aus bestimmten jeweiligen Dispositionen anzusehen.

Die neueste Entwicklung geht von der *Begriffs- zur Satzanalyse* über. Damit kommt man wieder in den Bereich der Wissenschaftstheorie (»philosophy of science«). Thematische Vorgabe wird jetzt die *»Handlung«* (»action«). Entsprechend wird die analytische Anthropologie zu einer *»analytischen Handlungstheorie«* im Sinne einer Wissenschaftstheorie der Handlungsbeschreibungen und -erklärungen im vorgezeichneten Sinne. Dabei kann man sogar von einer »Metaphysik der Handlung« sprechen, die alte Probleme wie Willensfreiheit usw. als sinnvolle Themen ansieht.

4.11 *Die historische/geschichtliche Anthropologie*
Der Mensch – Träger und Getragener der Geschichte
Sind die anderen Typen der Anthropologie relativ klar zu beschreiben, so ist dies hier schwierig. Es beginnt mit der Mehrdeutigkeit von »historisch« (»historische Fakten«, »auf Geschichtswissenschaft bezogen«) und »geschichtlich« (bs. »Geschichtlichkeit des Menschen«). Die verschiedenen in Betracht kommenden Anthropologien stehen zwar unter einer gemeinsamen Grundorientierung, können sich untereinander aber sogar kritisieren.

Als erstes kann der Versuch einer neuen *Grundlegung der Geschichtswissenschaft* genannt werden. Hierbei wird – in einer Art Antihistorismus – die Geschichte von der Gegenwart bzw. der gegenwärtigen Gesellschaft her verstanden. Die Historie ist dann primär eine »historische Sozialwissenschaft«; damit will man wieder den Menschen, d. h. nicht zuletzt auch den aktuellen Menschen mit seinen Problemen, als Fundament historischer Forschung ansetzen.

Entsprechend soll dann in der Geschichte selbst wieder der Mensch als der eigentliche Träger herausgestellt werden; Ge-

schichte ist dann etwa »Veränderung der Strukturen der einzelnen Menschen in einer bestimmten Richtung«, sie besteht in der »Transformation von Persönlichkeitsstrukturen« (N. Elias).
Dabei soll nicht nur die Diachronik, sondern vor allem die Synchronik, d. h. die geschichtliche Querschnittsbetrachtung, die jeweilige geschichtliche »Welt« im Gesamt und in ihren Spezifikationen erklären und erhellen.
So ungeklärt vieles zu sein scheint, gemeinsam scheint allen Versuchen der Trend zur Systematik zu sein. Man könnte fast meinen, die alte Bedeutung des Wortes »Historia« = »empirischer Bericht« wird wieder lebendig. Geschichte ist gewissermaßen der empirische Teil einer allgemeinen Anthropologie, die sich hier als Sozialwissenschaft versteht, in der in einer Art »Anthropo-graphie« die Fülle des Menschseins aufgezeigt wird. Umgekehrt soll dann eine Art Allgemeines erstellt werden, das wieder Theorien vorgibt für die historische Forschung.

4.12 Die anthropologische Philosophie
Philosophieren ist menschliche Tätigkeit
Die bisherigen Darstellungen der aktuellen Anthropologie hatten den Menschen immer nur als Objekt betrachtet. Es war jedoch schon zu Beginn gesagt worden, daß der Mensch bei alledem zugleich auch als Subjekt fungiert, d. h., daß eben dieses Philosophieren selbst als eine menschliche Tätigkeit, genau eine Form menschlicher Aktualisierung (vgl. S. 55), angesehen wird.
Als Väter der anthropologischen Philosophie können *Kant* und *Feuerbach* angesehen werden. Jener hatte die philosophischen Grundfragen auf die anthropologische Grundfrage »Was ist der Mensch« reduziert (vgl. S. 40); dieser expressis verbis Philosophie und Anthropologie als identisch erklärt (vgl. S. 42).
Jetzt wird der zuvor genannte Tatbestand absolut gesetzt. Es wird erklärt, alles Philosophieren sei eben nur als eine anthropologische Angelegenheit zu verstehen. In diesem Sinne wird heute zunächst allgemein von einer anthropologischen Philosophie gesprochen.
Im einzelnen kann man dann noch differenzieren:
Zunächst wäre hier die bereits behandelte »Philosophische Anthropologie« zu nennen. Gerade die Entwicklung zur Kulturorientierung verstärkt diesen Trend mehr und mehr. Anthropologisches Philosophieren bewegt sich jetzt jenseits der empirischen Wissenschaften, aber diesseits aller idealistischen Speku-

lation: Es ist der Mensch, der sich als Mensch versteht, über sich reflektiert und sich seine Orientierungen usw. vorgibt. Nichts anderes besagt die Rede vom Menschen als »Schöpfer und Geschöpf der Kultur«.
Anthropologische Philosophie kann aber auch verstanden werden im Sinne bestimmter Trends und Akzentuierungen in den verschiedenen Bereichen der Philosophie. Ein besonderer Bereich ist der der Wissenschaftstheorie, die immer wieder versucht, den Menschen als wissenschaftstreibendes Wesen ins Spiel zu bringen. Natürlich meldet sich auch Kritik: Abgesehen von der allgemeinen Kritik, die im nächsten Abschnitt behandelt wird, wird vor allem eingewandt, alles dies sei kein Humanismus i. e. S. mehr, es sei vielmehr ein Hominismus, der nur noch den Menschen in seiner jeweiligen historischen und kulturellen Faktizität sieht und ihn dabei absolut setzt. Anthropologisches Philosophieren könne dann nur noch verstehen (vgl. hermeneutische Philosophie in Diemer, Hermeneutik), aber niemals mehr Stellung in einem absoluten Sinne beziehen.

4.13 *Die Kritik an der philosophischen Anthropologie*
Wird heute »die« philosophische Anthropologie kritisiert, so geschieht dies nicht so sehr im allgemeinen Sinne, wie es etwa in den folgenden Darlegungen versucht wird, sondern zunächst gegenüber der Form, wie sie sich im Rahmen der durch Scheler, Gehlen u. a. bestimmten Tradition entwickelt hat (vgl. vorne S. 56 f.).
Die Kritik kann von drei Ansätzen ausgehen, bzw. drei Momente kritisieren:

4.13.1 Die älteste kommt von seiten der *Existenzphilosophie*. Jaspers z. B. verwirft die Anthropologie vollständig. Denn sie *vergegenständliche* alles das am Menschen, was nicht Objekt werden kann, die Existenz als Kern des Menschen, seine Offenheit, seine Transzendenz, seine Freiheit. Dadurch, daß der Mensch so verdinglicht wird, wird er zugleich entfremdet. Dies gilt um so mehr, als dabei der Mensch immer nur als Gattungswesen, niemals als »je-ich« thematisiert wird.

4.13.2 »Anthropologie ist und nennt sich nicht jede, sondern allein diejenige Theorie des Menschen, die durch die Wende zur Lebenswelt möglich und durch die ›Wende der Natur‹ fundamental wird.« Damit verliert nach O. Marquardt die philosophische Bestimmung des Menschen ihre Orientierung an der *Geschichte*, sie ist bestimmt »durch Resignation der Geschichtsphilosophie«. Interessanterweise wird hierbei das Wort »*Natur*« doppeldeutig verwendet: Einmal meint das Wort so etwas wie »Wesen«, zum anderen die »untermenschliche Wirklichkeit« (vgl. Einzelheiten S. 225). Beides ist nach Meinung der Kritiker antimenschlich: Der Mensch ist spezifisch durch seine Geschichte, d. h. seine Entwicklungsfähigkeit und -geprägtheit, bestimmt.

Eben diese Punkte liegen auch der *marxistischen Kritik* zugrunde, die in der »philosophischen Anthropologie« »eine Disziplin der gegenwärtigen bürgerlichen Philosophie« sieht. Das hindert aber umgekehrt auch nicht daran, selbst eine entsprechende Lehre vom »Wesen des Menschen« zu entwickeln.

4.13.3 Die dritte Kritik betrifft das angebliche *Übersehen des Reflexionscharakters der Menschen:* Man habe den Menschen zu sehr als unreflektiertes tieranaloges Wesen bestimmt. Selbst solche Ansätze wie Plessners Exzentrizitätsbestimmung werden nicht als Reflexivität anerkannt.

Zum Schluß sei eine Bemerkung erlaubt: Es hat den Anschein, als ob die Kritik doch zu allgemein gehalten sei und entsprechende Bestimmungen, wie sie vor allem in der Entwicklung dieser Konzeption erarbeitet worden sind, übersehen worden seien.

SYSTEMATISCHE ANTHROPOLOGIE

Vorbemerkung

0. Die Gliederung der/einer anthropologischen Systematik läßt sich aus einer allgemeinen Charakterisierung des Phänomens Mensch etwa wie folgt ableiten:
0.1 Der Mensch »*an sich*« = »Phänomen Mensch« (die »Anthropina«)
0.2 in seiner humanen Elementarität und Struktur
= Phänomenologie des Humanbereichs (»Statik«)
0.3 sowie in seiner konkreten Aktualisierung
= Funktionsbereich (Aktualisierung, Handlung) (»Dynamik«),
0.4 in seinem spezifischen Bezug zu (seiner) Welt mit ihrer Strukturierung und Funktionalität
= Human-Kosmologie (Kulturologie), in der der Mensch jeweils zugleich Subjekt wie Objekt ist (»conditio humana«),
0.5 in seiner gestuften sozialen Subjektivitätsverfassung (Ego-, Alter- und Intersubjektivität) mit der zugehörigen Welt und Kultur und ihren spezifischen Charakteren,
0.6 in seinem »Zu-sich-selbst«, sowohl positiv (Reflexivität, Selbstsein, Identität) wie negativ (Verfehlung, Identitätsverlust, Entfremdung, Verdinglichung usw.),
0.7 in der Ganzheit des jeweiligen Menschseins (»Totalität des Daseins«),
0.8 in der Vielfalt seiner konkreten Gegebenheit unter der Vororientierung am »normalen« Menschen.
Daraus resultiert die Gliederung:
1) Das Phänomen »Mensch«
2) Phänomenologie des Humanen (Humanstatik)
2.1) Die »Humanlandschaft« (die anthropologischen Instanzen)

2.2) Die anthropologische Schichtung
3) Die Dynamik des Humanbereichs (Humandynamik)
4) Die anthropologische Kosmologie (Mensch – Welt)
5) Die Humansubjektivität und ihre Welten
6) Das Ganze des Menschseins (Human-Totalität)
7) Reflexivität und Selbstsein
8) Variationen (Einheit und Vielfalt) des Menschseins

1. **Das Phänomen »Mensch«: die Anthropina**

1.0 *Allgemeines*
Geht man davon aus, daß das Generalthema – nicht das Allgemeinobjekt – der philosophischen Anthropologie der Mensch ist, so muß man zunächst das Phänomen »Mensch« betrachten und dabei die verschiedenen thematischen Momente herausstellen. Folgende Stufen an Fragen lassen sich dabei unterscheiden:
Was ist Letztvorgegebenheit?
Was sind die Kriterien der Mensch-gegebenheit?
Was ist das Invariante,
gewissermaßen das »Modell Mensch«, das in den verschiedenen Vorverständnissen als allgemein und gemeinsam in aller Diskussion anerkannt wird?
Was ist das »Wesen« des Menschen,
die »menschliche Natur«?
Der erste Punkt steht hier nicht zur Diskussion, da er das Selbstverständliche schlechthin ist; denn es scheint wohl selbstverständlich zu sein, daß hier gilt: Als Vorgabe Mensch ist alles anzusehen, »was Menschenantlitz trägt«.
Der zweite Punkt umfaßt das Gesamt dessen, was heute als *Anthropina* bezeichnet wird. Davon ist sofort zu reden.
Der dritte Punkt ist, wie bereits gesagt, das spezifische Anliegen der folgenden Systematik; er versteht sich in den zuvor gegebenen Charakterisierungen der Aufgabe.
Das »Wesen« des Menschen in allen seinen Aspekten wird Thema eines eigenen Kapitels sein.
Bleiben damit als Thema dieses ersten Kapitels die *Anthropina i. e. S.,* so lassen sich die üblicherweise genannten Kriterien in zwei Typengruppen gliedern:
1) die *Unterscheidungs-Merkmale*
2) die *Bestimmungs-Merkmale*

1.1 Die Unterscheidungsmerkmale
Sie ergeben sich aus der natürlichen Lebenswelterfahrung und nennen die Momente und Kriterien, durch die sich der Mensch spezifisch von seinen Nachbarbereichen abgrenzt und von ihnen unterscheidet. In der Orientierung am traditionellen Wirklichkeitsschema gibt es eine Unterscheidung nach oben und eine solche nach unten:

1.1.1 Die Unterscheidung »nach oben«
Sie galt vor allem in der Vergangenheit.
1) *Der Mensch ist Gotteskind.*
Als solches ist er *Logos (Geist/Sprache)-träger* bei den Griechen, ist *Ebenbild und Gottes-Stellvertreter* im Christentum.
2) *Der Mensch ist Anti-Gott.*
Wie im *»Sündenfall-Mythos«* berichtet, ist er Konkurrent Gottes; im griechischen Mythos ist es *Prometheus,* der das Feuer stiehlt.
3) *Der Mensch ist Sterblicher.*
Wird er vielfach auch als Geschöpf und Kind des Absoluten angesehen, so ist er der *»sterbliche Gott«,* der dann immer wieder danach trachtet, den Tod zu überwinden. Wesentlich ist dabei sein Wissen um den bevorstehenden Tod (vgl. S. 206).

1.1.2 Die Unterscheidung »nach unten«
Hierbei können zwei Aspekte bedeutsam werden; beim ersten wird der Mensch noch rein biologisch gesehen. Er ist dann etwas, das sich in der Evolution *»höher entwickelt«* hat.
Oder er wird *apriori als unterschieden* angesehen.
Allerdings kann dabei wieder darüber gestritten werden, ob diese Verschiedenheit gewissermaßen von oben, »als Gabe Gottes«, in den tierischen Leib hineingegeben worden ist oder sich umgekehrt durch eine Art »Sprung« (»Hiatus«) von unten herausentwickelt hat.
1) *Die biologische Konzeption*
1.1) *Der aufrechte Gang*
Dieser wird seit den frühesten Zeiten gesehen und entsprechend gedeutet. Rein biologisch kann gesagt werden, daß durch den aufrechten Gang die Nackenmuskulatur atrophiert. Dadurch wird der Schädel von dem Kopfmuskelpaket des Tieres entlastet; das Gehirn, vor allem das Stirnhirn kann sich ausdehnen: Denken wird möglich.
In der philosophischen Anthropologie wird der aufrechte Gang bzw. die Stellung als wesentlich gegenüber der Erdverbundenheit des Tieres angesetzt. Nach Scheler gilt:

der Mensch hat Welt (steht ihr gegenüber)
das Tier ist (vor allem durch den Instinkt) der Umwelt verhaftet und in sie verzahnt (vgl. »Welt«!).

1.2) *Der Besitz der Hand*
Zum freien Auge, das die Welt betrachtet, gehört die Hand. Auch hierbei ist die freie Verfügbarkeit wesentlich.
In der Geschichte der philosophischen Anthropologie gibt es seit den Griechen einen Streit darüber, was primär sei, der Geist oder die Hand. Zwei bis heute kontroverse Antithesen stehen einander gegenüber: Ist der Mensch mehr vom Biologischen her oder mehr vom Geistigen her bestimmt – ist der Mensch primär durch den Geist bestimmtes theoretisches oder mehr durch die Hand bestimmtes praktisch-hantierendes Wesen?

1.3) *Die Instinktentbundenheit* (»Der Mensch – ein Mängelwesen der Natur«)
Das Tier ist durch Instinkt bestimmt, in seine Umwelt verzahnt und dadurch – von Geburt an – lebensgesichert (vgl. Küken: Feindbildmuster!). Dies bedeutet zugleich natürliche Gebundenheit und Unfreiheit.
Demgegenüber ist der Mensch nach Nietzsche »das nichtfestgestellte Tier«, nach Herder »der Freigelassene der Natur«.
Das bedeutet Ungesichertheit, der Mensch wird absolut ungesichert geboren und wächst nur langsam in eine Welt- und Sozialsicherung hinein.
Diese Unspezialisiertheit des Menschen bedingt einmal die Plastizität seiner Antriebe wie umgekehrt seine Nichtgebundenheit, d. h. Möglichkeit der Freiheit.
Daraus resultiert umgekehrt – immer nach A. Gehlen – die Notwendigkeit der »Daseinsstabilisierung« durch Entwicklung neuer Anthropina wie etwa der Sprache, der Institution usw.
Die damit verbundene Kontroverse:
> Tier, angeborene Instinktgebundenheit – gegen Mensch, instinktlos und erst durch Tradition lebensgesichert –

ist in der neueren Forschung etwas entschärft worden.
Auch das Tier kennt Tradition, z. B. Erlernen des Gesanges, Errichten des Baues (Biber) usw.; umgekehrt ist es beim Menschen umstritten, ob es nicht auch Instinkte bzw. Angeborenheit gibt (vgl. Begabung! Aggression! usw.).

1.4) *Die Ausdrucksmöglichkeit*
Mit der Diskussion, ob nur der Mensch im Besitz des »Gemütsausdrucks« sei, beginnt schon die Kontroverse: Man streitet sich etwa darüber, ob das Tier lachen und weinen kann.

1.5) *Das Spielenkönnen*
Auch dieser Punkt ist sehr umstritten. Er setzt bereits eine Theorie des Spielens voraus. Das, so wird etwa behauptet, was wir beim jungen Tier als Spiel ansehen, sei im Grunde nichts anderes als die Vorgabe für Erwachsenenverhalten, d. h. also das »Einspielen« von Instinktverhalten (vgl. etwa junge Katzen, Hunde usw.). – Demgegenüber, so wird betont, habe nur der Mensch die Freiheit, wirklich zu spielen, und zwar das Spiel um seiner selbst willen. Dieses so interpretierte Phänomen kann sogar als Wesenskonstituens des Menschen angesetzt werden; der Mensch ist dann »homo ludens« (Huizinga; schon Schiller).

1.6) *Sonstiges*
Es werden immer wieder Kriterien genannt, durch die der Mensch aus dem Biologischen – entsprechend aus der Evolution – herauswächst. Beispielsweise könnte Weinerts Hinweis dienen: Kein Tier tötet oder frißt seinen Artgenossen auf, nur der Mensch tut dies.
Auch Portmanns Bestimmung und Interpretation des Menschen als »sekundärer Nestflüchter« wäre hier zu nennen, wie auch die Bestimmung des Menschen als »homo coquens«, d. h. das Wesen, das kochen kann.

2) *Die nicht-biologische Konzeption*
Hierbei werden Unterscheidungsmerkmale genannt, die nach der Tradition im allgemeinen als nicht-biologisch angesehen werden. Die neuere Entwicklung zeigt jedoch, daß sich bereits im Tierreich Vorformen finden, sei es in einzelnen Punkten, sei es in breiter Ausprägung.

2.1) *Arbeit*
Engels' Schrift »Anteil der Arbeit an der Menschwerdung des Affen« (1876/1896) ist prototypisch hierfür. Die Begründung tendiert einmal mehr zum Biologischen, die Hand wird dabei mit herangezogen, Arbeit wächst aus ihr heraus – andererseits wird das Geistige betont, so etwa bei Marx: »Was von vornherein den schlechtesten Baumeister vor der besten Biene auszeichnet, ist, daß er die Zelle in seinem Kopf gebaut hat, bevor er sie in Wachs baut.« Marx übernimmt von B. Franklin (1706–1790) die Bestimmung des Menschen als »a tool making animal«.
Bedeutet dabei Arbeiten das Bearbeiten von Naturmaterial zu einem jeweiligen Werk (= Werken), so gehört dazu auch das Einbeziehen von *Werkzeugen*. Daß bei den Tieren sich auch

schon Werkzeuggebrauch findet und sich damit eine entsprechende »Intelligenzleistung« vorliegt, wird seit W. Köhlers berühmten »Intelligenzprüfungen an Menschenaffen« (1917) allgemein anerkannt. Differenzen ergeben sich bei der Bewertung.

2.2) *Besitz der Kleidung*
Das Tier hat keine Bekleidung, nur der Mensch hat sie. Daher kann nur er nackt sein. Vgl. Adam und Eva nach dem Sündenfall (vgl. S. 36).

2.3) *Sprachbesitz*
Sprache wird, wenn auch schon im Mythos, vor allem seit dem frühen Griechentum als konstitutiv für den Menschen angesehen. Dies manifestiert sich in der klassischen griechischen Definition als »zoon logon echon« = »Lebewesen, das Geist wie Sprache besitzt«. Zwei Probleme verbinden sich heute mit diesem Thema: Zunächst die Funktion der Sprache für das Menschsein. Die Griechen sahen in ihr die Konkretisierung des absoluten Logos; Analoges findet sich in der Bibel; man denke an die Namensgebung durch Adam. – Seit Herder wird jedoch die Sprache mehr vom Biologischen her beurteilt; sie hat »Entlastungsfunktion« (dazu bes. A. Gehlen in: »Der Mensch«) und bedeutet Entbundenheit – als Möglichkeit für die darauf sich aufbauende Reflexion im Gegenüber von Ich und Nicht-Ich.

Das zweite Problem ergibt sich aus der Erkenntnis, daß es bereits im Tierreich entsprechende »Sprachen« gibt – gleichwie man auch das Spezifische der Sprache (Darstellungs-, Symbol-, Hinweisfunktion usw.) näher bestimmt. Am bekanntesten sind die Untersuchungen des Nobelpreisträgers von Frisch über die »Sprache der Bienen«. Diese können Entfernung, Richtung, Größe usw. etwa des Futterplatzes ihren Genossen mitteilen, vor allem in Form von Tänzen (Rund-, Schwänzeltanz). Dabei gibt es »Dialekte« wie »Intelligenzstufen«. Analoge »Sprachen« finden sich auch sonst: Caniden, Hühner usw.

2.4) *Moral-(Normen-)Besitz*
Genau wie bei der Sprache war in der Tradition der Moralbesitz als spezifisch für den Menschen angesehen: Das Tier gehorcht seinen Trieben; der Mensch kann sie »beherrschen« und sich auf Grund seines Gewissens, das ihm die ethischen Normen, wie Gerechtigkeit usw. vorgeben, selbst bestimmen.

Seit dem 19. Jahrhundert versucht man die Normen evolutionärbiologisch zu begründen: als instinkt-vorgegeben. Aktuelle Version ist Lorenz' Theorie »Vom Ursprung des Bösen«.

1.2 *Die Bestimmungsmerkmale*
Der zweite Typ von Merkmalen sind die Bestimmungsmerkmale, für die gilt: Wodurch bestimmt der Mensch sich selbst? Diese Merkmale werden grundsätzlich als autogen und autonom angesetzt, d. h. vom spezifisch »über-unter-menschlichen« Bereich her. Dabei können die unter 2) und 3) genannten Momente auch genannt werden.
Dazu kommt aber weiterhin:

1.2.1 *Die geistige Fähigkeit*
Am einfachsten ist anscheinend die Nennung der *geistigen Fähigkeit*, nenne man es Geist, Denken oder Intelligenz. Die letzte war bereits erwähnt worden. Die nähere Explikation des Geistigen i. e. S. wird später noch zu besprechen sein.
Mit Geist verbindet man weitere Fähigkeiten und Eigenschaften; so die Fähigkeit der *Sachlichkeit* und damit die Distanz gegenüber den Gegebenheiten usw. – Problematisch ist darüber hinaus dann die Frage, worin die jeweiligen Fähigkeiten, z. B. die *Intelligenz*, im einzelnen bestehen.

1.2.2 *Die Freiheit*
Analog den theoretischen Fähigkeiten gibt es solche im Bereich des Praktischen: Fundament derselben ist die Freiheit. Das Tier ist der Notwendigkeit und Notdurft unterworfen, der Mensch ist frei, d. h. er ist autonom, d. h. selbstgesetzgebend und selbstbestimmend, woraus Spontaneität des *Willens* wie *Verantwortung* resultieren.

1.2.3 *Das Zeitbewußtsein*
Der Mensch hat schließlich Zeitbewußtsein. Dies wird in dreifacher Weise gesehen:
1) *Der Mensch kann zurück in seine Geschichte blicken,* hat Geschichte und damit auch Tradition – während das Tier hier aus der Vererbung heraus lebt. (Eine These, die im Hinblick auf das Tier nicht ganz unumstritten ist.)
2) *Der Mensch blickt voraus,*
er blickt einmal in die Zukunft überhaupt, hat damit Vorsehung, kann, ja muß sein Leben *planen* – auch dies wird mit der Freiheit verbunden; er blickt darüber hinaus bis hin »zu seiner äußersten Möglichkeit«, d. h. seinem Tode: Der Mensch *weiß um seinen Tod.* Hier spricht man zuweilen vom »kleinen Tod« wie vom »großen Tod«.
3) *Der Mensch ist in seiner Zeitlichkeit zugleich geschichtlich* (vgl. S. 148).

1.2.4 *Die Fähigkeit der Negation*
Der Mensch besitzt weiter die Fähigkeit der Negation.
1) *Die theoretische Negation*
ist die eine Möglichkeit der Negation; der Mensch kann negativaussagen: »Der Baum ist nicht da« – » . . . ist nicht grün.«
2) *Das Nein-sagen-Können*
ist die zweite Möglichkeit der Negation; das Tier lebt etwa aus seinem Trieb, der Mensch kann dazu nein sagen. In der Fähigkeit, nein sagen zu können, kann der Mensch – aus Freiheit – sogar in den Tod gehen. (M. Scheler)

1.2.5 *Die Fähigkeit der Reflexion bzw. Reflexivität*
Als höchste Stufe des menschlichen Seins wird vielfach die Reflexionsfähigkeit bzw. die Reflexivität angesehen:
Der Mensch weiß einmal um sich; er kann »Ich bin«, sogar *»Ich bin Ich«* sagen. Hier tauchen alle die Phänomene und Probleme auf, die mit Bestimmungen wie »Bewußtsein« und »Selbst-Bewußtsein« bis hin zu »Gewissen« (conscientia!) verbunden sind.
Höchste Stufe ist hier wiederum das Selbst-Sein, das sich in den zu behandelnden Begriffen wie Ich, Selbst, Existenz, Person usw. und den damit verbundenen Phänomenen wie Individualität (Einmaligkeit, Einzigartigkeit) manifestiert.

1.2.6 *Die »sozio-kulturelle Lebensform« (Habermas)*
Die bisherigen Anthropina betrafen nur den »Menschen« als solchen; heute wird stark das spezifische Sozialmoment herausgestellt – im Gegensatz zur »Vergesellschaftung der Tiere«.

2. **Die Phänomenologie des Humanbereiches (Human-Statik)**

2.0 *Allgemeine Vorgaben*
Wenn bei der Einführung zur Systematik gesagt wurde, daß die folgende Gliederung und Differenzierung nur thematisch das auseinandergliedert, was in der »Wirklichkeit des Menschen« eine funktionierende Einheit und Ganzheit ist, und daß die Reihung der einzelnen Gliederungen eine Art Übergang vom Beginn der relativ einfach erscheinenden Statik zur zunehmenden Dynamik und Vielfalt sei, so erscheint natürlich dieser erste Abschnitt notgedrungen abstrakt und statisch.
Das gilt vorweg besonders für das die folgenden Ausführungen leitende Orientierungsmodell. »Jedes Modell ist Orientierungshilfe, die jeweils einem besseren weichen kann. Ein Modell wird falsch, wenn man daran glaubt.«

2.0.1   Das folgende Modell ist nach zwei Dimensionen hin orientiert:
»unten« – »oben«
»außen« – »innen«
Wenn die erste Dimension ohne weiteres einsichtig ist, so könnte bei der zweiten gesagt werden, daß der Komplex »Selbst« bereits den inneren »Kern« ausmache. Doch Freiheit und Transzendenz weisen über den Kern hinaus. Diese Dimensionierung kann in zweifacher Weise dargestellt werden:
1) *als Landschaft des Humanen* (die Human-Instanzen),
2) *als Schichtung der Humansphären,*
und zwar sowohl als *Aufschichtung*
wie aber auch als *Kernschichtung.*

2.0.2   Diese Statik erhält dann durch die Funktionsstruktur, die im 3. Kapitel entwickelt wird, ihre inhaltliche Füllung.

2.0.3   Korrelativ zu den entwickelten Modellen werden einige Weltmomente bzw. -elemente genannt, die erst in Kap. 4 zur Sprache kommen. Hier sei nur darauf verwiesen.

2.0.4   Nicht unwichtig erscheint die Nennung und Ortung der zugehörigen *Disziplinen,* die sich mit den entsprechenden Instanzen des Menschen befassen. Wesentlich ist einmal die Wissenschaftskorrelation mit ihrer Differenzierung sowie die metawissenschaftlichen Korrelationen von Wissenschaftstheorie und (Anthropo-)Philosophie.

2.0.5   Hinsichtlich der jeweiligen Wortfelder ist zunächst darauf hinzuweisen, daß ihre Darstellung und Explikation deshalb so wichtig ist, weil die spezifischen Bezeichnungen in den verschiedenen Sprachen oftmals nicht korrelieren. Vgl. etwa »Leib-Seele-Problem« = »Mind-Body-Problem« usw. Dazu muß zuweilen auf die geistesgeschichtliche Bedeutungsgeschichte verwiesen werden.

2.0.6   Betreffen die bislang genannten Momente mehr die Darstellung, so ist aller Darstellung vorweg noch ein wesentlicher Punkt zu behandeln: die *thematische Gegebenheit* der zu besprechenden Instanzen, Schichten usw. Sie ist in dreifacher Weise möglich: als objektive Realitäten, als subjektive Erfahrnisse oder als linguistische Bezeichnungen bzw. Begriffe. Klassische Beispiele für diese Diskussion sind die »Instanz« Geist sowie das Leib-Seele-Problem (vgl. S. 93).
1) *Die These der objektiven Realität.* Nach dieser Konzeption sind die genannten Gegebenheiten objektiv real. Dabei sind wieder zwei Unterformen möglich:

2. Phänomenologie des Humanbereiches

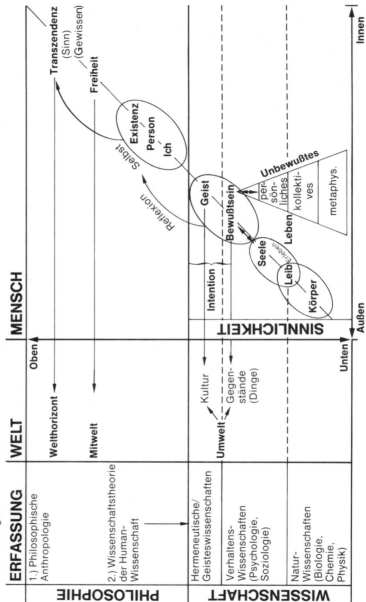

1.1) die universale ontologische Konzeption: Danach ist jede der genannten Instanzen usw. real, sei dies Geist, Leben, Phantasie usw. Vor allem in den Schichtentheorien findet sich diese Konzeption.

1.2) die reduktionistische Konzeption: Danach gibt es »eigentlich« nur eine Wirklichkeit, alles andere ist Epiphänomen odgl. Traditioneller Repräsentant ist der Materialismus, für den es nur die Materie gibt, der Mensch etwa ein »Eiweißkomplex« odgl. ist; alles »Höhere« ist nicht wirklich.

2) *Die These der subjektiven Innengegebenheit, des Erlebens.* Hiernach handelt es sich nur um spezifische Formen der inneren Erfahrung, des Erlebens. Das gilt vor allem für die moralisch-metaphysisch relevanten humanen Gegebenheiten wie etwa Wille und Freiheit. Viel zitiert wird Humes Meinung, daß mit dem Willen nichts anderes gemeint sei »als der innerliche Eindruck (»internal impression«), den wir fühlen und dessen wir uns bewußt werden, wenn wir mit Bewußtsein eine Bewegung unseres Körpers oder eine Perzeption des Geistes ins Dasein rufen«. Analoges gilt vor allem für das »Freiheits-Gefühl«. – Diese Konzeptionen finden sich vor allem im englischen Empirismus bis zum modernen Behaviorismus und auch in der analytischen Philosophie, die allerdings mehr der folgenden These zuneigt.

3) *Die These der linguistischen Bezeichnung.* Diese Konzeption ist von einem antimetaphysischen Positivismus getragen und wird heute vor allem von der analytischen Philosophie, die ja auch als linguistischer Positivismus bezeichnet wird, vertreten. Am Anfang steht Carnaps »Die Überwindung der Metaphysik durch Analyse der Sprache«. Waren es dort Instanzen wie Gott odgl., so sind es hier Geist usw. Ausgehend vom Verhalten (»behaviour«) wird versucht, die darüber möglichen *Aussagen* zu analysieren. Im Vordergrund steht dabei die »Philosophy of action«, im Zusammenhang damit ist auch die »Meta-Ethik« zu sehen, der es um die Analyse der Sollenssätze, Imperative usw. geht. Bei der Beschreibung von Verhalten und »actions« i. e. S. können dann noch zwei Formen näher unterschieden werden: Die *deskriptiven Aussagen* intendieren Aussagen wie »a tut b«; die *adskriptiven Aussagen* bzw. Konzeptionen intendieren immer auch die Implikationen derartiger Aussagen. So wird bei derartigen Aussagen oder Handlungen nach dieser Konzeption auch die Verantwortung/Verantwortlichkeit impliziert.

2.1 *Die »Humanlandschaft« (»Landschaft der Seele«)*
2.1.0 *Allgemeines*
Einige allgemeine Vorbemerkungen zur Differenzierung, Strukturierung und zum Zusammenhang der im folgenden herausgestellten *Instanzen* – wie sie einmal allgemein genannt werden mögen – sind erforderlich (vgl. Skizze S. 84).

1) Was die jeweiligen *Instanzen* als solche betrifft, so sollen im folgenden diejenigen genannt werden, die – zunächst in der europäischen Tradition – als für den Menschen wesentlich angesetzt wurden und noch werden, und dies vor-seits aller spezifischen Differenzierungen und Näherbestimmungen: Man nehme etwa den Geist – dessen Wortfeld sehr variiert. Er ist einerseits eine allgemeine Instanz neben Bewußtsein, Seele, Ich u. a.; er ist andererseits eine spezifische Schichteninstanz – etwa gegenüber der Sinnlichkeit – und ist schließlich eine spezifische Form der Aktualisierung des Menschen – das gilt vor allem als theoretisches Vermögen im Sinne des Denkens gegenüber Wollen, Wirken, kurzum der Praxis.

Von diesen Voraussetzungen her ist es auch verständlich, daß zuweilen das zugehörige Wortfeld erweitert werden muß und dabei andere Elemente mit zur Sprache kommen, die vielfach schon spezifischere Akzente besitzen, man denke z. B. an den Komplex »Ratio« (»raison«, »Vernunft«). (Im Sinne der in der Einleitung angedeuteten weltweiten Orientierung müßte versucht werden, auch analoge Human-Instanzen anderer Philosophien heranzuziehen, etwa des Buddhismus oder auch der Bantuphilosophie. Doch dies würde einerseits den Rahmen übersteigen, andererseits intensive Kleinarbeit voraussetzen.)

2) Unter diesen Voraussetzungen sollen folgende Instanzen unterschieden werden:
2.1) Körper – Leib
2.2) Seele und Leben
2.3) Bewußtsein
2.4) Unbewußtes
2.5) Geist
2.6) Selbst
2.7) Ich
2.8) Person
2.9) Existenz
2.10) Freiheit
2.11) Transzendenz

3) Wenn bei dieser Differenzierung Instanzen unterschieden werden, so werden sie in traditioneller wie aktueller Anthropologie nicht einfach »in die Landschaft gestellt«. Sie werden vielmehr einmal in gewisse *Gruppen* zusammengefaßt, die ihrerseits in einem bestimmten *Typengefüge* (Struktur) stehen: Dieses kann dann wieder in einem bestimmten *Funktionszusammenhang* gesehen werden.

Die dabei herauszuarbeitenden *vier Gruppen* können in einer gewissen Analogie zur Hegelschen Humankonzeption wie folgt charakterisiert und strukturell zusammengefügt werden:

3.1) *Das An-sich- und In-sich-sein*
Die erste Gruppe umfaßt *Körper, Leib* und *Seele* mit dem zugehörigen *Leben* einschließlich des *Unbewußten.* Es ist der Bereich des mehr oder minder »unbewußten« Insichruhens, das im Erleben usw. selbst gegeben ist. Es wird zuweilen als der Bereich des Kindseins interpretiert.

3.2) *Das Außer-sich-sein*
»Darüber«gelagert sind *Bewußtsein* und *Geist*. Ihnen ist das Gegenüber, die Distanz, kurz die Intentionalität usw. gegenüber Welt, Objekt, Gegenstand usw. eigen.

Vielfach wird dabei korrelativ die Wirklichkeit »konstituiert«: So wird dem Bewußtsein die Welt der »Dinge«, des »Zeugs« usw., kurzum die unmittelbare Um- und Lebenswelt korreliert. Dem Geist steht dann die »geistige Welt« gegenüber, also die Dimension der Kultur einschließlich ihrer Bereiche und nicht zuletzt auch die Welt der Werte.

Weitere Typisierungen, vor allem aus der Bewußtseinsaktivität, ergeben sich aus den verschiedenen Grundsätzen der spezifischen Begegnungsweisen, etwa in theoretischer, emotionaler oder praktisch-hantierender Einstellung (vgl. S. 153).

3.3) *Das Für-sich-sein*
Die nächsthöhere Gruppe ist im Hinblick auf die vorangehenden als die der Reflexion, d. h. der Bewußtwerdung des eigenen Grundes als des Ur-sprungs der Einstellungen, Aktivitäten usw. anzusehen. Fast einhellig wird der Komplex als das *Selbst* angesetzt, das jeweils verschieden bezeichnet und verschieden akzentuiert bestimmt werden kann.

Am umfassendsten ist wohl das *Ich,* das immer in der Ambivalenz von Selbstbewußtsein und Selbstaktivität gesehen und bestimmt wird. Die *Person* wird weitgehend als Grund angesehen, aus dem heraus nicht so sehr die jeweiligen Handlungen wie etwa beim

Ich entspringen, sondern in dem vielmehr solche Strukturen wie Charakter, Einstellung, kurzum die Persönlichkeit gründen. Die *Existenz* schließlich ist zwar auch Grund, sie weist aber bereits schon über die »Faktizität des Daseins« hinaus auf Eigentlichkeit udgl., also zum nächsten Bereich.

3.4) *Das Über-sich-(hinaus-)sein*
Die höchste Dimension schließlich ist wiederum eine Art »Außer-sich-sein«, jetzt aber im Sinne eines Übersichhinaus. Hier sind dann vor allem die beiden Instanzen *Freiheit* und Transzendenz zu nennen. So divergent auch die Bestimmungen des »Wesens« der Freiheit sein mögen, wesentlich ist ihr wohl die Struktur der Offenheit als »Möglichkeit-zu....«.
Mit der *Transzendenz* schließlich wird diejenige Instanz im Menschen genannt, die nicht nur über die Faktizität hinaus, sondern auf ein »Höheres« hinweist, sei dieses als Gott, als eigentliches Selbst oder als die Dimension der Werte und der Normen verstanden oder gesetzt. Aus dieser Vorgabe entspringt nach allgemeiner Auffassung das Phänomen des Sollens, das in der Spannung, Polarität odgl. von »Sein und Sollen« in Erscheinung tritt.

2.1.1 *Körper – Leib*
Vorweg muß bemerkt werden, daß nur im Deutschen zwischen Körper und Leib unterschieden wird. Die anderen Sprachen besitzen nur ein Wort, wenn auch die zu explizierenden Phänomene und Aspekte unterschieden werden.
0) *Wortfeld*
griechisch: soma – das Feste, »Gedrungene«, mehr Körper als Leib. In der griechischen Mystik (z. B. Orphiker) und Philosophie (z. B. Platon) spielt das Wortspiel »Soma – Sema« (»Körper – Gefängnis«) eine große Rolle. Das Adjektiv »somatisch« bezeichnet weitgehend das Körperliche, so wenn z. B. bei einer »Geistes-Krankheit« wie der Schizophrenie darüber gestritten wird, ob die Ursache somatisch oder psychogen sei. In der *Psycho-somatik* (vgl. S. 99) wird wieder stärker die Einheit zwischen Seele/Geist und Leib/Körper betont.
lateinisch: corpus – die zugehörige indogermanische Wurzel bezeichnet wiederum mehr das Feste, Stabile: also mehr den toten Körper, die Leiche, als den lebendigen Leib.
deutsch: Leib – der zugehörige Bedeutungskern bezeichnet »Leben«, analog zum englischen »life«.

Leiche steht ursprünglich mit Leib im Zusammenhang, vgl. etwa: »Fron-leichnam«. Erst später wird es die Bezeichnung des toten *Körpers*.
französisch: corps = Corpus
englisch: body – ursprüngliche Bedeutung ist Behälter, »Bottich«. Gemeint ist bei dem Wort mehr der Stamm – gegenüber Kopf und Gliedern.

1) *Der Körper*
Er repräsentiert am Menschen die »objektive« Realität in seiner materiellen Gegebenheit. Entsprechend kann er auf vier Ebenen thematisiert, d. h. untersucht werden, eventuell sogar experimentell.
Diese verschiedenen Ebenen sind:
1.1) *die rein materiell-physikalische Gegebenheit*
1.2) *die physiologisch-chemische Gegebenheit*
in ihren allgemeinen und speziellen Bereichen, wie z. B. Sinnes-, Neuro- usw. -physiologie. Vielfach reduzieren »wissenschaftliche« Psychologien die ganze Psyche auf diesen Bereich, etwa als Wahrnehmungsphysiologie, die sich dann eventuell als Teil einer *Neuropsychologie* versteht.
1.3) *die biologische Gegebenheit*
im Sinne morphologischer Struktur und Funktionalität. Hier sind dann die (»objektiven«) Übergänge zur Leibapperzeption als lebendiger Gegebenheit fließend.
1.4) *die Körperlichkeit* i. e. S.
Ist von Körperlichkeit – vor allem in der deutsch-sprachigen Anthropologie – die Rede, dann wird sie immer in einer gewissen Gegensätzlichkeit zum lebendigen Leib gesehen und beurteilt: Den Körper erfahren wir äußerlich als Objekt, selbst bei uns selbst, die Leiblichkeit erleben wir von innen. Klassisches Beispiel ist die Selbsterfahrung, etwa bei Zwicken des eigenen Fingers.

2) *Der Leib*
Seine Wirklichkeit manifestiert sich in einer Außen- und einer Innengegebenheit.
2.1) *Die Außengegebenheit*
Sie manifestiert sich in einer dreifachen Weise:
2.1.1) *Der Leib als Phänomen des Lebens/des Lebendigseins*
Zunächst ist der Leib ein, eventuell sogar *das* Phänomen des *Lebens* bzw. des *Lebendigseins*. Nach allgemeiner Meinung zeigt

sich das Phänomen »Leben« bzw. »lebendig« primär in der Selbstbewegung, zuweilen als Auto-kinese bezeichnet; nichts anderes bedeutet das Wort Auto-mobil (dort rein griechisch, hier eine griechisch-lateinische Wortverbindung). Wesentlich ist dabei, daß dem Sich-Bewegenden so etwas wie ein »Motor«, d. h. ein aktives Bewegungsprinzip »zugrunde« gelegt wird, gegenüber der passiven Bewegung des toten Materiellen, z. B. des Körpers durch Anstoß von außen.

2.1.2) *Der Leib als Konkretisierung des Verhaltens*
Damit ist der Leib bzw. seine »Organe« (griech. Werkzeug) zugleich Konkretisierung des *Verhaltens*. Wie später (vgl. S. 152) zu zeigen, wird unter Verhalten üblicherweise eine äußere Veränderung verstanden, der eine unmittelbar damit verbundene Innerlichkeit zugeordnet, d. h. mitapperzipiert wird. So gesehen erscheint wie das Tier so auch der Mensch in seiner außerleiblichen Gegebenheit als »Subjekt« (vgl. später »subjectum«) des Verhaltens.

2.1.3) *Der Leib als Ausdrucksfeld*
Bereits beim Tier, spezifisch aber beim Menschen, ist dabei der Leib auch noch *Ausdrucksfeld*. Als solches ist es in verschiedener Weise zweidimensional tiefen- bzw. höhengestuft; angefangen etwa von einer Gefühlsäußerung bis zu den höchsten Äußerungen, wie sie in der sprachlichen Kommunikation vorliegen. Ihnen korrespondiert dann bekanntlich das *Verstehen* (vgl. dazu: A. Diemer, Hermeneutik), das nach der Meinung vieler Hermeneutiker im eigenen (inneren) Erleben begründet ist.

2.2) *Die Innengegebenheit*
So geht die Außen- in die Innengegebenheit über. In ihr präsentiert sich – man nehme dieses Wort in seiner vollen, auch die Zeitlichkeit einschließenden Bedeutung – als erlebter und durchlebter Leib der Leib in seiner Einheit von *Leib – Leben – Erleben* und damit in seiner Einheit mit dem »*seelischen Leben*«. So ist der Leib dann *Erlebnisfeld,* das in seiner Selbstgegebenheit vom bewußten Erleben bis hinunter zum Unbewußten reicht.
In dieser Innengegebenheit ist der Leib aber auch das *Welterlebensfeld,* d. h. das Medium, durch das hindurch der Mensch durch die Sinne seine Welt erlebt.
In dieser Differenziertheit lassen sich u. E. sechs Modi der Leib-Selbst-Gegebenheit unterscheiden:

2.2.1) *Das Leibgefühl*
Der Leib ist zunächst der Ort der Gefühle, für die man neuerdings

mehr das Wort *Stimmungen* bzw. *Befindlichkeit* verwendet. Sie besitzen einmal eine Positiv-negativ-Dimension, so etwa die »gehobenen Stimmungen« wie Freude, Hoffnung, Wohlbefinden einerseits und »gedrückte Stimmungen« wie Schmerz, Unlust, Furcht bis hin zur Angst andererseits.
Die zweite Dimension ist die von »niederen« und »höheren« Gefühlen, Stimmungen usw.
Für die Erforschung dieser Dimension gibt es keine letztzuständige Disziplin: Voran ist die Psychologie zu nennen, zu der als Ortho- auch die Patho-psychologie (Depression usw.) gehört. Man kann dann auch schlicht von einer entsprechenden Phänomenologie sprechen. Schließlich können diese Phänomene in subjektiven Ontologien, wie etwa bei Heidegger, sogar als Thema der Ontologie angesetzt werden.
2.2.2) *Der Sinnenleib*
Der Leib ist der »*Ort der Sinne*«, die in der alten Tradition als »Fenster der Seele« (vgl. Leibniz, für den die Monade, d. h. das Subjekt, »fensterlos« ist!) verstanden wurden. Während in der alten Anthropologie der Durchgang mehr von außen nach innen (»rezeptiv«) erfolgte, wird die Situation heute von innen nach außen gesehen. Nach alter Tradition werden fünf Sinne unterschieden, denen die Griechen auch die Elemente zuordneten:

	Äther	(»quinta essentia«)
Gesicht	Feuer	(= »geistiger Sinn«/Fernsinn)
Gehör	Luft	
Geruch Geschmack	} Wasser	
Getast	Erde	(= »Realitätssinn«/Nahsinn/ Materialität)

War, wie gesagt, die alte Leib-Sinnen-Lehre primär rezeptiv verstanden, so ist sie heute grundsätzlich praktisch orientiert. War früher das Auge der geistige Sinn (Thomas von Aquin) und der Tastsinn dumpf, erdhaft, der Realität verhaftet, so ist heute das Getast, voran die Hand (Arbeit!) leitend: Entsprechend sind für Heidegger z. B. die Dinge primär »zuhanden« und erst durch »Absehen« »vorhanden«. Entsprechend werden die Gegebenheiten primär »er-griffen«, um dann abstrakt »be-griffen« (»Begriff« genau wie im lateinischen »con-ceptus«) zu werden.
Neben den fünf klassischen Sinnen werden immer wieder andere Sinnestypen entwickelt; sie sind teils leibgebunden wie etwa der

Schmerzsinn usw. oder mehr oder minder frei wie etwa der »sechste« Sinn, unter dem man vielerlei verstehen kann, etwa einen Ahndungssinn, den »Sinn-für«, voran den »ästhetischen Sinn«.

2.2.3) *Der Raumleib/der Leibraum*
Mit dem Leib ist nach alter Tradition auch die Räumlichkeit verbunden. Zunächst wurde der Raum als Kategorie der Wirklichkeit angesehen und dann subjektiv apperzipiert (Aristoteles). Auch hier bedingt die Geschichte zunehmend eine subjektive Fundierung. Die aktuelle Gegenwart, vor allem durch die medizinische Anthropologie bestimmt, sieht im Raum nicht nur mehr so etwas wie einen »Außensinn« (wie es etwa Kant tut), vielmehr gibt es eine ebenso bedeutsame Räumlichkeit des Leibes selbst: Der Leib ist immer schon räumlich strukturiert vorverstanden; wir besitzen bereits leiblich ein »Schema«, über das hinaus die Welt (vgl. unten!) entsprechend »eingeräumt« (Heidegger) wird.

In der Medizin ist hier vor allem das Phantom-Erlebnis, das anscheinend Descartes als erster erwähnt, bedeutsam: Auch nach dem Verlust eines Gliedes, z. B. eines Armes, hat der Betreffende Fingerschmerzen, die er sogar lokalisieren kann. Die Neuropsychologie erklärt dies durch Reize und Reizleitungen, die in entsprechenden Neuralbahnen und den zugehörigen Zentren verlaufen.

2.2.4) *Der Zeitleib/die Leibzeit*
In noch stärkerem Maße ist der Leib mit der Zeit verbunden. Daß die Zeit nicht nur Objektzeit, sondern auch Erlebniszeit – und dies primär – ist, hatte bereits Aristoteles erwähnt, dann aber vor allem Augustinus in seiner berühmten Zeitcharakterisierung. Die moderne Anthropologie sieht in der Zeit(lichkeit) eine Humanstruktur, die den gesamten Bereich der Humanlandschaft durchzieht: Dies beginnt mit dem Biologischen, etwa in der »biologischen Uhr«, die mehr oder minder unbewußt abläuft, geht über den Leib-Seele-Erlebnisbereich (»Zeit-erlebnis«) und reicht in den tiefsten Kern menschlichen Seins hinein. Hier wird dann die Zeit(lichkeit) zur Geschichte bzw. Geschichtlichkeit. Näheres wird im Kap. 4 zur Sprache kommen. Allgemein läßt sich heute sagen, daß das Zeitphänomen heute nicht mehr primär in der reinen Leiblichkeit, sondern weitgehend »höher« angesiedelt wird.

Erwähnenswert ist hier, daß anomale und pathologische Zeitgegebenheit und -strukturierung (»Pathochronie«) nicht nur ein pathopsychologisches bzw. psychiatrisches Phänomen und Problem ist, sondern zum Wesentlichen menschlicher Zeitstrukturierung gehören. Man denke an Phänomene wie Zeiterlebnis im Meskalinrausch bis hin zu entsprechendem Zeitverständnis in »fremden« Kulturen.

2.2.5) Der Weltleib/die Leibwelt
Vor allem seit Husserl und der modernen Phänomenologie spielt der Leib in der allgemeinen Wirklichkeitskonstitution eine zentrale Rolle. Bei aller Weltkonstitution und damit auch in aller Erfahrung (Merleau-Ponty) ist immer schon ein »Leib-Apriori« (Apel) mit im Spiel. Er ist der »Nullpunkt« aller Orientierung, d. h. er ist das unmittelbare »Ich-Hier-Jetzt«.

2.2.6) Der Leib als Leiche
Wenn auch in der üblichen Anthropologie, in der der Tod keine sonderliche Rolle spielt, dieses Thema nicht behandelt wird – höchstens in der medizinischen Anthropologie –, so soll dieses Thema hier nicht ganz fortfallen; denn mit der Aktualisierung des Todesproblems (vgl. auch S. 206) wird auch dieses Thema öffentliches Anliegen, zumal es zum Urbestand menschlichen Daseins gehört (vgl. Grabbeigaben usw.).
Es sind vor allem folgende Fragen:
einmal der Wirklichkeitscharakter der Leiche: Ist sie noch toter Leib – oder lebloser Körper – oder gar nur noch Materie? Und zum zweiten: das »Besitzverhältnis« des Ich zu seinem toten Leib, angefangen von Sektion, Begräbnis bis hin zum Verfügenkönnen etwa über Leichenteile (Herz, Augen usw.).

3) Das Leib-Seele-Problem
3.0) Allgemeines: Folgende Vorbemerkungen erscheinen notwendig.
Zunächst sei darauf hingewiesen, daß es sinnvoll ist, das Thema bereits hier zu behandeln, weil es ein spezifisches Brückenproblem darstellt; dies gilt in verschiedener Hinsicht.
Die Vorgabe ist klar: Es ist eines der Selbsterlebnis-Grundphänomene, daß wir einerseits uns »innen«, im Erleben usw., wie umgekehrt »von außen« im Leib bzw. Körper selbst erfahren. Dabei wird bereits in den Aussagen ein Unterschied gemacht: Ich sage zwar: »ich habe einen Leib«, weniger »ich bin mein Leib«, aber umgekehrt »ich bin ich« bzw. »bin ein Selbst«. Doch bald schon wird dies alles hypostasiert und substantiviert: Es wird nun als eine Gegebenheit, also als Leib bzw. als Körper und als Seele usw. gesetzt.

Diese Hypostasierung ist an sich uralt. Zuweilen werden mehrere »Elemente« genannt (vgl. Griechen). Meist jedoch prävaliert die Dualität.
Die Darstellung soll in vier Abschnitten erfolgen.

3.1) *Das Wortfeld*
Bevor die leitenden Instanzenbezeichnungen aufgeführt werden, sei vorweg eine kurze polare Auflistung gegeben:

Seele	*Leib*
subjektiv (privat)	objektiv (intersubjektiv, sozial)
innen	außen
unräumlich	räumlich
nur qualitativ	auch quantitativ (physikalisch)

griechisch
Hier werden zwei oder drei Instanzen genannt:
    soma   – Körper (vgl. S. 88)
    psyche – Seele (vgl. S. 100)
    pneuma – Geist (vgl. S. 111)

Vor allem die Spätantike kennt »drei Teile« des Menschen. Je nach Prävalenz können entsprechend auch drei Menschentypen unterschieden werden. – Bedeutsam ist diese Typisierung für das Verstehen der Schriften bs. beim Christentum (vgl. Diemer, Hermeneutik). So gilt:
Der *Somatiker* »lebt dem Bauch«; entsprechend kennt er nur den »Buchstaben«.
Der *Psychiker* »lebt aus dem Fühlen und Erleben«; entsprechend geht seine Intention nur auf das Erbauliche und Moralische.
Der *Pneumatiker* »lebt aus dem Geiste«; entsprechend sucht er »den Geist«, d. h. den »geistigen Sinn« der Schrift.
lateinisch
Einheitlich wird corpus – Körper gesetzt; die Korrelatbezeichnung variiert.
corpus – mens (Geist, vgl. später)
Leitend ist hier der Satz »Sit mens sana in corpore sano« – »Gesunder Geist sei im gesunden Körper«.
Für das Mittelalter vor allem gilt:
corpus – anima (kaum animus vgl. S. 101)
In der christlich-scholastischen Tradition umfaßt die *anima* das Gesamt menschlichen Seins, wie es dann analog im Deutschen für die Seele gilt.

deutsch
Hier findet sich nur das Wortpaar *Leib – Seele.*
französisch
Analoges gilt hier: *corps – âme*
englisch
Hier läßt sich heute eine Art Sprachbewegung feststellen; sie ist nicht zuletzt durch die Aktualisierung des Problems bedingt. Traditionell gilt: *mind – body* (Geist – Körper).
Zunehmend bürgert sich heute ein anderes Wortpaar ein: *mental – physical (H. Feigl)*
Das Wortpaar soll einmal zur Entsubstanzialisierung dienen, zum anderen das Problem der wissenschaftlichen Fragestellung näherbringen (vgl. dazu das fast klassische Buch von H. Feigl, The »mental« and the »physical«, 1957/1967). Rückwirkend finden sich im Deutschen etwa Wortbildungen wie *»mentales System«* o. ä. Aktuell ist im Augenblick das Buch des Neurobiologen J. C. Eccles und des Philosophen K. R. Popper: The Self and its Brain, An Argument for Interactionism, 1977.
3.2) *Die Thematisierung des Problems*
Es ist klar, daß dieses Problem, das von der unmittelbaren Selbsterfahrung bis zu den Letztfragen, wie etwa der »Unsterblichkeit der Seele«, reicht, auf verschiedene Weise thematisiert werden kann. Dabei stehen sich zunächst Philosophie und Wissenschaft gegenüber. Der *Philosophie* geht es vor allem um die Letztfragen wie Unsterblichkeit, aber auch um die Bedingtheit des Geistigen wie umgekehrt um die Möglichkeit etwa der Freiheit usw. Die *Wissenschaft* will demgegenüber Fragen wie etwa die Korrelation, Koordination »zwischen« den beiden Gegebenheiten klären, sie will vor allem das Geschehen *erklären,* sei es in den einzelnen Bereichen, sei es im Zusammenwirken, nicht zuletzt auch die Energiefragen.
Bei aller Thematisierung lassen sich drei Positionen unterscheiden (vgl. S. 83):
1. *die ontologisch-realistische:* Sie setzt Gegebenheiten an. Entsprechend ist bei der Philosophie mehr die Rede vom Ich, Selbst, Geist bzw. Leib, bei der Wissenschaft mehr vom Physiologischen, Physikalischen und Psychischen, Zerebralen (Gehirn) usw.
2. *die erlebnismäßige:* Sie geht von der unmittelbaren Erfahrung aus, sei es voran im Innen-, aber auch im Außenerleben der Gegebenheiten.

3. *die linguistische:* Hierbei geht es zunächst um die Klärung der *Bezeichnungen,* was zuweilen dazu führt, das Ganze als ein Scheinproblem anzusehen. Wesentlicher ist die Frage der *Aussage* bzw. die Klärung des Sinnes von Aussagen in diesem Bereich, sei es etwa in der analytischen Philosophie, sei es in der an ihr orientierten Wissenschaft.
3.3) *Die Lösungen des Problems*
Die grundsätzlichen beiden Lösungen bestehen darin, daß man einmal sagt, es sei überhaupt kein Problem, sondern es sei aus welchen Gründen auch immer, vor allem aus Gründen der Sprachmetaphysierung – man nimmt Wörter als Bezeichnungen für Wirklichkeiten und streitet über sie als Wirklichkeiten – ein *Scheinproblem.*
Demgegenüber wird seit Beginn der Philosophie die Meinung vertreten, es handle sich um ein echtes Problem, meist sogar ein Wirklichkeitsproblem, vor allem, wenn solche Letztfragen wie die Selbständigkeit des Geistes zur Diskussion stehen. Die Lösungsvorschläge gehen dann vom Faktum der Dualität: Leib – Seele aus und bieten die möglichen Modelle usw. an.
3.3.1) *Die dualen Modelle*
Sie gehen von der grundsätzlichen *Verschiedenheit* sowie der weitgehenden *Selbständigkeit* der beiden Instanzen aus. Der kritische Punkt jeder Lösung besteht in der Frage der »Bedingung der Möglichkeit der Wechselwirkung«; sie muß eine »Brücke« voraussetzen, die den beiden an sich verschiedenen Gegebenheiten gemeinsam ist. Damit tendiert im Grunde – wenn man konsequent ist – jede derartige Lösung zu einem Monismus.
An sich gibt es drei leitende Modelle, das Form-Materie-Modell, die Wechselwirkungstheorie sowie den Parallelismus; daneben sind in der Geschichte noch drei andere genannt worden, das Kastenmodell, die prästabilisierte Harmonie sowie die occasionalistische Lösung.
1. *Das Kastenmodell*
In der griechischen Frühzeit lehrte der Orphismus mit einem viel zitierten Wortspiel: »Soma sema« – »der Körper ist ein Gefängnis«. In der Gegenwart spielt eine ähnliche Rolle die (kritische) Charakterisierung des Descartes-Modells als »Geist in der Maschine« durch G. Ryle.
2. *Das Form-Materie-Modell*
Es wird von Aristoteles entwickelt und von Thomas von Aquin zur Grundlage der katholischen Dogmatik gemacht: Der Geist ist das

formende Prinzip, das die Körperlichkeit als Material (vgl. auch die Assoziation: materia – mater – Mutter!) gestaltet. Die menschliche Entwicklung beginnt mit der Zeugung und steht unter der Gestaltung des Geistes als Entelechie. Gleichzeitig fungiert der Körper als *Individuationsprinzip*.
Diese an sich ganzheitliche Lösung bringt Konflikte mit der christlichen Lehre, voran in der Frage der individuellen (!) Unsterblichkeit. So kommt es zum nächsten Modell.
3. *Die Wechselwirkungs-/Interaktion(ismus)-Theorien*
Es ist das klassische Leib-Seele-Modell bis heute, wie es sich etwa in dem o.a. Werk von Eccles/Popper zeigt. Die Situation ist klar: Beide Gegebenheiten sind selbständig. Die Frage ist die nach der *Möglichkeit* und der *Weise* der Wechselwirkung. Am Anfang steht Descartes' naive Wechselwirkungstheorie: Die Seele hat ihren Sitz im Gehirn; es muß dies in einem unpaaren Organ sein. Dies wäre Hypophyse oder Epiphyse; die erste ist »fest eingemauert«, also bleibt die frei bewegliche Epiphyse übrig. Hier findet dann die Wechselwirkung statt.
Es ist klar, daß die Folgezeit die Wechselwirkung nicht in dieser relativ primitiven Form hinnimmt. Zunächst gibt man noch höchst metaphysische Lösungen (vgl. 4. und 6.). In der aktuellen englisch-amerikanischen Philosophie bzw. Anthropologie werden vor allem Lösungen angeboten, die die Energiefragen zu beantworten versuchen. Vielfach ergeben sich dabei Tendenzen zu Identitätstheorien (vgl. S. 99), weniger zu Isomorphismen.
4. *Der Parallelismus, Isomorphismus*
Die Entwicklung der Bezeichnung ist interessant. Am Anfang spricht man vom *psychophysischen* Parallelismus, heute ist es mehr der *psychoneurophysiologische* Parallelismus; die physische Grundlage wird expressis verbis im neurophysiologischen Geschehen gesehen, der hormonale (vgl. griechisch *horman* – antreiben, erregen) Bereich kommt kaum zur Sprache. Man konstatiert zunächst die beiden Phänomenbereiche und erkennt auch einen Isomorphismus an. Wesentlich ist dann die Frage der konkreten Zuordnung. Es gibt eine Reihung von einer Eins-zu-eins-Zuordnung bis zu anderen Formen. Was soll man z. B. der Freude in diesem Schema zuordnen?
Nur historische Bedeutung haben die beiden folgenden Modelle; für beide ist Gott der Brückenschläger (vgl. Uhrengleichnisse).
5. *Der Occasionalismus* (Geulincx, Malebranche)
Er ist die erste Antwort auf das Wechselwirkungsproblem: Bei

jeder Gelegenheit (»occasio«) vollzieht der allmächtige Gott die Korrelation. Daß Gott dabei u. U. mit an Verbrechen beteiligt sein muß, läßt dem Modell keine weitere Anerkennung zukommen.

6. *Die prästabilierte Harmonie* (Leibniz)
Gott hat mit der Schöpfung zugleich eine Entsprechung »in Harmonie« zwischen beiden Bereichen geschaffen. Es ist bereits eine Art von Parallelismus.

3.3.2) *Die monistischen Modelle*
Hier wird grundsätzlich *nur eine Wirklichkeit* angesetzt. Die andere ist *Epi-phänomen*. Damit entfällt die Frage der Zuordnung, es stellt sich nur diejenige nach Differenzierung. Im einzelnen sind die Theorien differenziert und zeigen in Einzelheiten auch fließende Übergänge. So klar etwa die Grundposition eines Materialismus zu sein scheint, so problematisch wird die Differenzierung, wenn man etwa die Linie von einem harten orthodoxen DIAMAT bis hinüber zur analytischen Philosophie etwa eines G. Ryle, H. Feigl u. a. verfolgt.

An sich lassen sich drei Möglichkeiten aufzeigen, als Sonderform soll noch die Psychosomatik genannt werden.

1. *Der Materialismus*
Nur der materielle Körper ist wirklich, alles andere ist Epiphänomen. Mit Schlagworten hatte der Materialismus des 19. Jahrhunderts argumentiert: »Der Mensch ist, was er ißt« – »Der Geist ist die elektrische Entladung des Gehirns« – »Wie die Niere den Urin, so sezerniert das Gehirn seine Gedanken«.

Im einzelnen gibt es Variationen: So etwa der *Physikalismus*, der nur Physikalisches mit physikalischen Gesetzen usw. kennt. Die *Emergenztheorie* kann Entwicklung verschiedener Form ansetzen. Umgekehrt kann auch ein *Phänomenalismus* und *Behaviorismus* erklären, alles sei eigentlich nur physikalische Gegebenheit.

Es ist klar, daß gerade hier der rein ontologisch-reale Ansatz zum linguistischen übergehen kann. Es geht dann nicht mehr um die Wirklichkeit als solche, sondern um das Reden darüber bzw. etwa um die Frage, ob nicht jede psychologische Aussage in eine entsprechende physikalische überführt werden könne. In diesem Zusammenhang vollzieht sich ein entsprechender *Reduktionismus* (Carnap u. a.).

2. *Der Spiritualismus, Panpsychismus, Mentalismus*
Hiernach existiert nur die seelisch-geistige Seite. In der Tradition

stand dahinter meist eine entsprechende Metaphysik. Heute findet sich die Konzeption in erster Linie in der linguistischen wie auch der Erlebnisinterpretation: Nur diese sind gegeben, das weitere ist Zusatzinterpretation.

3. *Die Identitätstheorie – der psychophysische Monismus*
Hiernach existiert nur eine ursprüngliche Wirklichkeit, beide Gegebenheiten sind Aspekte odgl. (»double-aspect-theory«). Alle drei genannten Thematisierungskonzeptionen (vgl. 3.2.) sind hier zu nennen. *Spinoza* und der Spinozismus (z. B. Einstein) sind dabei Realisten; für Spinoza verhalten sich Psychisches und Physisches wie die *konvexe und die konkave Seite einer Kurve* zueinander. – Der *Komplementarismus* analogisiert zur Bohrschen Komplementaritätssicht nach Korpuskel und Welle (v. Eickstedt).

4. *Die Psychosomatik*
Als Sonderform muß sie genannt werden, wenn sie auch weniger eine Theorie des Leib-Seele-Problems darstellt. Die Psychosomatik ist, wie vor allem V. v. Weizsäcker betont, eine medizinisch-anthropologische *Ganzheitstheorie* des Menschen, die aus der Situation des kranken Menschen resultiert. Sie ist einmal bestimmt durch die Ablehnung des einseitigen *Somatismus* und *Physiologismus* in der Krankheitsätiologie; im Vordergrund steht die *psychogenetische* These der Ätiologie – bekannt ist Weizsäckers »psychogene Angina« –, die in alle Bereiche vordringt, bis hin zur Krebsätiologie. – Diese Konzeption ist darüber hinaus weitgehend mit der *Tiefenpsychologie* verbunden. Hatte Freud seine ursprüngliche Theorie im letzten als einen physiologischen Mechanismus (der Triebkonstellationen) der »Erklärung« konzipiert, so dringt in der Entwicklung der Tiefenpsychologie immer mehr die psychische Seite in den Vordergrund (vgl. S. 111).

3.4) *Allegorische Modelle des Leib-Seele-Verhältnisses*
Im Laufe der Geschichte wurde eine Reihe von Modellen entwickelt, deren anthropologische Bedeutung noch heute ihre Relevanz besitzt. Es sind dies

1. *Das Steuermannmodell*
Tertium comparationis dieses Modells ist die Steuerfunktion des Geistes, wobei zugleich die geringe Geist-Energie gegenüber der Massiv-Energie des Körpers zum Ausdruck gebracht wird. Als Beispiele werden genannt:
der *Steuermann (bzw. der Lotse) und das Schiff* (bs. Aristoteles, Descartes); es ist ein Vorgriff auf die moderne Kybernetik (der *kybernetes* ist bei Aristoteles eben der Führer);

der Reiter und das Pferd (z. B. Rothacker); hier geht es implizit um das Verhältnis von Geist und biologischer Vitalität; *der Lok-Führer und die Lokomotive* (bs. Scheler): Der ohnmächtige Lok-Führer steuert die blinde »unter Dampf stehende« Lokomotive, wohin er will.

2. *Das Uhrengleichnis*
Im 17. Jahrhundert in Analogie zur damals erfundenen Penduluhr entwickelt, soll damit die Möglichkeit der Wechselwirkung von Seele (S) und Leib (L) am Modell der Wechselwirkung zweier Uhren aufeinander illustriert werden.

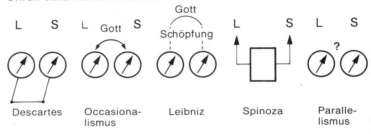

Descartes   Occasionalismus   Leibniz   Spinoza   Parallelismus

3. *Das Klavierspielermodell*
Es dient zur Rechtfertigung der Geistigkeit jedes, auch des geisteskranken Menschen: Jeder, auch der Idiot, ist ein Geistwesen. Die Krankheit ist primär durch den Körper bedingt. Wie auch der beste Klavierspieler auf einem gestörten bzw. zerstörten Klavier keine Melodie spielen kann, so auch nicht hier. Es war das entscheidende Argument, vor allem der katholischen Kirche, im Kampf gegen die Tötung von Geisteskranken im Dritten Reich.

4. *Das Leiermodell*
In Platons Dialog »Phaidon – oder über die Unsterblichkeit der Seele« geht es um die Frage, ob die Seele eine eigenständige Wirklichkeit sei oder, wie die Pythagoreer meinen, nur die »Melodie der Leier«. Bekanntlich hatten diese die Entdeckung gemacht, daß die Musik bedingt sei durch die Länge der Saiten des Musikinstruments. Mit dem Zerbrechen der Leier gibt es dann auch keine Seele mehr. Dieses Modell war ein beliebtes Grabsteinmotiv der bürgerlichen Welt.

2.1.2   *Die Seele – das Seelische*
Hier ist neben einer Wort- auch eine Begriffs- wie Gegebenheitsdifferenzierung erforderlich; denn Wortbedeutung wie Begriffsbestimmung ist hier unter allen Humaninstanzen am vagsten und

diffusesten. Das beginnt bereits mit der notwendigen Scheidung zwischen »Seele« und »Seelischem«.

1) *Das Wortfeld*
Die meisten hier zu nennenden Wörter haben als Grundbedeutung »Wehen, Blasen, Wind, Hauch« u.ä. Leitend ist die Vorstellung: »seine Seele als den Lebensatem aushauchen«.
griechisch: *psyche* – Hauch, Luft, zuweilen auch das Kühle, Feuchte (»Blasen«!)
lateinisch: *anima* – Atem, Hauch, Wind; so kann Leben, Seele, Geist assoziiert werden.
animus – Wind, mehr Geist. – Später, in der Alchemie, in der modernen Tiefenpsychologie von C. G. Jung u. a., wird zuweilen die weibliche anima dem männlichen animus gegenübergestellt. Beide stehen in einem polaren Verhältnis zueinander.
deutsch: *Seele* – die Bedeutung ist unklar, ob mit »See-« verwandt? So meint das Wort wohl mehr das Bewegte.
französisch: *âme* – anima
englisch: *soul* – Seele
Psychologie ist erst eine spätere Wortbildung (vgl. S. 23)

2) *Das Begriffsfeld*
Der Begriffsumfang variiert; einmal bezeichnet der Begriff den Gesamtumfang des Nichtkörperlichen (= Seele i. w. S.), dann einen Teil (wie im vorliegenden Schema) und schließlich eine Dimension, das Seelische.

3) *»Die Seele«*
In der alten anthropologischen Tradition ist sie weitgehend das Gegenprinzip zum Körper, man denke etwa an das Leib-Seele-Problem. Dann sind die anderen Instanzen wie Geist usw. Teile von ihr.
Es kann aber auch eine Dreiheit unterschieden werden, dann ist sie zwischen Geist und Körper angesiedelt (vgl. vorne, S. 94).

4) *»Das Seelische«*
Die neuzeitliche Anthropologie und auch die Gegenwart spricht weniger von der Seele, weil vielfach Fragen wie die nach der »Unsterblichkeit der Seele« damit assoziiert werden, die gerade beiseite gelassen werden sollten. Statt dessen spricht man vom Neutrum: »das Seelische«. Das gilt besonders insofern, als es sich hier um den Bereich des Nicht-Ich-lichen, des Pathischen usw., kurzum um ein Neutralfeld handelt. Dabei werden etwa folgende Charakteristika genannt:

4.1) Im Gegensatz zum Geist ist das Seelische zunächst der Be-

reich des Pathischen, des Passiven, der Stimmungen, der Gefühle des »Wie einem geschieht« sowie des Erlebens.
4.2) Zugleich ist es der Bereich des »Inneseins«, des Gemüts, der Bereich des Herzens: »Le cœur a ses raisons que la raison ne connaît pas.« Damit steht es dem Unbewußten nahe.
4.3) Damit ist zugleich die Nähe zur *Leiblichkeit* und dem *Leben* gegeben. Von ihm soll unter 6) einiges gesagt werden.
5) *Der »Sitz der Seele«*
Wenn man die Seele als immaterielles Allgemeinprinzip dem Körper gegenüberstellt, stellt sich sofort die Frage, wie und wo die Seele »sitzt«, d. h., wo sie auf Körperliches einwirkt bzw. von dorther Einwirkung erfährt.
Hier gibt es eine Menge von Meinungen, angefangen von der Meinung des Homer vom Zwerchfell, derjenigen des Aristoteles, der das Herz – als Ort der Bewegung – zugleich als Sitz der Seele bestimmt, wohingegen Kopf und Gehirn als »Kühlorgane« für das Blut fungieren.
Mit der Erkenntnis über den Zusammenhang von Psyche und nervösem Geschehen wird das *Gehirn* mehr und mehr zu dem gesuchten Ort. Hier kann dann die Seele verschieden »*lokalisiert*« werden; zwei bekannte Modelle seien genannt. Descartes bestimmt als den Ort die Zirbeldrüse (Epiphyse), weil sie einmal unpaarig – gegenüber dem paarigen übrigen Gehirn – und zum anderen frei beweglich ist, um dadurch die Wechselimpulse übermitteln zu können. Die kleinen Impulseinheiten in den Nervenbahnen, als die sich die Bewegungsimpulse fortpflanzen, nennt Descartes »*spiritus animales*« (»*Lebensgeister*«). – Demgegenüber wird im romantischen Denken die Seele bzw. der Geist über dem mittleren Ventrikel, d. h. der mittleren Gehirnhöhle, in der sich die Hirn- bzw. die Rückenmarkflüssigkeit (der Liquor) befindet, angesiedelt – entsprechend dem Bibelwort, der Geist schwebe über den Wassern.
Die aktuelle diesbezügliche Diskussion versucht das *Seelische* im Körperlich-Physiologischen zu verorten: Als Sitz der Seele gilt einmal der Hormonbereich (»Hormon« = Antriebsstoff) und dann das vegetative Nervensystem, vor allem das Stammhirn, d. h. die Altschichten des Gehirns. Hier spielt dann die Hypophyse als neuro-hormonale Schaltstelle eine nicht unwichtige Rolle. – Ein aktuell hochumstrittenes Thema stellen die Versuche der Kopf-Rumpf-Transplantationen (R. J. White) dar.

6) *Leben – Erleben – Lebenssinn – Lebenswelt*
Der Lebensbegriff ist wohl der ontologisch umfangreichste in der Anthropologie; denn er umfaßt u. a. einerseits alles Lebendige, als dessen Bereich bzw. Glied der Mensch zuweilen gesehen wird und dessen Innerlichkeit die Seele als Universalprinzip ausmacht (so etwa in: »Über die Seele« von Aristoteles). Andererseits bestimmt Leben das jeweils menschlich Innerliche im Erleben, das seinerseits wieder Fundament für solche Humanphänomene ist wie menschliches Leben überhaupt (vgl. Frage nach dem »Sinn des Lebens«, vgl. S. 205), Lebensqualität und Lebenswelt. Einige Momente moderner Anthropologie seien erwähnt, nähere Ausführungen erfolgen später. Vorangestellt sei das Wortfeld.

6.1) *Wortfeld*
griechisch: zoe – das allgemeine Prinzip Leben, dessen Glieder die zoa d. h. die Lebewesen (Gestirne, Menschen, Tiere usw.) sind. *bios* – das spezifische menschliche Leben.
Nimmt man diese beiden Bedeutungen ernst, dann müßte eigentlich gelten:
1. Biographie – Lebensbeschreibung von Individuen
2. Biologie dürfte es nicht geben: Statt dessen wäre »Zoologie« an die Stelle von »Biologie« zu setzen. Statt »Zoologie« im heutigen Sinne wäre etwa »Theriologie« zu verwenden.
lateinisch: vita – bezeichnet sowohl das Lebendige wie »die Vita« des Menschen.
deutsch: Leben

6.2) *Leben als Wirklichkeitsbereich:* Es umfaßt das Lebendige als Teil der Natur, so also auch einen Teilbereich des Menschen. Auf das Biologische reduziert den Menschen der Biologismus.
Seit alters versucht man Kriterien des Lebendigen zu erstellen, angefangen vom Phänomen der Selbstbewegung (»Auto-maton, Auto-mobile«) bis zur chemischen »Substanz« der Desoxyribonukleinsäure (DNS).

6.3) *Leben als inneres Wirkprinzip:* Es ist die Instanz, der wir das Phänomen des Erlebens zuschreiben. Entsprechend wird auch jedem Lebendigen eine Erlebensfähigkeit zugeschrieben, die »nach unten« (vgl. Unbewußtes S. 108) dunkler wird und die wir »in Analogie zu unserem Erleben« (Husserl) nachvollziehen können.

6.4) *Leben als menschliche Zeit/Geschichtsganzheit:* Wir sind alle der Meinung, daß zwischen der Geburt und dem Tod des Menschen *sein Leben* sich erstreckt. Im Hinblick auf seine

Totalität fragen wir nach dem »*Sinn des Lebens*« (vgl. S. 205); die Gestaltung des Lebens erwächst in starkem Maße den »*Lebensbedürfnissen*«, wie umgekehrt für die Führung des Lebens entsprechende »*Lebensqualitäten*« erforderlich sind. In diesem Vollzug entwickeln sich verschiedene »*Lebensformen*« (Wittgenstein), »*Lebensstile*« usw.

6.5) Zur Charakterisierung dieser menschlichen Grundsituation (condition/situation humaine) hat die moderne Phänomenologie die Idee der »*Lebenswelt*« (vgl. S. 186) entwickelt.

2.1.3 *Das Bewußtsein*
Mit dem Bewußtsein wird eine neue – fast möchte man sagen, die spezifische – Dimension des Menschlichen thematisch. Bislang handelte es sich nur um bestimmte Gegebenheiten als solche, jetzt kommen neue funktionale Momente mit ins Spiel, die schon zum nächsten Kapitel überleiten. Wichtig ist die historische Tatsache, daß die deutsche Wortbildung ursprünglich ein Infinitiv »bewußt sein« ist, der erst später substantiviert wird. Entsprechend werden verschiedene Bewußtseinsbegriffe unterschieden.

1) *Das Wortfeld*
Im historischen Rückblick ist es schwer, genaue Wortanaloga anzugeben. Denn eigentlich wird erst seit der Neuzeit unser heutiges Vorverständnis geschaffen. Die Komplexität zeigt sich nicht zuletzt darin, daß die ursprüngliche Bedeutung eine Einheit von Bewissen / Bewußtsein und Gewissen darstellt. Die geschichtliche Wortprägung erfolgt im lateinischen Wort *conscientia*, das als Bedeutungsorientierung dient.

griechisch: syneidesis – eigentlich *Zusammensicht syntheresis* – Die Etymologie geht mehr in die Richtung »Gewissen«.

daimonion – Sokrates spricht als erster von einer solchen Instanz, die in etwa unserem heutigen Gewissen entspricht.

lateinisch: con-scientia – Die Grundbedeutung ist Zusammen- und Mitwissen(schaft), womit ein Reflexionsmoment angedeutet wird. Entsprechend bedeutet das Wort sowohl Bewußtsein wie Gewissen.

cogitatio (co-agitatio) – Zusammen-mithandeln
Für Descartes ist die cogitatio die Handlung, die mit dem Wissen um sie begleitet ist. Daher ist die korrekte Übersetzung von »cogito ergo sum« nicht: »Ich denke, also bin ich«, sondern: »Ich bin mir meiner bewußt, also bin ich.« So kann z. B. auch das

Spazierengehen als cogitatio bezeichnet werden, das bestimmt kein Denken ist, es ist cogitatio, insofern ich weiß, daß ich spazierengehe.
deutsch: Bewußtsein – Gewissen
Das deutsche Wortfeld ist von vorneherein differenziert, wenn auch das Stammwort »Wissen« erhalten bleibt.
Beim Bewußtsein ist immer auch das »Wissen um mich selbst« eingeschlossen, während das Gewissen immer auf eine höhere Instanz verweist (vgl. S. 164 f.).
französisch: conscience (psychique) – conscience morale
Im Französischen ist noch ein gemeinsames Grundwort erhalten. Zur Bezeichnung des Gewissens ist das Adjektiv »morale« erforderlich, wogegen zur Bewußtseinsbezeichnung zuweilen das Adjektiv »psychique« mitherangezogen wird.
englisch: consciousness – Bewußtsein
conscience – Gewissen
2) *Das Begriffsfeld*
Das Spezifische im Bewußtseinsbegriff läßt sich als ein Polaritätsmoment bestimmen, das sich in verschiedenen Antithesen u. ä. differenziert.
Es sind dies folgende:
2.1) *Aktives Wissen und Gewußtes (bzw. Bewußtes)*
In den folgenden Ausführungen wird diese Differenzierung in funktionales und materiales Bewußtsein als leitend angesetzt.
2.2) *Wissen als aktiver Vollzug (Akt) und Wissen um dieses Wissen*
Dies ist die wesentliche Bedeutung von Descartes' »Cogito«. Dieses zweite Wissen wird im allgemeinen als Reflexion, weniger als Metawissen verstanden. So gilt: Bewußtsein ist immer auch Selbstbewußtsein.
2.3) *Wissen um die Welt (d. h. die Dinge) und Wissen um das Subjekt*
Hatte in diesem Sinne der Aufklärer Ch. Wolff definiert: »Wir sind uns unserer und anderer Dinge bewußt«, so bezog dann vor allem Kant den Bewußtseinsbegriff in starkem Maße als Bezeichnung für das Subjekt in die philosophische Terminologie ein. Dabei kommt das Reflexionsmoment ins Spiel, wenn in Fortführung von Descartes' »Cogito« gefordert wird: »Das ›Ich denke‹ muß alle meine Vorstellungen begleiten können.«
Schließlich hat der Kantnachfolger *Reinhold* als Grundsatz seiner Bewußtseinsphilosophie den *»Satz des Bewußtseins«* formuliert:

»Im Bewußtsein wird die Vorstellung vom Vorstellenden und Vorgestellten unterschieden und auf beide bezogen.«
Die Folgezeit versucht dann die »Subjekt-Objekt-Spalte« (Jaspers) zu überwinden, vor allem durch »höhere Synthesen«, etwa Hegel bis hin zu Heidegger.

2.4) *»Wissen um . . .«, hinsichtlich des Seins und des Sollens*
Das »Wissen-um . . .« gilt nicht nur hinsichtlich des »*Seins*« (Wirklichkeit usw.), sondern auch hinsichtlich des »*Sollens*«. Wenn auch das zweite Moment im heutigen Begriffsverständnis zurückgegangen ist, schwingt es im Wort »Gewissen« mit (vgl. auch die englischen und französischen Bezeichnungen).
In diesem Sinne übersetzt z. B. Sartre die Heideggersche Definition des »Daseins«: »Bewußtsein ist Seiendes, für das in seinem Sein es um sein Sein geht, insofern dieses ein anderes als es selbst impliziert.« Hier stellt sich wie sonst oft die Frage, ob vielleicht die »französische Philosophie« in ihrer rationalistischen Prägung in starkem Maße Bewußtseinphilosophie sei – mit allen den genannten Akzenten.

2.5) *Bewußtsein als Bezeichnung für den Menschen überhaupt*
Zusammenfassend läßt sich sagen: *Bewußtsein* kann als Bezeichnung für *den Menschen überhaupt* angesetzt werden, vor allem hinsichtlich der geistigen und selbstreflexiven Seite. Dies gilt etwa für Marxens These: »Es ist nicht das Bewußtsein, das das Sein, sondern das Sein, das das Bewußtsein schafft«; dabei schwankt die Bedeutung von »Sein« zwischen Materie, ökonomischer Wirklichkeit, Gesellschaft usw.
Um den verschiedenen Begriffsverwendungen und vor allem den damit spezifisch gemeinten Phänomenen gerecht zu werden, scheint es sinnvoll, von zwei leitenden Bestimmungen auszugehen:

Funktionaler Bewußtseins-Begriff
Bewußtsein ist sowohl die Gesamtheit (»das Bewußtsein«) wie die spezifische Einzelaktualisierung (»Bewußtsein-von . . .«) menschlicher Wirklichkeit.

Materialer Bewußtseins-Begriff
Bewußtsein ist das Gesamt des als »bewußt« Gegebenen, bzw. Selbstgegebenen menschlichen Seins, kurzum »das Bewußte« (»*Forum internum*«). Es ist umgeben vom »Unbewußten«, dessen Interpretation sich an verschiedenen Modellen orientiert und verschiedene Dimensionen aufzeigt.

3) *Das funktionale Bewußtsein*
Wird das Bewußtsein als Aktionsinstanz oder als Aktvollzug verstanden, dann werden zwei Momente als wesentlich gesetzt:
3.1) *Die Intentionalität*
Bewußtsein ist nach Husserl immer »*Bewußtsein-von* . . .«. Das gilt für das *Bewußtsein insgesamt* wie vor allem für jeden einzelnen Akt; jedes Denken, Wollen usw. ist immer ein »Etwas-Denken/Wollen/Sprechen usw.«. Die Universalität dieser These wird von einzelnen bestritten, das gilt vor allem hinsichtlich des emotionalen Bereiches.
Zuweilen kann die Intentionalität noch differenziert werden: Einmal gilt sie ausschließlich als Akt- bzw. Gegenstandsintentionalität, zum anderen kann sie aber auch als Eigentlichkeitsintentionalität angesetzt werden. Dann ist die »Transzendenz des Daseins« – um etwa Heidegger zu nennen – die Grundlage für die jeweilige Aktintentionalität. Die *Aktintentionalität* kann dann ihrerseits noch differenziert werden, wovon bei der Handlungslehre (S. 155) zu reden sein wird. (Noema, Noesis)
3.2) *Die Reflexion*
Ist Bewußtsein Wissen-um, dann natürlich auch um das Bewußtsein selbst. Entsprechend kann auch totaliter vom Selbstbewußtsein wie auch vom Akt-Reflexions-Bewußtsein gesprochen werden.
Die *Totalreflexivität* wird seit Hegel bis zur modernen Existenzphilosophie immer wieder unterstrichen, wobei das Selbstbewußtsein meist als Überschreiten der Subjekt-Objekt-Spalte verstanden wird.
Die *Aktreflexivität* konkretisiert sich natürlich in den verschiedenen Typen von Handlungen: theoretisch – praktisch – existentiell. Daraus resultiert dann die Spannung zwischen Dingorientierung und Selbstorientierung, die vielfach nicht nur zum *Unbewußtsein,* sondern sogar zur *Selbstvergessenheit* und *Entfremdung* (vgl. S. 212) führen kann. Das Bewußtsein wird dann nicht nur als Moment, sondern direkt als Kern des Selbst und der Reflexivität des Ich angesetzt (vgl. S. 119).
4) *Das materiale Bewußtsein*
In der Philosophie i. e. S. spielt es nur eine bedingte Rolle. Seit der »Entdeckung des Unbewußten« im ausgehenden 18. Jahrhundert wird es in verschiedenen Modellen der Anthropologie und Psychologie die Vorgabe für jenes. Hierbei sind vor allem zwei Modelle bedeutsam:

4.1) *Das Auge-Licht-Modell*

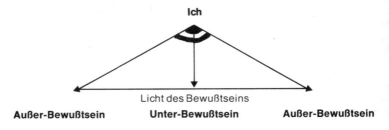

4.2) *Das Schichten-Modell*

(vgl. auch S. 110!)
Im allgemeinen besitzt das zweite Modell Priorität; es wird im Rahmen der Darstellung des Unbewußten behandelt.

2.1.4 *Das Unbewußte*
0) *Allgemeines*
Die Rede vom Unbewußten stellt ein gewisses Dilemma dar. Denn eigentlich bedeutet die Negation das, was das Wort »bewußtlos« meint, was ursprünglich wohl auch das Wort »inscius« bezeichnet. – Demgegenüber ist jetzt damit etwas gemeint, das eigentlich Bewußtsein oder zumindest etwas »im Bewußtsein« ausmacht, dessen man sich nur nicht bewußt ist. Es fehlt dabei u. a. wesentlich das Reflexions- bzw. Meta-Moment. Damit stellt das Unbewußte ein Wirkliches dar, das in vielen heutigen Reden menschlicher, »wirklicher« und bedeutsamer ist als das Bewußtsein.
1) *Das Wortfeld*
In Korrelation zur Bewußtseinsbezeichnung entsteht das anliegende Wortfeld erst seit Beginn der Neuzeit; im Griechischen gibt es nur Analoga.
lateinisch: in-scius – Es bezeichnet eher unwissend/bewußtlos als unbewußt
in-scientia – Unwissen, Unverstand

deutsch: Un-Bewußtsein – ist zunächst analog zu bewußt-sein als Infinitiv gebildet worden. Erst in der Romantik kommt die substantivische Rede vom Unbewußten auf. In der modernen Tiefenpsychologie wird die Bezeichnung durch das Neutrum »*Es*« *(»Id«)* vom Bewußtsein gelöst und verselbständigt.

2) *Die Geschichte*
(vgl. A. Diemer, Das Problem des Unbewußten in seiner historischen Entwicklung, Diss. Mainz 1950)
Wenn in Antike und Mittelalter das Problem und Phänomen des Unbewußten auch schon thematisiert wird, so gibt es so etwas wie Unbewußtes erst als Negativinstanz gegenüber dem Bewußtsein, d. h. erst in der Nach-Descartes-Zeit. Überall finden sich dann Ansätze, bereits bei Descartes selbst. Meist jedoch wird Leibniz als »Entdecker des Unbewußten« angesehen, etwa in seiner Lehre von den »petites perceptions«. U. E. sind es aber vor allem die Anthropologen der Aufklärung, so vor allem Platner u. a. Umfassendes Thema wird das Unbewußte in der Romantik. Im Laufe des 19. Jahrhunderts erfolgt die Aufsplitterung der Thematik, etwa in die verschiedenen Ebenen menschlichen Seins: vom Biologischen (Evolution, Triebstruktur usw.) über das Psychologische bis hin zur Anthropologie i. e. S. Dabei kann das Unbewußte direkt als ein metaphysisches Prinzip etabliert werden, so bei E. v. Hartmann, so vor allem dann in der modernen Tiefenpsychologie, etwa im Es.

3) *Die Bestimmung (Begriff)*
»Unbewußt« kann natürlich in jeder Hinsicht als Negation zum Bewußtsein genommen werden. Entsprechend lassen sich differenzierte Bezeichnungen bilden wie: bewußtlos – unterbewußt – außerbewußt – vorbewußt – u. ä., die entsprechende Negativmomente bzw. -aspekte nennen. Typisch ist dabei die *räumliche Modellorientierung:* vor allem nach unten-oben, weniger nach außen-innen oder gar nach vorne-hinten.
Leitend in den modernen Lehren und Konzeptionen des Unbewußten ist das *Schichtenmodell*, das verschieden gestuft und spezifisch differenziert werden kann. U. E. läßt sich das Ganze am besten in Form eines *Bergmassivmodells* darstellen. Dabei bildet das Bewußtsein bzw. Ich die im hellen, klaren und kalten Höhenlicht liegende Spitze – darunter lagert das Unbewußte in verschiedenen Schichten.

Das Bergmassivmodell

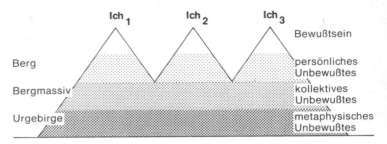

Folgende Momente lassen sich in der Lehre vom, bzw. der Bestimmung des Unbewußten unterscheiden:
3.1) *Die Schichtung*
Alles in allem genommen können drei Schichten unterschieden werden:
3.1.1) *Das persönliche Unbewußte*
umfaßt meinen eigenen Bereich, meine Triebstruktur, meine Geschichte mit den entscheidenden Kindheitserlebnissen (Trauma, Ödipuskomplex usw.).
3.1.2) *Das kollektive (ethnische) (Devereux) Unbewußte*
umfaßt das Unbewußte meiner Gruppe in verschiedener Tiefe (Familie, Kultur, Nation bis hin zur Menschheit). Es bedingt, begründet und bestimmt die Gemeinsamkeiten, vor allem etwa im Sinne eines »Schuldkomplexes« usw., aber auch Traditionen, die sich in unbewußtem sozialem Verhalten manifestieren.
3.1.3) *Das metaphysische Unbewußte*
kann verschieden tief reichen: So etwa die Paläopsyche (Bilz), die die Archetypen umfaßt, die uns eventuell noch mit den tierischen Evolutionsformen verbinden. Schließlich kann das Ganze sogar als ein Weltprinzip im Sinne – um etwa Marx analog zu reden – einer auf den Kopf gestellten »Bewußtseinsphilosophie« interpretiert werden. (Eduard von Hartmann).
3.2) *Die Bestimmung des Unbewußten i. e. S.*
3.2.1) Fast allgemein wird in allen Tiefenpsychologien, bzw. -philosophien das Unbewußte als die *eigentliche Wirklichkeit*, als das »Es« angesetzt, das erst sekundär durch verschiedene Momente, vor allem durch Gegeninstanzen bedingt, das Bewußtsein und das Ich als »Oberfläche« oder als »Randzone« entstehen läßt.

3.2.2) *Die Wirklichkeit* wird im allgemeinen im Sinne *psychisch-anthropologischer Natur* angesehen. Die mehr biologischen oder gar physiologischen Konzeptionen – so etwa im ursprünglichen Freudschen Ansatz – stehen kaum mehr zur Diskussion, von rein materiellen Konzeptionen ganz zu schweigen. In hohem Maße spielen heute soziale Konzepte eine Rolle.
3.2.3) In der *inhaltlichen Bestimmung* steht die Freudsche Sexualkonzeption (Libido) immer noch im Vordergrund. In Verbindung mit der Marxschen Unterdrückungstheorie entwickelt sich der Freudo-Marxismus (Reich, Marcuse u. a.). Andere primäre Fakten sind etwa der Machttrieb (Adler), Todestrieb (später Freud).
4) *Die Aktivität des Unbewußten*
vor allem in Hinblick auf das Bewußtsein.
An sich ist das Unbewußte immer das agierende Prinzip, das zur Realisierung, Abreaktion, Manifestation usw. »drängt« und strebt. Das Zusammenspiel mit dem Bewußtsein kann dabei negativ oder positiv angesetzt werden.
Meist wird es *negativ* qualifiziert, so vor allem von Freud: Die unbewußten Aktivitäten können sich nicht entladen, sie werden durch das Bewußtsein und die dort herrschenden Instanzen (Gesellschaft, Über-Ich usw.) zurückgedrängt. Daraus resultiert die Störung, die durch die Versuche der Entladung bedingt ist (Lähmungen usw.).
Es kann aber auch *positiv* sein. So hat die Romantik das Wirken des Unbewußten gesehen, so sieht es vor allem die mehr metaphysische Konzeption von C. G. Jung: Das Unbewußte will die Individuation des einzelnen. Selbstwerden vollzieht sich dann durch Eingehen auf das Unbewußte.
5) *Die Tiefen-Therapie*
Sie stellt heute einen differenzierten Komplex moderner Psychohygiene dar, die verschiedene Sondertheorien – u. a. eine Tiefenhermeneutik – und verschiedene Sonderpraxen (Individual-, Gruppentherapie usw.) umfaßt. (Für Einzelheiten muß auf die Spezialliteratur verwiesen werden.)

2.1.5   *Der Geist*
0) *Allgemeines*
Mit dem Wort »Geist« kommt der wohl umfangreichste anthropologische Instanzenkomplex zur Sprache, der durch ein entsprechend umfangreiches Wortfeld abgedeckt wird. Dabei

lassen sich vor allem drei thematische Dimensionen des Geistes unterscheiden:
0.1) *Geist als spezifische (Wesens-)Instanz des Menschen überhaupt,* so wenn der Mensch immer schon als »zoon logon echon« bestimmt wird;
0.2) *Geist als der spezifische menschliche (Schichten-)Bereich,* der den Menschen als Menschen, d. h. als »höheres« Wesen auszeichnet. Hier ist er die Wesensinstanz des »Geistwesens«, das gegenüber den »unteren Schichten« wie Sinnlichkeit usw. entweder als überhöhender Überbau oder auch als »Widersacher der Seele« (Klages) fungieren kann. – Sein intentionales Korrelat ist der Bereich der Kultur, der Ideen und der Werte;
0.3) *Geist als ein spezifisches Vermögen,* die Instanz des theoretischen Verhaltens, des Denkens usw.; zu ihm gehören Verstand, Vernunft usw.
Im Rahmen unserer Darstellung soll der Geist als spezifischer Bereich weitgehend im Sinne der zweiten Bedeutung dargestellt werden; natürlich muß er auch in den anderen Abschnitten zur Sprache kommen.
1) *Das Wortfeld*
Aus den o. a. Gründen soll das Wortfeld weit gefaßt werden:
griechisch: Es gibt drei Leitwörter:
logos
Das Wort ist unübersetzbar. Sein Bedeutungsspektrum reicht von Wort – Rede – Sprache – Begriff bis zu Geist. Die griechische Definition des Menschen als »zoon logon echon«, »das Logos besitzende Wesen« wird lateinisch »animal rationale« bestimmt. Während im Griechischen der Mensch sowohl über Denkfähigkeit wie Sprachbesitz verfügt, wird im Lateinischen seine Bestimmung auf die Denkfähigkeit reduziert. Erst die Gegenwart entdeckt wieder die griechische Korrelation. Im engen Sinne versteht sich z. B. die Logik als formale Denklehre.
pneuma
Die ursprüngliche Bedeutung »Wind, Hauch« hat sich bis heute erhalten in Formulierungen wie »Pneumatik«, »Pneu« = Fahrradschlauch; so gibt es sogar eine »pneumatische Logik«.
In Anthropologie und Geistesgeschichte stellt das Wort stark das inhaltliche Prinzip und die Immaterialität heraus. So ergibt sich die Linie »Pneuma hagion« – »Spiritus sanctus« – »Heiliger Geist« als dritte Person Gottes, der vielfach die »zweite« – der Sohn – als Logos (vgl. Anfang des Johannes-Evangeliums) gegenübergestellt wird.

In der spätantiken Anthropologie wird vielfach die Trias pneuma – psyche – soma im Sinne des Schichtenschemas unterschieden, wovon bereits S. 94 die Rede war.

nous
Das Wort versteht sich in stark denkerisch-erkenntnistheoretischem Sinn (Wortstamm »gno . . .«) (vgl. Noetik-Denklehre). Entsprechend ist dann Dia-noia meist »Verstand«.

phren
Die eigentliche Bedeutung des Wortes »Zwerchfell« erhält ihren geistigen Sinn dadurch, daß dieses nach uralter Tradition – so etwa schon bei Homer – »der Sitz des Geistes« war und den »höheren« von dem »niederen« Bereich des Bauches abgrenzte. Auf entsprechenden Umwegen kann dann – unter der Voraussetzung, daß der Schädel Ausdruck für die Geistigkeit sei (Lavater, 1741 – 1801) – die Schädellehre als Phrenologie bezeichnet werden.

lateinisch:
Im lateinischen Sprachbereich tritt das Sprachmoment ganz zurück; dafür rückt das rational-rechnende Moment in den Vordergrund. Beispiel dafür ist die Übersetzung der klassisch-antiken Definition des Menschen als »zoon logon echon«, d. h. » Logos – Geist und Sprache besitzendes Lebewesen«, durch »animal rationale«, d. h. »rationales (vgl. unten) Lebewesen«. Damit gleiten die Bedeutungen hinüber ins Theoretische.

spiritus: seine Bedeutung ist »Pfeifen, Blasen«. Es ist das lateinische Leitwort; es bezeichnet das aktive, »scharfe« (vgl. »Spiritus, Wein-Geist«) und immaterielle (vgl. auch »Spiritismus«, »Geister«) Prinzip.

animus
Die Grundbedeutung ist auch hier »Wind, Hauch« u. ä. Meist versteht sich das Wort in Polarität zum weiblichen »anima«: Geist – Seele. Die Männlichkeit-Weiblichkeitspolarität setzt etwa die Tiefenpsychologie von C. G. Jung an den Grund jedes Menschen, je nach Prävalenz ist der Mensch Mann oder Frau.

mens
Seine Bedeutung steht im Zusammenhang mit »me-moria«, d. h. »Ge-dächtnis, Daran-Denken«. Klassisch ist das lateinische Postulat: »Sit mens sana in corpore sano.«

ratio
Hier steht der »rationale«, d. h. rechnende, ableitende Charakter im Vordergrund (ratio-cinari – Rechnen). Anderseits sollte auch

daran gedacht werden, daß im deutschen Analogon von »Rechenschaft« auch das Begründungsmoment mitschwingt (vgl. die Linie: »logon didonai« – »rationem dare« – »Rechenschaft geben«!).

Im Lateinischen – wie noch im Französischen – besitzt das Wort eine zweidimensionale, zueinander korrelative Bedeutung.
1. ratio – Grund, Begründung (klassische Formel: »principium rationis [sufficientis]« = Satz/Prinzip vom [zureichenden] Grund)
2. ratio – das subjektive Vermögen des Begründens und Rechenschaftablegens wie auch der Kritik; meist wird das Wort mit Vernunft übersetzt.

Im einzelnen gibt es fließende Übergänge zum theoretischen Grundvermögen, wie sie sich etwa im Begriff des Rationalismus finden.

intellectus (intelligentia, intellegere)
Die ursprünglich Bedeutung des »intus-legere«, d. h. des Hinsehens (Einsicht), impliziert mehr ein intuitives Moment des Verstehens. Entsprechend ist die intelligentia die höchste anthropologische Instanz Gott gegenüber; sie sieht in theoretischer wie in moralischer (Gewissen!) Hinsicht unmittelbar ein. Der intellectus ist das aktive Prinzip dazu. Die ratio als das ableitende Vermögen ist ihnen untergeordnet (vgl. auch Verstand – Vernunft).

deutsch: Geist
Die ursprüngliche Bedeutung dieses germanischen Wortes ist »übersinnliches Wesen«, sogar in Richtung »Gespenster, entsetzlich, gräßlich« (vgl. »Geisterstunde«) tendierend. In der deutschen philosophischen Tradition ist es das spezifische Leitwort mit seinen beiden spezifischen Momenten: »inneres gestaltendes Prinzip« einer jeweiligen Gegebenheit mit jeweils dazugehöriger Manifestation und Explikation in Richtung Kultur udgl. Entsprechend ergeben sich Phrasen wie »Menschengeist«, »Geist einer Gruppe« wie »Volksgeist«, aber auch »Zeitgeist« (»Geist der Goethezeit« usw.). Mit dem thematischen Komplex befassen sich die »Geisteswissenschaften«, ein Wort, das eigentlich nicht übersetzt werden kann (»sciences humaines«, »humanities« u. a.). In spezifischer Einstellung untersucht die »geisteswissenschaftliche Psychologie« die Kräfte des Menschen, während die naturwissenschaftliche Psychologie eine »Psychologie ohne Seele« bzw. »Geist« ist (vgl. Ryle).

Vernunft und Verstand
Die beiden Terme müssen zunächst gemeinsam behandelt werden, da sich ihre Bedeutungsgehalte erst historisch spezifisch differenzieren. »Vernunft« – eine Wortschöpfung des deutschen Mystikers Meister Eckhardt – bedeutet (mehr passiv) Hören-auf, »Vernehmen des Rufes (Gottes)«. Demgegenüber tendiert »Verstand« mehr in hermeneutische Richtung; entsprechend bezeichnet das Wort zunächst den »Verstand (=Sinn) eines Wortes«; dann ist der Verstand zunächst das zugehörige Vermögen des Verstehens.
In der historischen Entwicklung ist das Wortpaar mit dem lateinischen Paar »ratio – intellectus« zwar korreliert, aber zunächst beliebig zuordenbar. Erst durch Kant kommt eine klare Bedeutungsfixierung, die in Entsprechung zur Dreiteilung der klassischen Logik in Lehre von Begriff, Urteil und Schluß bestimmt wird:
   Begriff – Verstand – intellectus
   Urteil – Urteilskraft – (vis aestimativa)
   Schluß – Vernunft – ratio
Wenn auch das Orientierungsschema rein logisch, d. h. theoretisch ist, so ist die Bestimmung von Verstand und Vernunft durchweg anthropologisch orientiert.
Vernunft
Sie ist das allgemeine synthetische Vermögen, das sich mit der ratio bedeutungsgemäß assoziiert. Während im Französischen und Englischen die lateinische Doppelbedeutung erhalten bleibt, wird im Deutschen differenziert. Vernunft ist die humane Instanz, während das Rationalprinzip mit »Grund« bezeichnet wird (vgl. »Satz vom Grunde«).
In der Gegenwart wird »Vernunft« zu einem zentralen Humanprinzip, das seinerseits jetzt vor allem durch Begriffe wie »Rationalität« näher charakterisiert wird.
Die *Rationalität* (rationality, rationalité) wird vor allem in zweifacher Hinsicht differenziert: Die formale Rationalität bezeichnet die (logische) Widerspruchsfreiheit, Logizität usw.; die materiale stellt vor allem die Grundprinzipien wie Werte u. a. heraus. Entsprechend wird seit M. Weber zwischen *zweck-* und *wertrationalem Handeln* unterschieden.
Verstand
Diese Instanz, die auch heute noch dem »Intellect(us)« korreliert wird, hat eine radikale Bedeutungsverschiebung erfahren. Zunächst wird sie nach Kant der Vernunft untergeordnet; zum zwei-

ten geht der hermeneutische Charakter total verloren. An seine Stelle tritt dann die reine Logizität, genauer die der kleinen Zusammenhänge, wobei sich eine radikale Gegenstellung gegen Wert, Gefühl usw. zugesellt. Entsprechend ist der Verstandesmensch ein solcher, der nur den Kopf und nicht mehr »das Herz« sprechen läßt; als Mensch »mit scharfem Verstand« durchblickt er die Zusammenhänge usw.

Im einzelnen ist dieser Instanzen-komplex verschieden differenziert und akzentuiert: Man denke an solche Verstandesmomente wie die *Intelligenz* oder nehme den Menschentyp des *Intellektuellen*.

Wie es im einzelnen auch aussehen mag, einen inneren Zusammenhang zwischen dem Verstehen und dem Verstand wird heute niemand mehr anerkennen. Nicht ganz vergessen sollte man auch heute noch die Rede vom »*gesunden Menschenverstand*« und der zugehörigen Geistesgeschichte. Am Anfang steht der Aristotelische-Thomistische Ansatz eines »sensus communis«, d. h. eines »Gemeinsinnes«, der die Funktion der Sinne koordiniert. Ist er somit oberste Instanz im Sinnesbereich, dann wird er oberste anthropologische Instanz beim Sensualismus, der ja den Menschen nur als Sinneswesen ansieht. Es ist der »*common sense*«, dessen deutsche Übersetzung genannt worden ist. Dieser ist gekoppelt vor allem mit »Mutter-Witz« usw.

französisch:
esprit
Das von »spiritus« abgeleitete Lehnwort ist nicht nur im Vokabular französischer Anthropologie das diesbezügliche Leitwort, sondern wird zugleich auch als Ausdruck des Verständnisses der französischen Geistigkeit angesehen. Es ist – so sagt man – unübersetzbar, wie etwa das deutsche Wort »Gemüt«, aber ebenso auch unerklärbar. Man hat Esprit oder man hat ihn nicht. Wesentlich ist, daß hier die Härte und Schärfe akzentuiert wird, eine gewisse Leichtigkeit, Feinheit, ein Moment des Spielerischen kommt hinzu. Bekannt ist Pascals Unterscheidung in den »esprit de finesse« und den »esprit de géometrie«.

raison
Dieses spielerische Moment im Geistigen bleibt auch hier erhalten. Das Wort behält seine Doppelbedeutung als Bezeichnung des Prinzips (Grund) und der Instanz (Vernunft) bei. Klassisch ist dies formuliert in Pascals Satz: »Le cœur a ses raisons que la

raison ne connaît pas.« – »Das Herz hat seine Gründe/Prinzipien, die die Vernunft (der Verstand!) nicht kennt.«
Raison ist dann auch die leitende Instanz (und Institution), die französisches Denken seit der Gründung der Akademie und während der französischen Wissenschaftsgeschichte bestimmt. Typisch ist daher auch das Adjektiv »raisonné« (vgl. etwa »Dictionnaire raisonée«).
englisch:
ghost
Die germanische Wurzel (vgl. Geist) hat die ambivalente Bedeutung von »fürchterlich« u. ä. und zugleich »freundlich«, also die Ambivalenz des *Numinosen* nach R. Otto von *Tremendum* und *Fascinosum*. Entspechendes gilt vom »Holy Ghost« als der dritten Person Gottes (heute nur bedingt anthropologisch verwendet).
mind
Von »mens« und seiner Grundbedeutung »memoria« abgeleitet (»to keep in mind«), ist es heute das anthropologische Leitwort, vor allem beim »mind-body-problem«.
spirit
vgl. spiritus
reason
Die Wortbedeutung entspricht weitgehend dem Französischen. Vielfach kann es noch entsprechend differenziert werden in »reasonableness« (vgl. Locke, »The reasonableness of Christianity«), neuerdings besonders »rationality«.
mental
Wenn auch das Substantiv (mens) verlorengegangen ist, spielt das zugehörige Adjektiv in der modernen amerikanischen philosophischen Anthropologie eine große Rolle. Dabei kann man schlicht vom »mental« sprechen, meist ist jedoch die Rede von »mental acts«, d. h. dem Geschehen, das gewissermaßen als geistiges Geschehen »jenseits« des Physikalischen angesetzt und verstanden werden kann.
2) *Die Charakterisierung*
Folgende Momente und Charaktere lassen sich an der Instanz Geist herausstellen:
2.1) Der Geist ist zunächst und zumeist das aktive, sowohl schöpferisch gestaltende wie aber auch (theoretische sowie praktische) kritische Vermögen. In dieser, vor allem der ersten Bedeutung, kann er dann als individuelles wie auch absolutes Prinzip (Gott ist Geist; Hegels »Weltgeist«; »Volksgeist«) angesetzt werden.

2.2) Geht das Bewußtsein mehr auf die Dinge, so ist das Korrelat des Geistes immer die *Kultur* bzw. die *Welt der Werte.*
2.3) Damit ist der Geist zugleich die Instanz, der in der konkreten Wirklichkeit die Welt der *Werke,* angefangen vom Kunstwerk bis zum technischen Werk, korrespondiert: Dies gilt sowohl im schöpferisch-schaffenden Werken und Produzieren wie im interpretativen und hantierenden Rezipieren.
2.4) Dabei ist er in einer anderen Hinsicht zugleich die Instanz der Distanz, der *Kritik,* des *Intellekts,* des Lichtes – und kann damit zuweilen als Kälte angesehen werden.
2.5) Damit ist der Geist zunächst – innerlich – der *Gegensatz zur Leiblichkeit,* dem Seelischen usw. (vgl. L. Klages, Der Geist als Widersacher der Seele, 1929).

Anhang zum Begriffsfeld »Leben – Seele – Bewußtsein – Geist«
Die bisherige Darstellungsfolge zeigte die einzelnen Instanzen mehr oder minder »abstrakt«. Es war zwar immer darauf hingewiesen worden, daß sie nur im Zusammenhang zu sehen und zu verstehen seien; daher erscheinen zum Abschluß einige Hinweise auf Gemeinsamkeiten als sinnvoll.
1) *Der Geltungsumfang*
In dreifacher Weise können jeweils die genannten Instanzen gesetzt werden:
1.1) *als absolutes Prinzip*
Wenn auch mit gewissen Unterschieden, lassen sich alle Instanzen als Weltprinzipien ansetzen:
1.1.1) Die Lebensphilosophie setzt »das Leben« als Letztprinzip an.
1.1.2) Der Pan-Psychismus lehrt die »Welt-Seele« und die »Allbeseelung«.
1.1.3) Der Spiritualismus repräsentiert etwa die Lehre vom Weltgeist, der sich nach Hegel in Formen wie den absoluten, den objektiven (später auch noch »objektivierten«) und den subjektiven Geist ausdifferenziert.
1.2) *als kollektives Prinzip*
Die bekannteste Aspektierung ist in der Zusammensetzung mit »Volk« gegeben: So spricht man vom »Volks«- Geist, »Volks«-Bewußtsein, »Volks«-Seele, »Volks«-Leben.
1.3) *als individuelles Prinzip*
Hierzu ist das Nötige bereits gesagt.
2) *Die gegenseitige Zuordnung*
Wie immer wieder angedeutet, gibt es hier kein einheitliches

Schema. Nur soviel ist zu sagen: Leben, Seele und Unbewußtes bilden die »An-sich«-Einheit; ihr steht der Geist-Bewußtseins-Komplex ambivalent gegenüber. Er ist verschieden orientiert und besitzt damit auch eine interne Spannung. Ein kleines Schema möge Hilfe geben:

Zum Schluß möge Schiller noch zu Worte kommen:
»Leben atme die bildende Kunst,
Geist fordre ich vom Dichter.
Aber die Seele spricht nur Polyhymnia aus.«

2.1.6   *Das Selbst*
0) *Allgemeines*
Mit dem Selbst wird ganz allgemein der »Kern« menschlichen Seins thematisiert. Diese Tatsache bedingt eine zwiefältige Behandlung: Einmal eine mehr *statische* im Rahmen der Darstellung der Instanzen, dabei ist allgemein vom Selbst zu handeln sowie den darin implizierten Instanzen; dies sind in erster Linie: Ich – Person – Existenz.
Darüber hinaus bildet das Selbst auch den Kern in *dynamischer* Hinsicht: Die diesbezügliche Darstellung setzt die Behandlung der hierfür in Betracht kommenden Phänomene, Momente usw. voraus; angefangen von der Aktualisierung menschlichen Seins in der Vielfalt der Akte und Handlungen (vgl. S. 151) über die Subjektivitätsstufen bis hin zum thematischen Korrelationsfeld Welt mit allen seinen Aspekten, Bereichen und der Rückbeziehung zum Selbst, was sich nicht zuletzt im Großkomplex Reflexivität manifestiert (vgl. S. 208). Aus diesen Gründen werden hier nur allgemeine Angaben über das Selbst »als solches« gemacht und dann die spezifischen Instanzen in ihren wesentlichen Punkten behandelt.
1) *Die Charaktere des Selbst*
1.1) Das Selbst ist als Kern zunächst der Grund des *»Wesens«*, d. h. der Stabilität, der Selbstidentität und der Kontinuität menschlichen Seins.
1.2) Das Selbst ist dann als »Selbst an sich« *der Kern, aus dem*

heraus sich Sein und Aktualisierung des Menschseins entwickelt.
1.3) Das Selbst ist schließlich als »Selbst für sich« der *Kern, zu dem zurück* die verschiedenen Modi und Momente des Selbstseins sich rückbeziehen. Als Modi können unterschieden werden (vgl. »Ich«!):
1.3.1) *Selbstsein,*
das zugleich Selbstwerden (im positiven) wie aber auch Selbstentfremdung (im negativen Sinn) (vgl. S. 212) ermöglicht. Dies gilt nicht nur im ortho-, sondern auch im patho-anthropologischen Sinn (Ethik, Medizin, Pädagogik; vgl. S. 219) (vgl. Existenz).
1.3.2) *Selbstwissen*
ist nicht nur einfaches Wissen-um-sich im Sinne des *Selbst-Bewußtseins.* Diesem expliziten Wissen um sich ist immer schon implizit das *Selbst-Verständnis* fundierend vorgegeben: Ich verstehe mich als Kind Gottes, Volks-Genosse usw.
1.3.3) *Selbstgestaltung*
als Praxis der »Arbeit an sich selbst«.
1.3.4) *Selbstzuständigkeit,*
die Selbstverantwortung usw. impliziert (vgl. »Person«!)
2) *Das Selbst als Individualität*
In einer spezifischen Weise konstituiert sich das Selbst als Individualität, die gesondert behandelt werden muß; dabei ist das Wortfeld interessant.
2.1) *Das Wortfeld*
Es steht nur der griechische und lateinische Term an; beide nennen die »Unteilbarkeit«.
griechisch: A-tom – das Unteilbare. Die Bezeichnung ist ursprünglich kosmisch-universal. Mit Beginn der Neuzeit erfolgt durch die Reduzierung von »Individuum« auf den Subjektbereich (vgl. folgendes!) die Reduzierung von »Atom« auf den untermenschlichen »toten« Bereich.
lateinisch: In-dividuum – das Unteilbare. Die ursprüngliche Übersetzung von »Atom« wird mit der Subjektivierung auf den menschlichen Bereich reduziert.
2.2) *Die Charaktere*
An der menschlichen Individualität werden vier Momente unterschieden:
quantitative Individualität
= die *Einzelheit* gegenüber der Masse und dem Kollektiv.

qualitative Individualität
= die *Einzigartigkeit* gegenüber dem Allgemeinen, der Art usw. Als »principium identitatis indiscernibilium« hatte Leibniz für alles Wirkliche dieses Postulat erhoben.
zeitlich-historische Individualität
= die *Einmaligkeit*. Vor allem seit dem Christentum wird die Einmaligkeit und Unwiederholbarkeit menschlicher Existenz und Geschehens der Geschichte postuliert. (vgl. Geschichtsphilosophie!)
individuelle Identität (vgl. o. a. 2).
Sie ist das Band der drei Momente, die wiederum im Selbst verankert sind.

2.1.7 **Das Ich**
In der Idee des Ich, das vor allem erst seit Descartes' »Cogito ergo sum/existo ego« philosophisch-anthropologisch relevant wird, lassen sich zwei Momente unterscheiden, die nur im Französischen und Englischen differenziert werden können:
das »*je-Ich*«: Es ist der (zunächst unbewußte) Aktivitätsgrund aller menschlichen Aktualisierungen.
das »*moi-Ich*«: Es ist das mir gegebene Ich, insofern ich mir bewußt bin.
Um einen kleinen Überblick zu geben, sei zunächst das Wortfeld aufgezeigt, dann vier typische Ich-Konzeptionen genannt.
1) *Das Wortfeld*
griechisch: ego
lateinisch: ego
deutsch – Durch Schreibweise kann zwischen »ich« und »das Ich« unterschieden werden. Hierbei, etwa bei Fichte, ist das Ich aber eher das transsubjektive absolute Ich.
französisch: je – moi
englisch: I – me. Am bekanntesten ist die Unterscheidung bei Mead: »Mind, Self and Society, From the standpoint of a social behaviorist«, 1936, wird übersetzt: »Geist, Identität (!) und Gesellschaft« (1968) – »I« und »me« dann mit »Ich« und »ICH«.
2) *Vier klassische Ich-Konzeptionen*
2.1) *Descartes' »Cogito ergo sum; ergo existo ego«*
Gegenüber der traditionellen Begründung menschlichen Seins in der »Creatio continua« durch Gott begründet Descartes menschliches Sein im Selbstbewußtsein des Ich: Das Wissen darum, daß ich es bin, der handelt, usw., ist mir die Garantie und Sicherheit meiner Existenz und Wirklichkeit.

2.2) *Das idealistische Ich*
Kants »Ich der transzendentalen Selbstapperzeption«
Das Ich in den o.a. Momenten ist der Garant für die Einheit aller Erfahrung und damit aller Wirklichkeit.
Fichtes »Ich als Prinzip aller Philosophie«
Sein Ich-Modell ist einmal die Grundlage aller subjektiven Wirklichkeitskonstitution – auch da, wo an die Stelle des Ichs etwa das »Dasein« (Heidegger) tritt – und zum anderen das Grundmodell der modernen Dialektik.
Hier gilt: »Ich bin Ich«.

Wenn ich als Ich mich durch die Reflexion meiner bewußt setze, kann ich dies nur dadurch tun, daß diese Reflexion durch »Rückbeugung« gegen ein Nicht-Ich ermöglicht wird. Das Ich setzt sich also nur durch gleichzeitiges Setzen eines Nicht-Ich.
Konstituiert sich dabei zunächst das Nicht-Ich als Ding-Welt, so kann sich das Ich als freies Ich nur setzen, indem es das Nicht zugleich als ebenso freies Nicht-Ich, d. h. Du, setzt. Nur so kann sich das Ich auch als freies Ich setzen (»moralischer Beweis für die Existenz des Mitmenschen«). Fichte ist so der erste, der das Du konstitutiv in die Philosophie einführt.
Eine Weiterführung findet man etwa bei Feuerbach (vgl. Löwith, Das Individuum in der Rolle des Mitmenschen).
In der modernen Existenzphilosophie setzt sich Ich bzw. Dasein zunächst negativ gegenüber der Mitwelt.
2.3) *Freuds »Es–Ich–Über-Ich«-Modell*
Für ihn bildet das tragende Unbewußte als »Es« an der Außenzone gegenüber der Wirklichkeit das Ich als Kontaktzone. Dort, wo die Außenwelt sich als Mitwelt präsentiert, ergibt sich eine neue Instanz; diese Mitwelt internalisiert sich im Ich als »Über-Ich«, d. h. als entsprechende Zensurinstitution (Gewissen) u. a.
2.4) *I und me im Behaviorismus von Mead*
Wie früher gezeigt (s. S. 68), gibt es für den Behaviorismus kein Ich im ontologischen Sinne. Es gibt nur einen jeweiligen Organismus, der als menschlicher in einer entsprechenden Gesellschaft re-

agiert. »Das Ich ist in gewissem Sinne das, womit wir uns identifizieren«; es ist »die Reaktion des Organismus auf die Haltung anderer«. Das »ICH« ist demgegenüber »die organisierte Gruppe von Haltungen anderer, die man selbst einnimmt«; es ist das »man« in gesellschaftlicher Rollenfunktion.

2.1.8 Die Person

1) Das Wortfeld
In der traditionellen volksetymologischen Interpretation des Wortes manifestiert sich das spezifische Vorverständnis, das sich in den unten explizierten vier Charakteren zeigt. Vermutlich etruskischen Ursprungs, ist das Wort die Bezeichnung für die Schauspielermaske; in der Tradition wird es als »das Durchtönende« interpretiert.
(Der Maskenaspekt spielt bei der Verwendung des Wortes in der Tiefenpsychologie von C. G. Jung eine Rolle; hier ist die Persona – vgl. dann auch die Rede von »der Persönlichkeit« – die Maske des Individuums »nach außen«.)

2) Die Geschichte
Das Wort geht in seiner klassischen Definition durch Boethius – im Streit um die philosophisch-terminologische Klärung der Dreifaltigkeit (»Ein Gott in drei Personen« [Hypostasen]) – in die Philosophiegeschichte ein. »Person ist die individuelle Substanz geistiger Natur.« An dieser Definition orientieren sich alle weiteren bis heute. Das gilt über Leibniz, Kant bis zum modernen Personalismus, wenn etwa Scheler definiert: »Person ist die konkrete, selbst wesenhafte Selbsteinheit von Akten verschiedenartigen Wesens, die an sich . . . allen wesenhaften Aktdifferenzierungen . . . vorhergeht. Das Sein der Person fundiert alle wesenhaft verschiedenen Akte.«

3) Die Charaktere
Es sind vor allem vier zu nennen:

3.1) Die Zurechnungsfähigkeit
als Voraussetzung menschlichen Seins. Sie impliziert die Anerkennung als geistiges Wesen, das in *seiner* Welt lebt und um die Werte und Normen weiß (»Gewissen«).

3.2) Die Selbstbestimmung als Vollzug
Die Person bzw. ich als Person kann frei handeln und bestimmen, nicht zuletzt über mich selbst.

3.3) Die Selbstverantwortung
als Grund und Fundament menschlichen Seins. Sie impliziert das

Vermögen des »Wissens und Gewissens« um Sein und Handeln, die Anerkennung der Freiheit und schließlich das Recht und die Pflicht der Selbstrechtfertigung für Sein und Handeln, das auch die Folgen impliziert (vgl. »Für Handeln bzw. Entscheiden die Verantwortung ›übernehmen‹«).

3.4) *Die Selbstidentität*
in zeitlicher und gesellschaftlicher Hinsicht. Dieses Fundament der Konstanz, Stabilität und Kontinuität sowie der Einheit der menschlichen Vielfalt, des menschlichen Seins, kann dann als Persönlichkeit, als Charakter u. ä. bezeichnet werden.

4) *Weitere Differenzierungen*
Aus der Orientierung am Personprinzip resultieren nicht nur verschiedene Formen eines Personalismus (Wert-, christlicher usw.), der vor allem die individuelle Eigenständigkeit gegenüber allem Kollektivismus betont, sondern auch verschiedene Sonderaspekte.

4.1) *Personalität*
Es ist der Charakter, der jedem Menschen (faktisch) zugeschrieben wird. Dabei werden etwa von Nicolai Hartmann genannt: Einheit in der Mannigfaltigkeit, Selbstbewußtsein, Vorsehung, Zwecktätigkeit, Wertsichtigkeit, Verantwortung, Gewissen und Freiheit.

4.2) *Persönlichkeit*
Das Wort, das entweder mehr substantivisch oder mehr attributiv verwendet werden kann, steht heute in einem gewissen Zwielicht. Die Tradition sieht in ihm primär das pädagogische Leitbild und Ideal, so etwa W. v. Humboldt die Trias von *Universalität* (des Bildungskosmos), von korrelativer *Individualität* (in jeweils spezifischer Eigenprägung) und schließlich von *Totalität* (als dialektisch-synthetische Einheit beider) als Bildungsideal (der bürgerlichen Gesellschaft). Auf diesem Hintergrund versteht sich das bis heute gültige »Recht auf freie Entfaltung der Persönlichkeit«, aus dem – zuweilen als ein Gegensatz akzentuiert – das Postulat der Chancengleichheit in Bildung, Ausbildung und Lebensqualität resultiert.

In einem ganz *wertneutralen Sinn* ist das Wort heute ein Zentralbegriff moderner Psychologie, nicht zuletzt gerade der medizinischen. Daß es sich bei alledem nicht nur um wissenschaftliche Begriffe handelt, zeigt sich in Redewendungen wie »Verfall/Zerfall der Persönlichkeit«.

In einem *kritischen,* sogar abwertenden Sinn reden vor allem bürgerliche Neomarxisten von der Persönlichkeit, unter deren Leitorientierung sie aufgewachsen sind (vgl. etwa Adornos »Jargon der Persönlichkeit«).

2.1.9 *Die Existenz*
0) *Allgemeines*
Das aktuelle Verständnis dieses Terms ist erst neuesten Datums; es resultiert aus dem geistigen Umbruch des 19. Jahrhunderts und findet eine besondere Akzentuierung in der Existenzphilosophie (Existenzialphilosophie, Existenzialismus u. a.). Das griechische Denken kennt dergleichen Terminologie nicht. Erst mit der mittelalterlichen Idee der Schöpfung entsteht die Frage nach Ursache und Grund des »daß« des Wirklichen. So resultiert ein Wortpaar:

(ens) *existentia*	*essentia*
(»daß« ist)	(»was« ist)
Dasein	Sosein/Wesen

Entsprechend besitzt alles Seiende sein Dasein und sein Sosein. Im 19. Jahrhundert wird der Begriff radikal auf den Menschen eingeengt und erhält den Sinn:

»nackte Existenz«

Kierkegaard	Marx
»individuelle Existenz«	»frei von allem Überbau«
»existentieller Denker«	

Reduziert nach dem Zusammenbruch des deutschen Idealismus (Hegel usw.) sich die philosophisch-menschliche Wirklichkeit radikal auf diese nackte Existenz – »und sonst nichts«, dann wird diese bei Kierkegaard auf den jeweiligen einzelnen Menschen zurückbezogen: Ihm ist kein Wesen oder dergleichen mehr vorgegeben, er muß es selbst schaffen, ist dabei »zur Freiheit verdammt« (Sartre). – Demgegenüber setzt Marx nicht den einzelnen, sondern die Gesellschaft bzw. die Klasse als die Wirklichkeit an: Sein existentieller Repräsentant ist das Proletariat (vgl. dazu K. Löwith, Von Hegel zu Nietzsche, 1939 u. ö.).
1) *Allgemeine Charaktere*
Ist heute von menschlicher Existenz die Rede, dann lassen sich – abgesehen von den dabei leitenden Vorverständnissen der Beur-

teilung der »menschlichen Grundsituation« (die unter 2. abgehandelt werden) – folgende spezifische Momente herausstellen:
1.1) Mit »*Existenz*« wird der innere »unüberholbare Kern« (Jaspers) des Menschen bezeichnet.
1.2) Er ist »an sich« »*leer*«, d. h. es gibt für das existenz-(philosophisch-)orientierte Denken *nichts* dergleichen wie *Wesen* o. ä. Das Wesen des Menschen ist sein nacktes »Daß« des »Daseins« (Heidegger).
1.3) Diesem leeren Grund korreliert die *Existenzverfassung* menschlichen Daseins; sie bedeutet »Aufgerufensein zu seinem eigentlichen *Selbst*«, das nur durch eigene Tat und Entscheidung auf Grund der *Freiheit* (vgl. S. 127) erzielt werden kann.
1.4) Aus alledem resultiert das »*existentielle*« *Engagement im Handeln* usw.; es geschieht rein »um seiner selbst willen«.

2) *Der existenzphilosophische Hintergrund*
Modernes existentielles Denken bestimmt sich im allgemeinen aus einem bestimmten Hintergrund, für den gilt:
2.1) Das menschliche Dasein wird weitgehend negativ gesehen: »Dasein ist Hineingehaltensein in das Nichts.« Entsprechend sind die Negativmomente bestimmt: Nichts und Nichtigkeit, Angst, Absurdität (Camus) und Tod (Heidegger).
2.2) Die Mitwelt wird weitgehend negativ gesehen. »Die Hölle, das sind die anderen« (Sartre).
2.3) Nicht unwesentlich ist die innere Weiterentwicklung: Alle Vertreter (Heidegger, Jaspers, Camus, Sartre usw.) versuchen eine Überwindung der Egozentrität hin auf ein »Wir« (Heidegger), ein »Umgreifendes« (Jaspers), die »Gesellschaft« (Sartre) und schließlich Camus: »Je me révolte donc *nous* sommes.« (vgl. dazu Diemer, Artikel »Existenzphilosophie« in: Fischer-Lexikon Philosophie).

3) *Die Ausstrahlung existentiellen Denkens in die Anthropologie*
Es liegt auf der Hand, daß dieses Denken in alle anthropologischen Konzeptionen Eingang gefunden hat, wenn auch mit unterschiedlicher Akzentuierung oder Spezifizierung. Selbst der Marxismus konnte an ihm nicht vorbeigehen, so etwa bs. bei Sartre wie in der *Frankfurter Schule*. Bedeutsam ist das existential-ontologische Denken, wie es Heidegger grundgelegt hatte und wie es sich dann vor allem in der Psychiatrie (Binswanger usw.) zum Ausdruck brachte: Kranksein wird dabei wesentlich als ein Modus menschlichen Daseins gesehen (vgl. medizinische Anthropologie).

2.1.10 Die Freiheit

Eine systematische Behandlung der Freiheit ist ohne historische Orientierung nicht möglich. Daher sei mit dem Wortfeld begonnen, die Geschichte folgt, und erst dann kann der Gesamtkomplex entwickelt werden. Grundsätzlich gilt, daß die ursprünglich rein soziale Kategorie zu einer human-ontologischen wird.

1) *Wortfeld*
griechisch: e-leuth-eria. Die ursprüngliche Bedeutung lautet: »zum Volke, zu den Leuten gehörig«.
lateinisch: libertas – »das, was erlaubt, was ›beliebt‹« (»liber« – der Freie, das Kind) und dem Sklaven nicht erlaubt ist. Vgl. auch »Liberalismus«.
deutsch: Frei-heit – das, wozu man in Liebe und Freundschaft sowie Frieden steht. Entsprechend »freit« man eine Frau.
französisch: liberté – libertas
englisch: free-dom – das ältere Wort
 liberty – seit dem 16. Jahrhundert gebräuchlich.

2) *Die Geschichte*
Wort und Idee der Freiheit verstehen sich anfangs als eine rein soziale Kategorie: Man ist Freier oder Sklave; als solcher wird man geboren. Die Kenntnisse, über die ein solcher Freier verfügen muß, machen den Komplex der (sieben) »*freien Künste*« (artes liberales) aus. Es sind diejenigen, bei denen man sich die Finger nicht schmutzig macht; die restlichen Künste nennt man die »banausischen« (mechanische).
Die *Stoa* der Spätantike weist jedem Menschen »als Menschen« die Freiheit zu: »Man ist frei, nicht weil man von einer freien Mutter geboren ist, sondern weil man an sich frei ist«, erklärt der ehemalige Sklave Epiktet.
Das *Christentum* übernimmt diese verinnerlichte Freiheitsidee. Man, bzw. der Wille, ist frei, sich für die »Sklaverei der Sünde« oder die »Freiheit der Kinder Gottes« zu entscheiden.
Über die Reformation ist es dann die *Aufklärung,* die die Freiheit im modernen Sinne, d. h. als Element menschlichen Seins »*in dieser Welt*« bestimmt und die Idee der »*Charta der Menschenrechte*«, die ja alle Freiheitsrechte sind, schafft: von der Freiheit der Religion über die politische bis hin zur Freiheit des Berufs. Damit wird die Freiheitsidee mehr und mehr veräußerlicht und vergesellschaftet. Hier versucht modernes existentielles, personalistisches und ähnliches Denken wiederum ein ontologisches, im »Grunde« menschliches Sein zu schaffen bzw. zu finden.

3) »Wesen« und Typen der Freiheit
Versucht man verschiedene Momente der Freiheits-Idee auf einen Nenner zu bringen, so ließe sie sich als das »Vermögen der Möglichkeit« bestimmen: Möglichkeit ist »Offenheit-gegenüber...« wie aber auch »Offenheit-für... zu...«. Sie ist damit einerseits »rückwärts«, aber wesentlich doch »vorwärts«, »hinauf-zu« orientiert. Die Transzendenz wird daher von manchen Philosophen mit der Freiheit identifiziert.
In der europäischen Tradition stehen sich bis heute aktuell zwei Freiheitskonzeptionen gegenüber, die man als
Kür-/Willensfreiheit,
d. h. als »Freiheit-wovon«, zuweilen auch als negative Freiheit und als Wesensfreiheit,
d. h. als »Freiheit-wozu«, zuweilen auch als positive Freiheit bezeichnet.
Beide Konzeptionen sollen in einem Schema (vgl. S. 129) illustriert werden.
In der Gegenwart werden gerne unter anderen Aspekten gegenübergestellt:
negative Freiheit und positive Freiheit.
Wesentlich ist hier die neue Bestimmung der positiven Freiheit. (vgl. S. 129!)
3.1) Die Kür-/Willensfreiheit (»liberum arbitrium«)
Sie bedeutet die Nichtgebundenheit an irgend etwas bzw. die genannten Gegebenheiten; sie wird jedem Menschen zugeschrieben.
Der Mensch ist frei
1. nach unten – gegenüber dem Körper, den Hormonen, dem Trieb –
2. nach oben – gegenüber Geboten, Werten, Normen, Gott u. ä. –
3. nach innen – gegenüber den eigenen Motivationen, Absichten –
4. nach außen – gegenüber Gesellschaft, etwa in Form der Rede-, Presse-, Meinungs-, Berufs-, Religions- u. ä. -Freiheit.

Die extremste Form dieser Freiheitskonzeption ist die des (Hyper-)Liberalismus: Jeder kann tun und lassen, was er will.
3.2) Die Wesensfreiheit
Sie bedeutet einen Idealzustand, der erst erreicht werden muß, bzw. einen Idealzustand, in dem sich der »eigentlich« Freie be-

findet, wenn er die wesentlichen und notwendigen Bedingungen erfüllt bzw. erfüllt hat.
Dies war früher der »Wille Gottes«, dann für Hegel bzw. Marx/ Engels die »Einsicht in die Notwendigkeit«, worüber natürlich nur die Partei Bescheid weiß. – Ist dies nicht der Fall, dann befindet sich der Mensch im Zustand der Knechtschaft, der Sünde oder der Unfreiheit der Bourgeoisie.
Stehen sich damit Kür- und Wesensfreiheit antithetisch, ja fast kontradiktorisch gegenüber, so führen beide bei einer Verabsolutierung zu sinnlosen Folgen: Dort die Anarchie des Hyperliberalismus, hier die Diktatur bestimmter Instanzen, konkret repräsentiert durch Gruppen.
In dieser Spannung stehen fast alle demokratischen Grundordnungen; die konkreten Antworten, z. B. die »wahre« Auslegung des Freiheitsbegriffs unseres Grundgesetzes, stehen in dieser Spannung, wie sie im Modell durch das Fragezeichen angedeutet ist. Das Problem zeigt sich etwa konkret im Verständnis der »persönlichen Freiheit« einerseits, des Freiheitsbegriffes im Zusammenhang mit dem Eigentum auf der anderen Seite.

Das Modell:

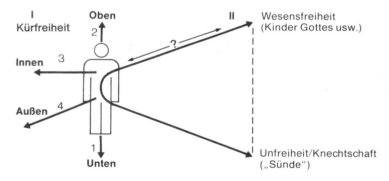

Aus alledem resultiert der moderne Versuch, die Akzente etwas anders zu setzen, etwa wie folgt (negative – positive Freiheit):
3.3) *Die negative Freiheit*
Sie ist weitgehend mit der o. a. Willensfreiheit im Sinne der »Freiheit-von . . . / gegenüber . . . « identisch.
3.4) *Die positive Freiheit*
Sie unterscheidet sich wesentlich von der sogenannten Wesens-

freiheitskonzeption. Diese ist für sie gerade Unfreiheit, da sie heteronom ist, weil von einer anderen Instanz, sei sie Gott, die Gesellschaft, die Partei odgl., abhängig.
Freiheit im positiven Verstand bedeutet autonome schöpferische Selbstbestimmung, Eigenspontaneität und damit wesentlich verbunden Selbstverantwortlichkeit als jeweils geschichtlich einmaliges Dasein.
So gesehen ist die negative Freiheit ihre Voraussetzung; sie selbst ließe sich unter diesem Aspekt fast dialektisch im Sinne einer »Negation der Negation« verstehen. In diesem Sinne hat schon Rousseau erklärt: »Freiheit bedeutet die Möglichkeit, dies nicht tun zu müssen, was man nicht tun will.«

4) *Die Freiheitsprobleme*
Aus der Spannung zwischen Möglichkeit/Offenheit und Notwendigkeit/Sollen/Müssen ergibt sich eine Reihe von Problemen. Einige seien genannt:
4.1) Das alte Problem der Wirklichkeit der Freiheit bzw. des *»Beweises«* dafür, daß der Mensch frei sei. Eine alte These besagt: Jeder Beweis, d. h. die Ableitung von Gesetzen udgl., erweist die Unmöglichkeit von Freiheit. Freiheit ist wirklich nur durch faktisches Frei-sich-entscheiden, d. h. Freiheit von Gesetz und Beweis.
Neuerdings – vor allem in der analytischen Philosophie – begnügt man sich einfach mit dem Hinweis auf das *Bewußtsein* der Freiheit.
4.2) Die *Antithetik* zwischen den beiden Extremen des Freiheitsverständnisses: Dem überzogenen individualistischen Liberalismus des Tun-und-Lassens steht die Diktatur der Notwendigkeit, des Sollens (der Pflicht, des Befehls) kontradiktorisch gegenüber.
4.3) Die Rede von den *»Grenzen der Freiheit«* betrifft in erster Linie die negative Freiheit im Sinne des Nichtgebundenseins; die Grenze liegt zwischen der (totalen) Möglichkeit der Eigenentfaltung und dem Recht des/der anderen auf eben diese.
4.4) Ein aktuelles Freiheitsproblem ist die *Freiheit über den eigenen Tod*. Seit der Stoa (vgl. S. 127) wird die Frage diskutiert, ob der Mensch als Person das Recht der Freiheit über den eigenen Tod besitze. Die Stoa bejaht dies; das Christentum weist dieses Recht nur Gott zu. Seit der Aufklärung, die ja die Liberalisierung der Freiheit durchgesetzt hatte, werden immer wieder Instanzen gesetzt, die dem Menschen dieses Recht nehmen: Gott weiterhin, die Vernunft, das Volk, die Gesellschaft (vgl. Strafgesetz) usw.

Die Gegenwart diskutiert vor allem das Problem der Euthanasie (»Sterbehilfe«) im Sinne der Freiheit über den Tod, etwa im Fall unheilbarer Krankheit, aussichtsloser Situation u. ä. (vgl. Philosophie der Medizin).

2.1.11 *Die Transzendenz*
1) *Phänomen und Problem der Transzendenz*
Seit dem Beginn des Menschseins wird dieses Phänomen als konstitutiv angesehen, etwa in der Tatsache, daß bereits der Neandertaler seinen Toten Grabbeigaben mitgibt, um sie so »über den Tod hinaus« zu versorgen. In der *griechischen* Philosophie resultiert das Phänomen aus der Zwischenstellung des Menschen zwischen dem »Reichtum«, d. h. dem göttlichen Dasein, und der »Armut« (dem tierischen Dasein) (so Platons Phaidon). Jene beiden »sind, was sie sind«; der Mensch als das Wesen des »Zwischen« ist damit immer schon über seine Faktizität hinaus, d. h. »mehr als er selbst«.
Im *Christentum* bedingt die Gottes-Kindschaft das »Angelegtsein auf das Jenseits«, wie es Augustinus in seinem berühmten »transcende te ipsum« – »geh über dein Selbst hinaus!« – ausspricht.
Die säkularisierte *Neuzeit* unterbindet die Transzendenz zum Jenseits, sie begründet sie weltimmanent: Zwei neue Dimensionen werden jetzt aufgebaut, einmal die »konstituierende Intentionalität«, die die Welt in ihrem Daß und Was grundlegt, und zum anderen die Erarbeitung der Transzendentalität menschlicher Subjektivität, die nicht zuletzt in der Angelegtheit zum eigenen Selbst gründet.
2) *Das Wortfeld*
Bedeutet allgemein Transzendenz »Über-stieg-hinaus«, so können folgende Bedeutungsakzente gesetzt werden:
2.1) Das Transzendente, d. h. das, woraufhin der Überstieg erfolgt. Das kann einmal das Jenseits, zum anderen aber auch das »bewußtseinsjenseitige« Wirkliche (so die Phänomenologie) sein.
2.2) Der Überstieg als Vollzug im intentionalen Akt.
2.3) Die Überstiegsstruktur, etwa als Entwurfscharakter des Daseins (Heidegger).
2.4) Das aller Überstruktur Zugrunde- und Vorausliegende, die Dimension des Transzendentalen (so von Kant bis zu Husserl/ Heidegger).

3) *Die Rede von der menschlichen Transzendenz*
Drei Transzendenzen werden – wie ausgeführt – unterschieden:
3.1) Die metaphysische Orientierung »hinaus« – zu Gott, zu den Werten.
3.2) Die Transzendenz auf Welt als Weltentwurf.
3.3) Die Transzendenz auf ein Selbst als Selbstentwurf, als existentiale Existenzerfassung.
4) *Die Idee des Übermenschen*
Konkret hat sich die Idee der Transzendenz u. a. in der Rede vom *Übermenschen* entwickelt. Bereits bei Augustinus angedeutet, wird die Idee dort relevant, wo der Mensch sich selbst an die Stelle Gottes setzt (vgl. Nietzsches »Gott ist tot«, »es lebe der Übermensch«). Die Ausbildung der Idee hat eine große thematische Breite: Sie kann individuell oder gattungsmäßig (»Züchtung des Übermenschen«) verstanden werden; sie kann dabei biologisch-rassisch (»reine Superzucht«), politisch oder auch kulturell (»das große Genie«) begründet werden.

2.2 *Die anthropologische Schichtung*

2.2.0 *Allgemeines*
1) Der Schichtengedanke, d. h. die Idee, daß die Wirklichkeit in ihrer Fülle sich in verschiedenen Schichten aufbaut, ist wohl so alt wie die Menschheit. Das gilt nicht nur für Europa, sondern auch für das außereuropäische Denken. Besonders expliziert hat sich diese Konzeption dann in der europäischen Philosophie.
2) Wesentlich ist hierbei folgendes:
2.1) In der Fülle der Wirklichkeit lassen sich nicht nur verschiedene Bereiche unterscheiden; diese sind vielmehr »*aufeinander*« geschichtet.
2.2) Diese Schichtung impliziert im allgemeinen auch eine gewisse *Wertigkeit* nach »höher« und »tiefer« bzw. nach »innen« und »außen«.
2.3) Die primäre Wertigkeit ist dabei unabhängig von der Verortung; das ontologisch Höhere ist nicht notwendig das Höherwertige.
2.4) Im allgemeinen bildet das jeweilige Schichtungsmodell eine *Vorgabe für die »Stellung des Menschen im Kosmos«.*
3) Seit Beginn bis heute lassen sich zwei *Typen von Schichtungsmodellen* unterscheiden. Welcher der ursprünglichere ist, ist nicht zu entscheiden. Vielleicht handelt es sich dabei ursprünglich um zwei verschiedene Typen möglicher Weltanschauung.

3.1) *Die Aufschichtung* (»oben-unten«/»Höhe-Tiefe«)
Im allgemeinen ist das Oben auch das Wertvollere: »Droben« wohnen z. B. die Überirdischen, Gott. Es kann aber auch der »Weltengrund« in der Tiefe verortet sein, »aus dem« alles hervorkommt (vgl. etwa das Wortfeld »Physis«, »Natur«).
Vielfach wird das Oben und Unten in einer gewissen Polarität gesehen, für die die Polarität von Mann und Frau prototypisch ist: Man denke etwa an den himmlischen Vatergott gegenüber der Mutter Erde – oder an die Polarität des chinesischen »Yin-Yang«-Modells (vgl. Allgemeine Philosophie).
3.2) *Die Kernschichtung* (»innen-außen«/»Mitte-Peripherie«)
Leitend ist hier das Denkmodell des (zweidimensionalen) Kreises bzw. der (dreidimensionalen) Kugel. Um eine Mitte (»Zentrum«) lagern sich verschiedene Schichten; das zweidimensionale Innen-Außen kann im dreidimensionalen Kugelmodell auch Elemente der Aufschichtung in sich aufnehmen (»Zwiebelschichtung«).
Für die Entwicklung der europäischen Kosmologie ist dieses Modell bedeutsam und prototypisch (vgl. S. 183). Im griechischen Modell des Kugel-Kosmos ist die Mitte die Erde; um sie liegen schalenartig die »Sphären«, innerhalb deren der Mond eine entscheidende Rolle spielt: »Wir Sterblichen« leben in der »sublunarischen« Welt; »droben« kommen dann die Sphären der »Planeten« und schließlich der Hintergrund der »Fixsterne«.
Axiologisch ist hierbei die Mitte das Niedere; die Peripherie, die Sphäre des Göttlichen, das Höhere.
Bei gleichbleibendem Schema ändert sich mit dem neuzeitlichen Denken die Wertigkeit: Jetzt ist der Mensch und seine Welt auch der axiologische Grund. Von ihm aus orientiert sich die Welt in die »Un-endlichkeit« seines möglichen Zugriffes: Einmal in die Unendlichkeit des Welt-Alls, das die moderne Naturwissenschaft sich erobern will; zum anderen in die Offenheit der »Neuen Welt(en)«, in die sich jetzt der Eroberungsdrang des Kolonialismus usw. erstreckt.
4) In der *philosophischen Deutung* der beiden Modelle lassen sich – unabhängig von ihrer Verwendung zur Beschreibung der unmittelbar gegebenen Wirklichkeit – *zwei Typen* unterscheiden:
4.1) *Der Pluralismus*
unterscheidet nicht nur verschiedene Bereiche als Schichten, sondern erkennt diese auch als selbständige ontologische Wirklichkeiten an. Im Vordergrund steht dabei vielfach eine

Zweierschichtung, früher etwa Göttliches und Diesseitiges, Natur. Heute ist dies vielfach der Bereich des Geistigen, Menschlichen, und derjenige der »untermenschlichen« Natur (vgl. Allgemeine Philosophie, »Natur«).
Über den Zusammenhang bzw. die Wechselwirkung gibt es verschiedene Theorien, so etwa das Aristotelische Form-Materie-Modell. In der Gegenwart ist vor allem die Schichtenphilosophie von Nicolai Hartmann bekannt, der u. a. verschiedene »*Schichtengesetze*« entwickelt hat.

4.2) *Der Monismus*
kennt nur eine Wirklichkeit; alle Schichtung ist vordergründig, ist »epi-phänomenal«. Als Letztwirklichkeit kann ein Schichtenprinzip, Materie, Leben, Geist odgl. angesetzt werden.

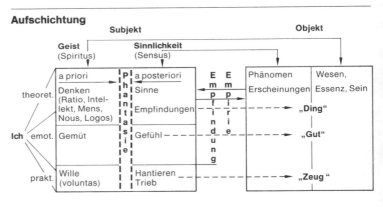

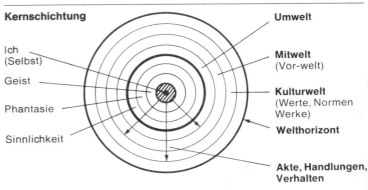

2.2.1 Die anthropologischen Schichtenkonzeptionen

1) *Ursprung* – sowohl in historischer wie in systematischer Hinsicht – aller anthropologischen Schichtenkonzeptionen ist die kosmologische. Entsprechend gelten hier auch alle Typologien, Gesetzlichkeiten, Zusammenhänge usw. Leitend ist dabei die in allen Weltkonzeptionen auffindbare Idee des »*Mikrokosmos-Makrokosmos*«: Der Mensch ist die Welt im Kleinen; in ihm spiegelt, repräsentiert odgl. sich in spezifischer Ausprägung der Gesamtkosmos.

Entsprechend lassen sich auch hier die beiden zuvor genannten Typen explizieren. Wenn sie in den beiden folgenden Abschnitten im einzelnen dargestellt werden, so besteht zwischen beiden eine Reihe von Korrelationen, die einige Vorbemerkungen erforderlich machen.

2) Die *Aufschichtung* besagt, daß der Mensch als solcher in verschiedenen Schichten aufgebaut ist – im allgemeinen im Sinne des Mikrokosmos. Dabei können alle zuvor genannten Instanzen als Schichten angesetzt werden.

Tradition wie Gegenwart tendieren im allgemeinen zu einer *Zweierschichtung*, wie sie zuvor (S. 93 ff.) im Modell des Leib-Seele-Problems schon zur Sprache gekommen war. Dabei wird einer spezifischen Humanschicht eine Subhumanschicht unterlagert bzw. untergelegt; prototypisch wäre etwa

Geist/Intelligenz	$\approx$	Bewußtsein (Ich)
Bios	$\approx$	Unterbewußtes (Es)
(Ontologische Realschichtung)		(Reflexionsschichtung)

Zuweilen wird noch eine Vermittlungsinstanz angesetzt, deren Näherbestimmung variiert. Dabei ergibt sich vielfach ein Übergang zur Kern-Schichtung.

3) Die anthropologische *Kernschichtung* kann – historisch gesehen – als Produkt neuzeitlichen Denkens verstanden werden; denn Antike wie Mittelalter kannten fast ausschließlich nur die anthropologische Aufschichtung.

Descartes' »Cogito – ergo sum ego« setzt den Menschen zum Mittelpunkt der Wirklichkeit, d. h. der Welt. Um ihn herum wird nun Welt orientiert und diese im Sinne einer kosmologischen Kernschichtung konstituiert. Dies bedingt umgekehrt, daß auch der Mensch selbst im Sinne einer Kernschichtung sich konstituiert, dessen Kern seinerseits eben dieses Ich (Ego) ist.

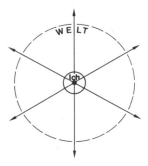

Hier interessiert nur die zweite. Von der ersten wird später (S. 141) zu reden sein; dabei sei bereits hier darauf hingewiesen, daß die »Welt« zunächst nur im Sinne einer »un-endlichen« »Um-den-Menschen-Welt« bestimmt wird, als Gesamtheit der Realitäten odgl. Erst mit der aktuellen Philosophie, voran der Phänomenologie, »schließt« sich die Welt als »Um-welt« bzw. Horizont des Menschen (vgl. später S. 187).

In der *Human-Kernschichtung* werden im allgemeinen drei *Schichten* unterschieden. Leitend ist dabei weitgehend die Dimensionierung nach »Innen-Außen« bzw. umgekehrt. Im allgemeinen werden folgende Schichten unterschieden:

1. *Kern des Selbst* (Ich)
2. *Kernschicht der Dispositionen und Habitualitäten*
3. *Bereich der Aktualisierungen – Handlungen*

4) Aufschichtung und Kernschichtung sind in fast allen Anthropologien ineinander verwoben, weshalb – das muß hier unterstrichen werden – die Trennung nur methodisch möglich ist. Dies zeigt sich in folgenden Punkten:

4.1) Es war früher schon (vgl. Modell S. 84) darauf hingewiesen worden, daß das Innen und das Oben einerseits und das Außen und das Unten andererseits vielfach korrelieren. So »sitzt« der »höhere« Geist im allgemeinen »im Inneren«, während das Leben, manifest im Leib und seinen Organen, die Außenschicht bildet.

4.2) Umgekehrt ist bei der Kernschichtung das Selbst zwar weitgehend »innen-oben« angesiedelt, es »ruht« aber doch auf der nächsten Schicht, die vielfach in Zusammenhang mit der Biosphäre gesehen wird. Das zeigt sich nicht zuletzt in den vielen Theorien dieser Schicht, die u. U. sogar das ganze Selbst nach unten fundiert sein lassen.

4.3) Diese allgemeinen Hinweise müssen schließlich immer in ihrer konkreten Realisierung gesehen werden. Dabei ergeben sich wiederum spezifische Ausprägungen etwa im Gegenüber der theoretischen und der praktischen Sphäre.

5) Dies alles vorausbemerkt, ergeben sich für die *Darstellung* gewisse Schwierigkeiten, wobei wiederum zu sagen ist, daß Darstellung sowohl wie Modellierung immer nur als mögliche Perspektivierung zu sehen und zu beurteilen sind.

Dazu kommen noch weitere Momente: In der Kernschichtung kommen neue Phänomene zur Sprache, die den Bereich der Statik überschreiten. Das ist einmal die Dimension der *Welt* und zum anderen der Bereich der *Handlung*. Die Thematisierung der Handlung führt von der Statik über zur Dynamik, die sich entsprechend anschließt. Die Weltproblematik wird erst später zur Sprache kommen, da dafür wiederum der Gesamtkomplex der Subjektivität (Ego- bis zur Intersubjektivität) behandelt sein muß. Die Behandlung des Weltproblems ist dann wiederum Voraussetzung für diejenige des Gesamtkomplexes des *Selbst*, vor allem hinsichtlich der *Reflexivität,* Identität und Identitätsproblematik (-findung, Entfremdung usw.).

Daher soll im folgenden die anthropologische Schichtung, die Aufschichtung wie die Kernschichtung, mit dem Schwergewicht auf der Dispositions-/Habitualitätsschicht im Rahmen der Statik dargestellt werden. Die Dynamik liefert dann die Handlungslehre. Das Selbst wird entsprechend später behandelt werden (vgl. S. 208).

Ist damit der allgemeine Rahmen abgesteckt, so kommt noch ein letztes hinzu: Das ganze Schichtenproblem konkretisiert sich immer in den jeweiligen Aktualisierungen des Handelns, Verhaltens usw. Dabei sind dann die jeweiligen Instanzen, vor allem die Zwischeninstanzen, in je spezifischer Weise im Spiel. Daher soll die allgemeine Darstellung der Schichten relativ offen gehalten werden; die spezifischen Momente z. B. der Phantasie kommen bei den Aktualisierungen zur Sprache.

2.2.2 *Die anthropologische Aufschichtung*
0) *Allgemeines*

Das Wesentliche ist bereits gesagt worden. Es sei nur noch einmal darauf hingewiesen, daß üblicherweise eine *Zweierschichtung* als Modell fungiert und daß vielfach eine vermittelnde Zwischeninstanz eingeschoben werden kann, die meist als *Phantasie* bestimmt wird.

1) *Geist – Leben*
1.1) Als Bezeichnungen der beiden Schichten fungieren primär »Geist« und »Leben« (Bios, biologisches Fundament, Sinnlichkeit), sekundär »Bewußtsein« und »Unbewußtes«. Wenn auch bei Allgemeindarstellungen den beiden Bereichen jeweils spezifische Charaktere zugeschrieben werden, so können diese doch in den einzelnen Aktualisierungsbereichen sehr variieren, ja zu gewissen Umorientierungen führen. So kann etwa der Geist im theoretischen Bereich als die aktive Spontaninstanz angesetzt werden gegenüber einer mehr oder minder passiv-pathischen Sinnlichkeit. Im praktischen Bereich jedoch fungiert das Leben als Antriebssystem, als »Dampf«, während der Geist mehr oder minder »schwacher Steuermann« ist und mehr oder minder mit einer rationalistischen Intelligenz zusammenfällt.
1.2) Im Sinne einer allgemeinen orientierenden Übersicht soll daher hier nur eine Modellreihung vorgegeben werden. Für Einzelheiten sei auf später verwiesen.

Aufschichtungs-Schema (Geist-Leben-Schema)

	unreflektiertes Selbstmodell	Theoretikmodell	Praktik-(Aktions-)modell	Reflexivitäts-Selbstmodell
Geist ("Apollinisches")	Aktivität	Rationalität	Steuerung	Reflexivität
	Spontaneität	Intellekt	Intelligenz	Wissen um sich
	Entwurf	Logizität	Rationalisierung	Selbst-Identität
Leben (Bios, Es, Sinnlichkeit, "Dionysisches")	passiv-pathisch	Irrationalität	Trieb	Unbewußtes, Es
	Erleben	Alogizität Fühlen	("lebendige Kraft")	

2) *Phantasie*
Analoges wie für Geist und Leben gilt für die Zwischeninstanz *Phantasie*. Da sie in allen Humanbereichen Gemeinsamkeiten zeigt, scheint es sinnvoll, hier einige allgemeine Charakteristika herauszustellen.
2.0) *Allgemeines*
Der Gesamtkomplex dessen, was mit Phantasie, Einbildungskraft usw. bezeichnet wird, ist durch zwei wesentliche Momente bestimmt:
Ihre grundsätzliche Bestimmung und Funktion ergibt sich aus

ihrer *Zwischenstellung zwischen Geist und Leben bzw. Sinnlichkeit*, im Sinne der Vermittlung zwischen beiden, bzw. Fundierung beider.
In dieser Wechselfunktion kann sie entweder mehr im Sinne einer aktiven Instanz, die dann näher dem Geist steht, oder mehr einer passiven, die dann näher beim Leben und der Sinnlichkeit angesiedelt wird, gesehen werden.

2.1) *Das Wortfeld*
Es kann enger und weiter angesetzt werden.
griechisch: Stamm: *phan; phantasma, phantasia*
Er hat den Doppelaspekt: Schein, Phänomen (Licht), Gestalt – zugleich Vermögen, diese Phänomene zu (er)fassen.

lateinisch: imaginatio   Bild-kraft, Ein-bildungs-kraft

deutsch: Phantasie   Vorstellung(s-kraft)
     Ein-bildungs-kraft
     Bild-kraft
     Dicht(ungs)-kraft

französisch: fantaisie   imagination
     imaginaire

englisch: fantasy (älter)   fancy
     imagination

2.2) *Die Geschichte*
Die Geschichte der Lehre von der Phantasie beginnt bei den Griechen.
Am Anfang wird sie, vor allem durch Aristoteles, im theoretischen Bereich als Vermittlungsinstanz zwischen Aisthesis und Logos angesetzt. Dabei fungiert sie ausschließlich rezeptiv und reproduktiv: Sie ist das »Eindrucksvermögen«, das den Sinnes-»eindruck« – Aristoteles prägt dabei sein berühmtes Modell vom Siegel und dem Wachs, in das sich die Gegebenheiten wie ein Siegel eindrücken – aufnimmt, ihn von den konkreten, mit Materie behafteten Gegenständen loslöst/»abstrahiert« und als Phantasma (Vor-stellung) an den Geist weitergibt.
In dieser Zwiefältigkeit, bei der sie teils mehr nach der einen, teils mehr nach der anderen Seite orientiert ist, wird der Phantasie mehr und mehr auch eine aktive, d. h. eine produktive Funktion zugeschrieben. Dies gilt vor allem seit dem 18. Jahrhundert.

Als *Einbildungskraft* setzt sie *Kant* als entscheidende Vermittlungsinstanz zwischen Sinnlichkeit und Geist bzw. Verstand. Neben der *reproduzierenden* kommt hier vor allem die *produktive* Funktion in Betracht. Da bekanntlich nach Kant das Subjekt die Welt und die Gegenstände konstituiert, ist es die Einbildungskraft, die die Verstandesbegriffe, die dabei als Kategorien fungieren, den Sinnen – a priori – vermittelt und damit die Gegenstände als solche konstituiert. Dieses Verfahren wird als *Schematismus* bezeichnet.

Ist hier die Einbildungskraft diejenige Instanz, die Wirklichkeit in *theoretischer* Hinsicht konstituiert, so etabliert sie *Fichte* auch für die *praktische Vernunft*. Sie erhält damit die zentrale Funktion, wie Kant sie in der »Kritik der Urteilskraft« schon entworfen hatte.

Wilhelm von Humboldt bezieht in das Ganze dann noch die *Sprache* ein; die Einbildungskraft als »innere Sprachform« ist dann die Instanz, die die »Zwischenwelt« konstituiert, in der der Mensch bzw. die jeweilige Sprachgemeinschaft als seiner/ihrer Welt lebt; ein Gedanke, den Herder in seiner Lehre von der Muttersprache ausführt (der Erwerb der Muttersprache ist das Hineinwachsen in »meine« Welt).

Spezifisch wird in der Folgezeit die *praktische Phantasie* ausgebildet; sie wird das Vermögen, das etwa den »Handlungsentwurf« vorgibt, aus dem sich die Handlung als Aktrealisierung entwickelt.

Wird die Phantasie dann auch spezifisch im *Emotionalen* angesiedelt, das ja nach der klassischen Vermögenslehre (vgl. S. 134) den Mittel-(Mittler-)Bereich ausmacht, dann ist sie gewissermaßen »die Mitte« des Humanbereiches. Sie kann dann, vor allem in den sich an der Lebensphilosophie orientierenden Anthropologien, direkt zum »*Vermögen der Weltanschauung*« (Dilthey, Spranger) werden.

2.3) *Heutige Bestimmung*

Folgende Momente sind wesentlich:

Die Phantasie ist die Vermittlungsinstanz zwischen Geist und Sinnlichkeit, d. h. zugleich zwischen Geist und Leiblichkeit bzw. sogar zwischen Innerlichkeit und Welt.

Es gibt in allen Bereichen menschlicher Handlung (vgl. S. 155) diese Zwischeninstanz, vor allem natürlich in dem praktischen, angefangen beim Wirken (man denke etwa an den Bewegungsentwurf in allem Handeln, z. B. im Springen, Werfen usw.) bis hin zum Werken (vgl. Künstler), Organisieren usw.

Heute wird ihr weitgehend eine aktiv orientierte Funktion zugewiesen. In den meisten modernen Anthropologien nimmt sie die zentrale konstitutive Mittelinstanz ein, die das konkretisiert, was man den »Welt-entwurf« (vgl. S. 184) nennt. Dabei tritt an die Stelle der Rede von der Phantasie bzw. der Einbildungskraft diejenige der »Transzendenz des Daseins«, in dem der Entwurf von Welt gründet.
Sie kann dann direkt in methaphysischer Konzeption als »*Urphantasie*« (C. G. Jung, Gehlen u. a.) den »Vor-entwurf des Lebens« (Claessens) ausmachen und damit mehr oder minder als Urinstanz des Lebens schlechthin angesehen werden.

2.2.3 *Die anthropologische Kernschichtung*
0) *Allgemeines*
Das Modell ist klar: Um einen Kern sind – zwei- oder dreidimensional – gestufte Schichten angeordnet, die im inneren Bereich mehr als Kern-, im äußeren mehr als Schalenschichten angesehen werden können.
Im folgenden soll von der Weltschichtung hier noch abgesehen und nur die Humanschichtung i. e. S. besprochen werden:
0.1) Das Schema war bereits genannt worden.
Es werden – grob gesprochen – drei Schichten unterschieden:
0.1.1) *der Kern,* das Zentrum: das Selbst
0.1.2) *die Kernschichtung* im Sinne der Dispositions-/Habitualitätsschicht
0.1.3) *die »Außenschicht«* der Aktualisierung
Die »Innen–Außen–Außen–Innen«-Dimensionierung muß grundsätzlich unter *dynamischem* Aspekt gesehen werden, für den jede Statik nur als stabilisierende/stabilisierte Dynamik zu verstehen ist. Diese Dynamik bewegt sich reziprok in beiden Richtungen: Von innen nach außen geht es im Sinne der Spontaneität/Intentionalität hinaus auf Welt; reziprok von außen (von der Welt aus) nach innen im Sinne der Reflexivität. Analog zur Aufschichtung läßt sich ein Modellschema aufzeigen (vgl. S. 134!).
0.2) Bei dieser Dynamik darf nicht übersehen werden, daß bei allem Geschehen auch die Geist/Bios-Schichtung, vor allem im Sinne einer »biologischen Fundierung«, mit im Spiel ist; das gilt vor allem wiederum für die Mittelschicht.
0.3) Für die Darstellung ist bereits gesagt worden, daß hier *nur die Mittelschicht* näher expliziert werden soll.

Das Zentrum des *Selbst* wird dabei als die Instanz vorausgesetzt, die im Sinne des »An-sich« (vgl. S. 87) der Ort ist, aus dem heraus Spontaneität entspringt und in dem die Intentionalität gründet. – Die Außenschicht der *Aktualisierung* macht dann den 3. Hauptabschnitt, die »Dynamik des Humanbereichs«, aus (vgl. S. 150). So bleibt nur das folgende Generalthema:

Kern-Schichtungs-Modell

1) *Der Dispositions-/Habitualitätsbereich*
1.0) *Allgemeines*
1.0.1) Bei der Darstellung muß wieder auf den Modellcharakter hingewiesen werden. In den verschiedenen Anthropologien kann dieser Bereich auch unabhängig von der Schichtungsorientierung gesehen werden.
1.0.2) Bei der Explikation der Einzelheiten muß der Reziprozitätscharakter von

Spontaneität und Rezeptivität   (Innen – Außen)
Statik und Dynamik   (Stabilisierung – Disposition)
Geistspontaneität und
Biosfundierung   (Oben – Unten)

gesehen werden.
1.0.3) Die Bezeichnung durch zwei Terme versucht die Ambiguität des Bereichs herauszustellen. Dabei muß gesagt werden, daß der Term »Disposition« im umfassenden traditionellen anthropologischen Sinne zu verstehen ist und nicht primär im Sinne der Verwendung im Rahmen moderner (analytischer) Wissenschaftstheorie (Carnap u. a.).
1.0.4) Die Darstellung versucht allgemeine Momente herauszustellen, die in den einzelnen Aktualisierungsbereichen variieren können.

1.1) *Die Phänomenologie des Dispositions-/Habitualitäts-Bereiches*

1.1.0) Es war bereits darauf hingewiesen worden, daß dieser Zwischenbereich zwei Aspekte/Funktionen besitzt, die insgesamt eine Art inneren Stabilisierungsmantel – um in der Terminologie der Kernschichtung zu reden – ausmachen; er fungiert in der Wechselwirkung Innen–Außen = Außen–Innen. Der Versuch einer phänomenologischen Beschreibung ist insofern schwierig, als jede Betrachtung desselben immer schon stark theoretisch vorgeprägt ist (vgl. Bereichstheorien). Dies gilt nicht zuletzt für die Verwendung der beiden Bezeichnungen selbst. Als allgemeines Beispiel für den Gesamtkomplex könnte etwa die Verwendung des Wortes »*Kraft*« in allen Bereichen der Wirklichkeit genannt werden: Niemand hat sie gesehen, beobachtet; alle aber nehmen sie als etwas selbstverständlich Gegebenes an, das sich in den entsprechenden Aktionen, Reaktionen, Reflexen udgl. manifestiert usw. Dieses Beispiel kann dann erweitert werden auf den Gesamtkomplex, der durch das Wortfeld benannt ist; man nehme Beispiele wie Einstellung, Haltung, Vermögen usw. So gesehen ist auch die Verwendung der beiden Bezeichnungen nur die Akzentuierung eines gleichen Sachverhaltes. Seine Explikation muß immer auch die hier leitenden Deutungen im Blick behalten.

1.1.1) *Das Dispositionsmoment*

Alles konkrete Verhalten und Handeln ist an sich »da«. Aber jedermann ist der Meinung, daß alledem nicht nur etwas »zugrunde« liege, sondern daß es auch irgendwo »heraus«-komme. Nichts anderes meint aber die Rede von der *Möglichkeit*, die sich in entsprechenden weiteren Bezeichnungen wie *Ver-mögen* (Fakultas, Hexis usw.) zum Ausdruck bringt.

Wenn diese Möglichkeiten sich immer nur im konkreten, d. h. im jeweils spezifischen Verhalten (theoretisch, praktisch usw.), offenbaren, so ist alledem eine *Offenheit*, eine *Plastizität* vorgegeben, die nach allgemeiner Meinung dem Biologischen, das hier auch mit einbezogen werden muß (vgl. 1.1.2), wesentlich abgeht. Es ist klar, daß gerade bei dieser Thematik die verschiedenen Theorien aufeinanderprallen.

1.1.2) *Das Habitualitätsmoment*

Ist die Disposition Öffnungsmöglichkeit nach außen, so kann umgekehrt dieses Moment als eine Art reaktiv-reflexives Produkt angesehen werden. Eine solche Rede setzt aber auch schon

wieder eine bestimmte Theorie voraus, etwa die Annahme, daß immer schon »innen« eine Stabilität vorgegeben sei, etwa in Gestalt von Instinkten, angeborenen Ideen udgl., oder die Annahme, daß alles Gewohnheit, Konvention sei.
Die zuletzt verwendeten Terme verweisen auf eine spezifische Dimension bzw. ein Moment im Rahmen der Habitualität, die sich etwa in der Reihung Brauch – Sitte – Sittlichkeit (Analoges gilt für das griechische Wortfeld »ethos« [Brauch bis Ethik!] und das lateinische »mos« [Brauch, Sitte, Moral]) zeigt: das Normen- und Sollensmoment. Dabei zeigt sich zugleich, daß bei alledem die Individualsphäre der Egosubjektivität überschritten wird zur Intersubjektivität; denn nach heute weitgehend üblicher Auffassung – deren Richtigkeit (etwa nach der Meinung des Verfassers) umstritten ist – ist das Normenproblem primär ein Sozialphänomen. Es besitzt seine Wirklichkeit in erster Linie etwa in den Institutionen wie Recht usw., die analog dann das Fundament der sozialen Stabilisierung abgeben.
Diese Thematik kann hier nicht weiterverfolgt werden, sie ist im Rahmen der philosophischen Handlungslehre, speziell des Themas »normenorientiertes Handeln«, zu behandeln.

1.1.3) *Die biologische Fundierung*
Es war schon darauf hingewiesen worden, daß die Kernschichtung ihrerseits wiederum eine Aufschichtung impliziert. Die bisherigen Darlegungen hatten mehr oder minder nur die höhere geistige Schicht herausgestellt. Es muß aber auch die biologische Seite, die meist im Sinne eines Fundaments odgl. verstanden wird, einbezogen werden. Dabei kann das Verhältnis zur »Oberschicht« wiederum verschieden gedeutet werden (vgl. Geisttheorien). Ihre Darstellung muß auch das Selbst miteinbeziehen, da es ja primär das Geistige repräsentiert und fundiert. Die Situation wird am besten durch zwei vielverwendete Wortpaare charakterisiert:

Geistig	*Biologisch*
Selbst: Spontaneität	Instinkt
Reflexivität	Reaktion/Reflex

Einige Erläuterungen seien hier erlaubt: Der *Instinkt* wird üblicherweise wie folgt charakterisiert: Er ist
typisch und fixiert für die jeweilige Art;
angeboren. Wo beim geistigen Wesen »Vorverständnis« odgl.

anzusetzen ist, muß man hier von einem Vorgabe-Plan reden. Dieser Plan *prägt* und ordnet die Umwelt für die Tiere (Lebens-Umwelt mit Momenten wie Freund-Feind-Welt usw. [vgl. J. v. Uexküll]). Während das Geistige offen und plastisch ist, wird hier das Verhalten meist als *Reaktion/Reflex* auf »Schlüsselreize« angesehen. (Dies erkennt jedoch die neuere Verhaltenslehre [Ethologie] nicht mehr voll an. Sie findet Vorstufen einer biologischen »Spontaneität«.)
auf vitale Ziele gerichtet und im allgemeinen zweckmäßig; *wird vom Tier nicht verstanden,* auch ist das Ziel nicht erkannt. Es fehlt das Reflexionsmoment.
Das Tier ist nicht Herr des Verhaltens. Der Mensch besitzt die Möglichkeit des »Nein-sagen-könnens«. (M. Scheler bezeichnet den Menschen als das Wesen, das Nein sagen kann; er ist der »Asket des Lebens«.)
1.2) *Theorien des Dispositions-/Habitualitäts-Bereiches*
1.2.0) Verstehen wir üblicherweise unter einer »Theorie« etwa dieses Bereiches mehr oder minder die Reduktion der Vielfalt der Bereichsphänomene auf Grundelemente, Grundcharaktere udgl., so gibt es bei dieser Reduktion natürlich jeweils orientierende Vorgaben: Dies sind hier die Fundierung und die Inhaltsbestimmung.
1.2.1) *Die Fundierungstheorien*
Hier geht es um die Frage, worin die »zweite Natur des Menschen« eigentlich bestehe; es ist dies die eigentliche Reduktionsfrage. Drei Typen lassen sich unterscheiden:
a) *Die Theorie der Angeborenheit*
Hierbei ist die Rede von der Angeborenheit weit zu verstehen; sie besagt, daß alle Dispositionen udgl. immer schon irgendwie vorgegeben sind und daß nur bedingt Neues hinzukommt. Vielfach kommt es in der theoretischen Auseinandersetzung zu dem bekannten Streit, was »angeboren« und was »erworben« sei an Begabung, Charakter usw.
Folgende Theorien lassen sich unterscheiden:
Die Theorie des biologischen Erbgutes
Alles ist als Erbgut in den Chromosomen usw. vorgegeben. Wie beim Tier so gibt es auch beim Menschen fundierende »Instinkte«. Dies gilt sowohl für theoretisches Verhalten (Lernen, Erkennen) wie auch für sogenanntes moralisches Verhalten, das etwa im Sinne der Gattungs- und Arterhaltung interpretiert wird (vgl. K. Lorenz).

Die Theorie des idealen Angeborenseins (»angeborene Ideen«)
Mit zum alten anthropologischen Ideengut gehört die These von den angeborenen Ideen. Wir finden sie bei Platon und allen Platonisten wie Augustinus, Descartes usw. In der Gegenwart spielt das Problem in der Sprachtheorie eine große Rolle, vor allem seit Chomsky seine Konzeption von der »Sprach-Kompetenz« im Sinne einer »Cartesianischen Linguistik« deutet. Analog wären dann alle Kompetenztheorien zu erwähnen, voran diejenige der »kommunikativen Kompetenz« von Habermas.
Hierbei gibt es fließende Übergänge; es ließen sich entsprechend noch zwei Formen anhängen:
Die Theorie der Gruppengeprägtheit
Die Theorie der geschichtlichen Tradition
Es geht hier nicht so sehr um einen reinen Konventionalismus, der im folgenden als Gegentyp zu behandeln ist, als vielmehr um mehr oder minder »wesensmäßig« und »gesetzmäßig« vorgeprägte Strukturen. Man denke etwa an die marxistische Gesetzestheorie der Klassenvorgeprägtheit.
b) *Die Formen des Konventionalismus*
Wesentliches Element ist die These, daß im Grunde nichts, genauer nichts Bestimmtes, vorgegeben ist. Der Mensch ist im Grunde eine »tabula rasa«. In der Näherbestimmung ergeben sich dann wieder Fragen, etwa was gemeint sei mit »der Mensch«: Handelt es sich um das Gattungswesen oder um das jeweilige Individuum bei seiner Geburt? Dabei wird vielfach das von Haeckel formulierte »biogenetische Grundgesetz« herangezogen, das besagt: »Die Ontogenese (= Individualentwicklung) ist die kurze Rekapitulation der Phylogenese (= Stammesentwicklung).« Dieser biologischen Theorie korrespondiert die mehr philosophisch-geisteswissenschaftliche Theorie der geschichtlichen Tradition. Bei alledem stellt sich immer wieder die Frage: Gibt es einen Ursprungspunkt Null? Und *was* kommt dann *wann* »hinzu«?
Auf Grund der Darlegungen lassen sich drei Typen nennen:
Die biologischen Theorien
Die sozialen Konventionalisten
Die geschichtlichen Traditionalisten
Die Erwerbung der Verhaltens-»Muster« kann verschieden erfolgen, zunächst durch Gewöhnung, dann durch Zucht usw. Vielfach wird der aktuelle Stand der erworbenen Dispositionen und Habitualitäten im Sinne einer *Schichtung* gedeutet: Die evo-

lutionär und dann biologisch erworbenen Instinkte und Verhaltensmuster lagern sich wie Sedimente eines Gewässers im Sinne einer Aufschichtung oder wie Wachstumsringe eines Baumes im Sinne einer Kernschichtung auf- und umeinander.
Der Behaviorismus
Jenseits des vorangehenden Streites erkennt er nur das jeweils gegebene Verhalten an; mehr liegt nicht vor. Alles weitere Reden entwirft Konstrukte, d. h. verwendet Wörter, um Verhaltenskomplexe als eine Art Einheit zusammenzufassen, so etwa das »verbale Verhalten« (Skinner). Bedeutsam ist diese Theorie vor allem im Bereich der pädagogischen Anthropologie (z. B. Lerntheorie u. a.).
c) *Die Transzendentaltheorie*
Sie erkennt zunächst das Für und Wider der vorangehenden Theorien an. Sie transzendiert aber den Bereich im eigentlich philosophischen Sinn und postuliert Vorgaben – »Vor-verständnisse« – die »immer-schon« gemacht werden müssen, um Handlung und Verhalten zu ermöglichen. In diesem Sinne konnte z. B. Kant die Theorie der angeborenen Ideen ablehnen und zugleich seine transzendentale Theorie des »Bewußtseins«, d. h. des Menschen, im Sinne eines Apriori aufbauen.
1.2.2) *Die Theorien der Inhaltlichkeit*
Wenn auch dieser Aspekt an sich in 1.2.1) impliziert ist und dort behandelt werden kann, scheint es doch sinnvoll, ihn noch gesondert herauszustellen. Die Theorien der Inhaltlichkeit gehören zum Kern jeder Anthropologie, insofern sie jeweils etwas über das »Wesen« des Menschen sagen. Zwei antithetische Positionen sind zu unterscheiden:
Theorie der inhaltlichen Vorgabe
Wo auch immer fundiert, im Menschen ist immer schon so etwas wie das Gattungs-Spezifische als Instinkt, Idee odgl. vorgegeben. Der Mensch ist vorprogrammiert. Dies gilt nicht nur etwa für bestimmte Ideen odgl., sondern für Einstellungen usw., etwa die Aggression (vgl. S. 168).
Theorie der Leere
Nichts ist vorgegeben; es gibt nur eine »leere Tafel« (»tabula rasa«). Die Bewertung dieser Konzeption schwankt zwischen zwei Extremen: Die Leere kann einmal gesehen werden als *offene Möglichkeit* – jenseits aller rassischen, nationalen udgl. Herkunft – für die Erziehung des Menschen zum Menschen und vor allem zum Bürger (so etwa in der amerikanischen Tradition im

Hinblick auf die Vielfalt der amerikanischen Nation). Sie kann aber auch als mögliche *Vorgabe für jede beliebige Manipulation* angesehen werden, etwa durch bestimmte Einzelpersonen oder vor allem durch Gruppen, wie Priester und vor allem Klassen (so hauptsächlich der Sozialismus und Kommunismus).

Vermittelnde Theorien
Es liegt nahe, anzunehmen, daß – wie so oft – auch hier die Wahrheit in der Mitte liegt. Die Diskussion betrifft dann vor allem die Bestimmung des jeweiligen prozentualen Anteils von »*Anlage und Umwelt*«. Bekanntestes Beispiel ist die bis heute ungeklärte Bestimmung des Anteils bei der *Begabung* als Voraussetzung für Erziehung und Ausbildung.

2) *Exkurs:*
Humane Zeit(lichkeit)/Geschicht(lichkeit) und Räum(lichkeit)
0) *Vorbemerkungen:* Wird der Mensch als eine Wirklichkeit gesetzt, dann gelten natürlich auch für ihn alle die Kategorien, die üblicherweise die Ontologie herausarbeitet. Von spezifischer Relevanz sind hier *Zeit* und *Raum*. Sie, voran die Zeitstruktur, durchzieht den ganzen Menschen in allen seinen Gegebenheiten; so ließen sich etwa Zeit wie Raum thematisieren bei
    1. dem Individuum (Egosubjekt)
    2. der Intersubjektivität
    3. der jeweils zugehörigen Welt; hier ist es dann wiederum ein Streitpunkt, ob die Zeit »objektiv« oder nur »subjektive« Erfahrungsform sei.
Es ist natürlich klar, daß die Thematik an sich in der allgemeinen Ontologie zu behandeln ist und erst sekundär im Menschen. Darüber hinaus stellt sich die Frage, wo Zeit und Raum in einer philosophischen Anthropologie zu behandeln sind. Es scheint am sinnvollsten, dies hier zu tun; denn in diesem Bereich des Übergangs von der Statik zur Dynamik, der Möglichkeit zur Wirklichkeit des Geschehens, des Fließens und Geschehens zur Stabilisierung und Ordnung ist die Thematik am sinnvollsten zu verorten.
1) Das Phänomen *Zeit und Raum*
1.1) Gemeinsames: Wenn auch beide meist getrennt behandelt werden, so haben sie doch wesentliche Gemeinsamkeiten. Beide sind durch ein Ambivalenzmoment bestimmt: Vielfalt gegenüber Einheit – Wandel und Veränderung gegen Stabilität und Dauer – usw. Wenn heute auch meist der Zeit der Vorrang gegeben wird,

so ist dies nichts Wesentliches. Das griechische Kosmosdenken z. B. war primär raum-, d. h. einräumungsorientiert.

1.2) *Raum:* Er ist die Ordnungsstruktur des Auseinander (Neben-/ Unter-/Ober-ordnung, aber auch der Nach- und Vorordnung). Er ist heute weitgehend das Umgreifende, innerhalb dessen sich jeweiliges »Wo« als »Hier« und »Da« konstituiert.
Die Räumlichkeit ist von spezifischer Relevanz für die gesamte Schichtenkonzeption und ihre Dimension. Sie ist so gewissermaßen die Totalitätsstruktur des Statischen.

1.3) *Zeit:* Sie ist nach alter Tradition die Ordnungsform der Veränderung, des Geschehens – im allgemeinen auch noch das »Vorher–Jetzt–Nachher«.
So fungiert die Zeit als Vorgabe für mögliches »Wann«; aber auch als Identitätsstruktur der Dauer im und gegenüber dem Fluß der Veränderung.

2) *Die Verortung von Raum und Zeit im Menschen*
Nach alter Tradition, die z. T. noch heute vertreten wird, gehören beide nicht dem Bereich des Geistigen an, sondern sind ausgesprochene »Formen der Sinnlichkeit« (Kant); dabei kann der Raum auf die äußere Sinnlichkeit eingeengt werden (Vorgabe des Auseinander, der Ausdehnung und damit der Meßbarkeit), während die Zeit für äußere wie innere Sinnessphäre gilt.
Die aktuelle Anthropologie lehnt diese Konzeption weitgehend ab. Für sie sind beide Grundstrukturen menschlichen Daseins überhaupt, jenseits solcher Scheidungen wie Geist, Sinnlichkeit usw. Sie gelten für die gesamte Subjektivität in allen ihren Formen sowie den zugehörigen Welten. Sie sind Strukturen des jeweiligen »Weltentwurfes«: Die Welt ist immer schon »eingeräumt« in ihre verschiedenen Dimensionen.

3) *Die Wirklichkeit der Zeit*
Es lassen sich wohl drei Stufen bzw. Formen unterscheiden:

 1. die *Erlebenszeit* (»temps vécu«, »life time«): Es ist die im unmittelbaren Erleben gegebene Strukturierung der »Genesis des Erlebens-/Bewußtseins-Stroms« (Husserl).

 2. *die Humanzeitlichkeit:* Es ist die jeweils als Ordnungsform gegebene zeitliche Strukturierung des Geschehens, sei es des »Innen«, sei es des »Außen«. Sie ist einerseits egosubjektiv als »meine Zeitorientierung«, andererseits »intersubjektiv«, d. h. durch die Intersubjektivität konstituiert. Sie macht die »objektive« Zeit aus; dabei kann dann wieder zwischen der mehr qualitativen Strukturierung der jeweiligen »Lebenswelt« und der sich daraus

konstituierenden mehr quantitativen objektiven metrischen Zeit, etwa der Physik, unterschieden werden. Während die Lebensweltzeit immer noch die drei Dimensionen von Vergangenheit, Gegenwart und Zukunft umschließt, ist die metrische Zeit undimensioniert.

3. *die Geschichtlichkeit:* Während die Humanzeitlichkeit mehr oder minder »objektiv«, d. h. unorientiert strukturiert ist, wird der Zeitlichkeit des Menschen – sei es als Individuum, sei es als Intersubjektivität – spezifische Bedeutungsstrukturierung zuerkannt.

»Geschichtlich« meint die jeweils spezifische Akzentuierung historischer Gegebenheiten im Gesamt einer jeweiligen Welt; so kann man etwa in einer christlichen Welt zwischen dem »historischen Jesus« und dem »geschichtlichen Christus« unterscheiden.

Diese Hinweise mögen genügen. Für Einzelheiten sei auf die Geschichtsphilosophie verwiesen.

3. **Die Dynamik des Humanbereiches** (Human-Dynamik)
(Die Funktionsdifferenzierung als philosophische Handlungslehre)

3.0 *Allgemeines*

3.0.1 Die Darstellung der Schichtung hatte die Ambivalenz von Statik und Dynamik aufgezeigt und damit bereits auf die Dynamik vorverwiesen. Zugleich war damals gesagt worden, daß *Thema der Dynamik die Aktualisierung* sei. Als Aktualisierung war dabei die Handlung i. w. S. des Wortes genannt worden. So gesehen umfaßt die anthropologische Dynamik die Explikation der Handlung, d. h. ist *Handlungslehre.*

3.0.2 Dabei gilt, daß der *Handlungsbegriff* in zweierlei Hinsicht als thematische Universalbezeichnung verwendet wird. Das gilt einmal hinsichtlich der *Aktualisierung,* d. h., damit sind umfassend die Phänomene wie Verhalten usw. mitbezeichnet, wie sie unter 3.1. differenziert werden.

Das gilt zum zweiten hinsichtlich der *(materialen) Aktualisierungsdifferenzierung.* Handlung fungiert hier als Oberbezeichnung für Formen wie theoretisches Verhalten, Sprechen usw.

3.0.3 Bei der *Thematisierung* muß hier im besonderen akzentuiert werden, was früher (S. 83) für die Behandlung der Instanzen gesagt wurde; es gibt deren drei Weisen:

1) *die objektiv-realistische.* Danach sind die thematischen Gegebenheiten wie Handlung i. a., Handlungssubjekt, Intention, Wille, Denken usw. *real.*
Dabei können diese entweder *allgemein ontologisch* bestimmt werden (personale, Aktwirklichkeit usw.) – oder *reduktionistisch,* wobei im allgemeinenen auf eine materielle (physikalisch, chemisch, physiologisch, neural usw.) biologische Realität reduziert wird.
2) *die subjektiv-erlebnispositive.* Hier sind die thematischen Gegebenheiten jeweils subjektiv im/durch *Erleben* wirklich bzw. der »inneren Erfahrung« unmittelbar gegeben.
3) *die linguistische.* Hiernach handelt es sich letztlich um *sprachliche Gegebenheiten,* Beschreibungs- und dann Erklärungsformen. »Handlung« z. B. und ihre Momente, Elemente usw. sind letztlich »sprachliche Konstrukte«, wie vor allem die analytische Handlungstheorie lehrt.

3.0.4 Die Handlungslehre im Sinne der Dynamik der Humanaktualisierung läßt sich in eine *formale* und eine *materielle* gliedern. Die erste als *allgemeiner* Teil handelt von der Handlung als solcher; die materiale als die *spezielle* von den spezifischen Konkretisierungsformen(-typen).
Für die *Ausführlichkeit* der Darstellung muß gesagt werden, daß daß es an sich heute eine allgemeine Handlungsphilosophie (-theorie) gibt, die vor allem die praktische Handlung behandelt. Daneben gibt es andere Bereichsphilosophien, die noch zu erstellen sind, wie etwa die Philosophie des theoretischen Verhaltens – unterschieden von der Erkenntnistheorie, wie jene von der Ethik –, weiter die Philosophie des Emotionalen usw.
Für das folgende gilt die Relevanz für die allgemeine Humanaktualisierung.

3.1 *Formale (allgemeine) Handlungslehre*
Wird im folgenden unter Handlung grundsätzlich *jede Humanaktualisierung* (Tätigkeit) verstanden, so sind – im Rahmen der Übersichtsdarstellung – folgende Themen zu behandeln: das Phänomen Handlung, ihre Elemente (Momente), ihre Modi, die Handlungsdifferenzierung, ihre Kontextualität, die Normalaspektierung sowie die Handlungserfahrung.

3.1.1 *Das Phänomen »Handlung«*
0) *Allgemeines*
Spricht man allgemein von der Aktualisierung des menschlichen

Seins – für die der klassische Satz gilt: »*agere sequitur esse*« –, dann werden – vor allem in der modernen Anthropologie – drei (bzw. vier) Terme genannt:

Verhalten – Akt – Handlung – (Tätigkeit)

Sie bezeichnen einerseits drei (vier) Gegebenheitsweisen dieser Aktualisierung, zumindest nach der hier vorgetragenen Meinung. Gleichzeitig repräsentiert ihre Verwendung auch, wenn sie als einzige Gegebenheitsweisen angesetzt werden, spezifische Konzeptionen menschlicher Aktualisierung. Klassisches Beispiel ist hier der Behaviorismus: Er kennt nur das/ein Verhalten (behavior) als menschliche Wirklichkeit an.

Noch eine weitere Bemerkung sei vorweg gemacht. Der Term »*Handlung*« wird in der folgenden Darstellung in einem *umfassenden Sinn* verwendet und nicht von vorneherein mit der praktischen Handlung identifiziert. Entsprechend redet man z. B. auch von der Sprachhandlung u. ä. mehr.

1) *Verhalten*

Das Verhalten ist eine komplexe, »objektiv feststellbare« (erfahrbare, beobachtbare) Gegebenheit eines Wirklichen, die in einer Veränderung gegenüber einer/der Umgebung (Um-welt) desselben besteht. Üblicherweise wird dieses Wirkliche zumindest als ein Lebendiges angesetzt. Man spricht zwar auch vom Verhalten etwa des Metalls beim Erhitzen, des Glases bei Beleuchtung usw. Im eigentlichen Sinn spricht man aber erst dann von Verhalten, wenn diesem Verhalten etwas »unterlegt« wird, eine gewisse »Vor-innerlichkeit«, eventuell sogar schon so etwas wie »Intentionalität«. Man nehme als Beispiel etwa das Verhalten der Metallplastik eines Hundes, die sich beim Erhitzen verändert, und das Verhalten eines lebendigen Hundes, dessen Pfote man erhitzt! Oder man nehme das phänomenologische Umkippen der Wahrnehmung der Bewegung eines toten rollenden Zylinders zur Apperzeption desselben als eines lebendigen Wesens mit Eigenbewegung; man denke dabei an eine Bezeichnung wie »Auto-mobil«.

Ein klassisches Beispiel der entsprechenden Totalkonzeption ist etwa Skinners Buch »Verbal Behavior«.

Deutlich zeigt sich bereits hier, daß zu der »objektiven« phänomenalen Gegebenheit immer zugleich auch eine subjektive Apperzeption, um nicht zu sagen Deutung, Interpretation usw. gehört. Doch davon später.

Wie weit auch ein gewisses »Intentionalitätsmoment«, d. h. Beziehung bzw. Korrelation, zum »Gegen-stand« gehört, ist offen. Wenn ein solches anerkannt wird, dann geschieht das mehr im Sinne der passiven *Reiz-Reaktion-* bzw. *Stimulus-Response-Korrelation.*

2) *Akt*

Der Akt ist eine human/anthropologische *interne Gegebenheit* – wissenschaftstheoretisch gesehen ein »Konstrukt« –, die von einem *Ich* spontan ausgeht und *intentional* bestimmt ist (»ich tue etwas . . .«).

Dabei lassen sich – das unterstreicht vor allem die phänomenologische Anthropologie – an jedem Akt eine reale und eine ideale Seite unterscheiden. Die reale macht das konkrete Aktgeschehen aus, in dem sich der Mensch konkretisiert. Dies muß noch nicht zu einer Veränderung der Umwelt führen (vgl. »Ich wünsche etwas...«). Allerdings kommt bereits das Weltproblem mit ins Spiel, wovon noch zu reden sein wird (vgl. auch Unterlassung).

Die ideale *Seite* impliziert zwei Momente: einmal die ideal-intentionale »Relation« auf etwas hin (»Referenz«), zum anderen das »Worauf-hin« der Intention sowohl als Intendiertes wie in seinem Intendiertsein (»Sinn«).

In der Phänomenologie spricht man von *realer Akt-Noesis* und *idealem Akt-Noema.*

3) *Handlung*

Die Handlung ist ein/der Akt, der sich *äußert.* Diese Äußerung ist an eine sinnlich (optisch, akustisch, haptisch) wahrnehmbare Gegebenheit (Datum) gebunden. Üblicherweise wird damit eine Veränderung der zugehörigen Umwelt koapperzipiert.

Als Illustration ließe sich jetzt die Fülle möglicher Definitionen von Handlungen aufzeigen, als Beispiele seien zwei Charakterisierungen von Gehlen genannt: »Handlung ist in erster Linie die auf Veränderung der Natur zum Zwecke des Menschen gerichtete Tätigkeit.« – »Handlung ist das umkonstruierende Tun eines weltoffenen und konstitutionell mit bloß organisierten Mitteln lebensunfähigen Wesens.«

Derartige Charakterisierungen nennen bereits mehrere Momente; es bleibt dann aber wieder die Frage nach »Tätigkeit«, »Tun« usw. Dazu ein Zusatz:

4) *Tätigkeit (Aktivität)*

Wenn noch zusätzlich die Tätigkeit erwähnt wird – von der üblicherweise in der Anthropologie wenig die Rede ist –, dann

deswegen, weil u. E. damit eigentich der übergreifende Begriff genannt wird; er übergreift die Differenzierung vor allem von theoretischer und praktischer usw. »Handlung«. Darüber hinaus wird mit ihm genau das Moment der *Aktualisierung* als Übergang von Vermögen, Habitus (Dynamis, Potentia usw.) zur eigentlichen Verwirklichung usw. zum Ausdruck gebracht.
Wenn daher im folgenden nicht von der Tätigkeitslehre o. ä. gesprochen wird, so geschieht dies ausschließlich im Hinblick auf den aktuellen Sprachgebrauch, der allgemein von der/einer Handlungslehre spricht.

3.1.2 *Die Handlungsmomente (-elemente)*
Gehen wir von unserem »naiven« Alltagsverständnis aus, dann sprechen und konstatieren wir immer Handlung und differenzieren »an ihr« einzelne *Elemente, Momente,* die auch als *Konstituenten* usw. angesehen bzw. als Bezeichnungen und Konstrukt der jeweiligen Gegebenheit zugeschrieben werden. Dabei wird meist davon ausgegangen, daß die unmittelbare Ausgangsgegebenheit eine leibliche »Bewegung« (bodily movement) sei.
Folgende Momente werden unterschieden:
1) *Das Handlungssubjekt*
Grundsätzlich gilt: »Keine Handlung ohne Handelnden«. Die Bezeichnungen für diesen variieren: Subjekt, Akteur, Agent, auch Handlungsträger u. ä. Es kann dann in zweierlei Hinsicht differenziert werden: Am Subjekt wird einmal der Handlungskern herausgestellt, das Ich, meist jedoch die Person. Von ihr aus erfolgt das Handeln (»ich handle«). Um sie liegt der Kernmantel, vielfach als *Persönlichkeit* bezeichnet; sie umfaßt das Gesamt der Habitualitätsmomente (Einstellung usw.). In anderer Hinsicht können *Typen* unterschieden werden (hier nicht so bedeutsam): die *individuelle* Handlungsperson, weiter die soziale, kollektive usw.
2) *Der Handlungsursprung*
Er ist wohl das komplexeste Handlungsmoment. Bezeichnungen drücken es aus: Grund (reason, raison), Ursache, Motiv usw. Es ist das Movens-Moment. Mit den Bezeichnungen kommen bereits entsprechende Konzeptionen zum Ausdruck: Es ist vor allem die Polarität von *Kausaltheorie* (i.e. und w.S.) gegenüber der *Intentionaltheorie* i. e. S. Jene kann wiederum verschieden begründet sein bis hinab zu rein physiologischen o. ä. Formen. Für diese ist vor allem das Moment der *Spontaneität* und Freiheit (vgl. etwa Kant: »Kausalität aus/als Freiheit«) relevant.

Die Motivik (vgl. später S. 165) steht wieder mit der Habitualität usw. im Zusammenhang. Motive sind relativ konstante »Persönlichkeitsdispositionen« (Heckhausen).

Differenzierung des Handlungsschemas

Voraktuale (Transcendentale)			AKT — NOEMA				Akt Reale (Datum)
Horizontale			Thema	Akt	Handlungs-	Schema-	
For-ma-lia	Kon-stitu-tiva (vgl. Schema)	Rati-ona-lia (Ordi-nalia)	„Etwas"	Aspektierung Denken, Erfahren, Handeln, Sagen, Wollen, Wünschen, Unterlassen	sach-verhalt	tisierung („Leib-Seele-problem"!)	
				AKT — NOESIS			

3) *Die Intentionalität*
Die moderne Anthropologie lehrt nicht nur, daß jede echte Handlung intentional sei, sondern daß dies ihr Wesensmoment ausmache. Diese ist das Moment, in dem bzw. durch das das Handlungssubjekt sich selbst »transzendiert« »hin-auf . . .«. Nach der Meinung des Verfassers lassen sich bei der Intentionalität, wie sie im Akt-Noema »idealiter« vorliegt, fünf *Intentionalia* unterscheiden: Jede Handlung hat ein *Thema,* »worüber« und »woraufhin« und »worum« es geht.
Dieses Thema wird dann im Sinne der *Akt-Aspektierung* material thematisiert: gewünscht, gedacht, gewollt; aber auch abgelehnt, nicht gewollt usw.
Dieses »Etwas-spezifisch-Intendieren« macht dann den *Handlungs-Sachverhalt* aus, der z. B. durch eine Sprachhandlung sprachlich dargestellt werden kann.
Gilt von der Handlung – gegenüber dem Akt –, daß sie sich *äußert,* dann bedarf es entsprechender Umsetzung, angefangen vom Tuns-Entwurf usw. bis zur Realisierung. In Funktion tritt hier, wie gesagt, die entsprechende *Phantasie* (vgl. S. 138). Im Anschluß an Kant kann man hier von der *Handlungs-Schematisierung* sprechen.
So vollzieht sich die *Konkretisierung,* die wir als *Tun* bzw. *Tat* bezeichnen, wozu auch noch die Folgen gehören (vgl. S. 172). Gewissermaßen als Anmerkung sei noch einmal darauf hingewiesen, daß – vor allem im Bereich des Emotionalen (vgl. S. 177) –, falls man hier überhaupt von einer Handlung spricht

(sich freuen, traurig sein, sich fürchten, ängstigen?), die Intentionalität zur Diskussion steht.

4) *Das Erleben*
Im allgemeinen ist man überzeugt, daß »ich« in aller Handlung »lebe« und sie unmittelbar in »*Selbstevidenz*« erlebe, die absolut gilt. Manche, z. B. Sartre, sprechen hier vom »präreflexiven« Verhalten.

5) *Das Bewußtsein*
Gilt das erlebende Innesein grundsätzlich, so herrscht doch seit Descartes die philosophische Überzeugung vor, daß für jeden Akt gilt: »*Cogito ergo sum*«, d. h. »ich bin mir meiner bewußt«. Dabei kann noch differenziert werden, etwa dergestalt, daß man zunächst sagt, dieses *Bewußtsein* sei Wissen um den Akt einschließlich des zugehörigen Intentionale. Diesem wird dann noch aufgestuft das Wissen davon, daß *ich es bin,* der handelt. Hier kann dann das Engagement direkt zu einem Gegenüber werden, indem ich mir selbst in innerer Distanz gegenübertrete. Es ist dies ein Moment, das Plessner als *Exzentrizität des Menschen* bezeichnet und als Humanum ansieht und das u. a. vor allem auch beim Vollzug der Selbst-werdung u. a. in Funktion tritt (vgl. S. 209). Nicht übersehen werden darf, daß im Moment des Bewußtseins der Gesamtkomplex der *Rationalität* impliziert ist.

6) *Die Kontextualität*
Handeln vollzieht sich niemals isoliert, abstrakt. Es gehört dazu ein Gesamt, das heute meist als Kontextualität (Kontext) bezeichnet wird: das Zusammen mit den anderen Handlungen, sei es den eigenen, sei es den anderen usw. Wesentlich ist dabei das Moment der *Situation.*

7) *Die Normenorientierung*
Problematisch ist die Normenorientierung. Bei der Darstellung der Transzendenz war bereits auf die zweifache »Intentionalität« menschlichen Seins hingewiesen worden: Einmal »hin-auf-Welt«, zum anderen auf eine »leitende Vorgabe«. Unter diesem Aspekt stellt sich die vieldiskutierte Frage: Ist jede Handlung normenorientiert oder sind es nur spezifische Formen, vor allem insofern wir uns dabei dieser Normenorientierung bewußt sind? Dabei bedeutet die Normenorientierung nicht a priori ethisch-moralische Orientierung – wobei diese wiederum verschieden interpretiert werden kann, angefangen vom rein konventionalistischen Regel- und Ordnungsverständnis bis hin zum Glauben an absolut gültige Werte, Gottes Wille, Naturrecht odgl. Sie meint lediglich die

Orientierung an bestimmten anerkannten Vorgaben, z. B. orientiert sich das Sprechen an der Grammatik, das kommunikative Verhalten an Sozial- und Verkehrsregeln usw.

8) *Die Adskriptionen (Zuschreibungen)*
Bereits in der Alltagserfahrung werden Handlungen Momente wie *Zurechnungs(fähigkeit)* (»hätte anders handeln können«), *Verantwortung* u. a. zugeschrieben.

3.1.3 *Modi (Modalitäten) der Handlung (des Aktes)*
Unter »modus« versteht man üblicherweise die Gegebenheitsweise jeweiliger thematischer Gegebenheiten, z. B. des Seins, Tuns, Denkens, Sagens usw. Üblicherweise wird vielfach eine Trias unterschieden: Möglichkeit – Wirklichkeit – Notwendigkeit. Sie kommt hier nicht primär in Frage.
Statt dessen seien hier unter »Modi« die Realisierungsmomente gemeint: Sie variieren zwischen der *positiven* und der *Negativ-Handlung.*
Üblicherweise verstehen wir unter einer Handlung eine (positive) Realisierung in der Wirklichkeit. Nehmen wir nun Handlungen wie Nichtbeachten, Vernachlässigung bis zur Rücksichtslosigkeit, so zeigt sich das Spektrum der *Negativ-Handlung.* Eine genaue Differenzierung gibt es bis heute noch nicht. Die Problematik ist aber so wichtig, daß sie hier genannt werden muß.
Nur auf einige Aspekte sei hingewiesen:
Es fragt sich, ob die Unterlassung nur etwas sei, das sich unter normativen Voraussetzungen (Strafrecht!) ergibt –
oder ob es sich nur um einen »inneren« Akt handelt, der sich nicht objektiviert –
oder nur um einen neuen Habitus. Als typisch für diesen dritten Fall wird etwa die Vernachlässigung genannt. Die Rücksichtslosigkeit wäre ein Negativhabitus, der nicht die Folgen verantwortet.

3.1.4 *Die Handlungsdifferenzierung*
Bislang war immer einfach nur die Rede von »der« Handlung »als solcher«. Betrachten wir konkrete Beispiele, dann stellt sich sofort die Differenzierungsfrage, was *konkret* als eine *bestimmte Handlung* anzusehen sei, ob es einfache, gewissermaßen *elementare* bzw. atomare/individuale Handlungen überhaupt gibt oder ob nicht alles vielmehr eine jeweilige Komplexität, gewissermaßen eine »mol(ekul)are« Einheit, darstellt.

Da es hier nicht um eine spezielle Handlungslehre geht, seien nur die wesentlichen Differenzierungshinsichten genannt.
Es sind dies:
1. *einfach – komplex*
2. *einfach – zusammengesetzt*
Bei den zusammengesetzten lassen sich wieder unterscheiden: *Ketten-, Netzhandlungen usw.*
3. *direkt – indirekt (mittelbar)*
Im einzelnen ist der Übergang zu eigentlichen Handlungskomplexen dann fließend, so daß hier nur darauf verwiesen werden kann.
Folgende Reihung ließe sich differenzieren:
Einfache *(Basis-)Handlung* – komplexe Handlung – Handlungskomplex, Handlungsketten, -serien,
Ereignis als Gesamt von Handlungen,
Geschichte als Folge von Ereignissen und Ereignisketten.
Man könnte entsprechende Analyse-Übungen anstellen, z. B.:
Vergleich:
einen Stein anstoßen – einen Stein wegstoßen (ausräumen) – einen Stein irgendwo hinstoßen – mit einem Stein auf etwas zielen (werfen) – mit einem Steinwurf etwas erreichen wollen . . .
Beispiele:
Einen Krieg anzetteln; was ist das? Ein Volk unterdrücken? Hier tauchen vor allem Probleme einer historischen Handlungslehre auf, denen wir später bei der Handlungserfahrung begegnen (vgl. S. 159).

3.1.5 *Die Handlungskontextualität*
Jede Handlung – ob einfach oder komplex – steht immer schon in einem Zusammenhangsfeld. Dabei sind vor allem zwei Aspekte wichtig: Das (intentionale) *Woraufhin*, das jeweiliges Zusammen thematisiert, sowie das (kontextuale i. e. S.) *Zusammen-mit*. Folgende Dimensionen lassen sich unterscheiden, die eine spezifische Handlungslehre herauszuarbeiten hat:
1) *die Welt-Kontextualität*
2) *die Handlungs-Kontextualität im allgemeinen*
3) *die Handlungs-Kontextualität jeweiliger Handlung*
4) *die kommunikative Intentionalität und Kontextualität*

3.1.6 *Der Normalitätsaspekt*
Die Rede von der Handlung geht immer aus von einer selbstverständlich als »normales Verhalten« angesehenen Handlung. Die-

se ist im unreflektierten lebensweltlichen Zusammenhang mehr oder minder als ein »objektiver Befund« gegeben. In Wirklichkeit übersehen wir dabei, daß es sich hier um von uns aus immer schon vorausgesetzte Selbstverständnisse im Sinne jeweils leitender »Vorverständnisse« handelt. Eine allgemeine philosophische Anthropologie muß auch diese Aspektierung zur Sprache bringen: Das gilt nicht nur für die Dimension
anomal – normal – übernormal,
sondern auch für Differenzierungen im Sinne *normaler Anomalität.* Man darf dabei nicht nur an normales krankes Verhalten denken, wenn wir etwa ein Verhalten beurteilen als: »Das ist eben bei einem Schizophrenen so . . .«, sondern auch etwa an »unreifes« Verhalten, man denke im positiven Sinne an die Beurteilung kindlichen Verhaltens. Alle diese Aspekte müssen systematisch differenziert werden. Dabei darf eine solche Differenzierung nicht schlechthin als psychologische Tatsache angesehen werden, d. h. die Philosophie darf nicht nur das Normale thematisieren. Eine Philosophie der Pädagogik ebenso wie eine Philosophie der Medizin bedarf entsprechender Grundlagen.
Diese Hinweise müssen schließen mit dem Hinweis, daß das Problem der Handlungsnormalität natürlich ein Spezialthema des allgemeinen anthropologischen Normalitätsproblems ist und in seinen grundlegenden Aspekten daher erst später behandelt werden kann: Man nehme nur ein hochaktuelles Thema, das Problem der *»Normalwelt«,* aus der heraus sich u. a. die Welt des Kranken, speziell wieder etwa eine »schizophrene Welt«, differenzierter als eine *»ver-rückte«* Welt.

3.1.7 *Die Handlungserfahrung*
0) *Allgemeines*
Zum Schluß muß noch auf einen Punkt hingewiesen werden, der eigentlich nur in einer speziellen Handlungslehre thematisiert werden kann. Er ist aber so wichtig, daß auch in einer allgemeinen Anthropologie darauf hingewiesen werden muß: die Handlungserfahrung.
Ganz allgemein ließe sich sagen: Sind Handlungen Wirklichkeiten in einer jeweiligen Lebenswelt, dann gibt es alle Erfahrungs- und Begegnungsweisen, die in einer solchen Welt möglich sind. Hier sollen nur einige ganz typische Formen in traditioneller Bestimmung genannt werden.
1) *Die Betroffenheit (»praktische Erfahrung«)*
Als Menschen in einer Menschenwelt sind wir natürlich durch die

Handlungen betroffen; angefangen vom Angesehenwerden über das Angesprochenwerden bis zum »Handlungsgemenge« usw.

2) *Die theoretische Erfahrung*
Fast paradox ließe sich sagen: Wird üblicherweise die theoretische Erfahrung von Gegebenheiten eher passiv gegenüber etwa dem hantierenden Umgehen mit diesen angesehen, so ist es hier umgekehrt. Theoretisches Erfahren ist eine aktive Zuwendung. Typische Sonderformen sind
2.1) *das Beobachten* und (»narrative«) Beschreiben,
2.2) *das Beobachtung transzendierende Erfahren* mit seinen drei klassischen Sonderformen:
Verstehen – Deuten – Erklären der Handlung.
(Vgl. dazu Diemer, Hermeneutik, bs. Erklären und Verstehen.)
Daß natürlich nicht alles nach diesem Schema geht, zeigt sich im immer genannten Beispiel des sprachlichen Wechselverhaltens.
3) *Die Handlungsbewertung*
Genauso wie die Handlung als solche normenorientiert bestimmt sein kann bzw. ist, kann auch das Bewerten der Handlung sich an entsprechenden Normen orientieren. Dabei kommen alle die Momente zum Tragen, die den Normalkomplex ausmachen, u. a. natürlich auch die ethisch-moralischen Normen; aber auch technische, nützliche usw. kommen in Frage. Dabei gibt es auch wiederum Stufen usw. Man nehme etwa einen Handlungskomplex wie die Realisierung einer Planung, angefangen von der Vorgabe des Ziels – die bewertet werden kann – über die Bewertung der Mittel bis hin zur Bewertung der Realisierung usw.

3.2 *Materiale Handlungslehre*
3.2.0 *Allgemeines*
Vier Punkte stehen hier an: Ein historischer und systematischer Überblick, die Relevanz der Typisierung sowie einige Bemerkungen:
1) *Historische Entwicklung*
An einigen klassischen Beispielen sollen einige typische Differenzierungen genannt werden, ohne auf nähere Einzelheiten einzugehen.
1.1) *Antike*
Als erster versucht *Aristoteles* eine Differenzierung und unterscheidet drei Typen:

theoretisches (theorein – theoria – theoretikos),
praktisches (prattein – praxis – praktikos),
poetisches (poiein – poesis – poetikos) Verhalten.
Zu den einzelnen Typen ist wenig zu sagen:
Das *theoretische Verhalten* ist das betrachtende und denkende Tun; das *praktische Verhalten* ist das hantierende – aus der praktischen Sinnlichkeit »aufkommende« – Tun, dem auf der geistigen Seite das Wollen vorausgeht.
Nur zum *poetischen Verhalten* ist eine Anmerkung erforderlich. »Poiein« bedeutet ursprünglich allgemein »werken« – gegenüber dem praktischen Wirken. Erst später reduziert es sich auf das literarische Werken, d. h. das poetische Schaffen.
Dabei wird bei jeder Handlung zwischen einer sinnlichen und einer geistigen Seite unterschieden. Die sinnliche Seite impliziert weitgehend den Gesamtkomplex, den man später als Fühlen bzw. Emotion bezeichnet.
1.2) *Mittelalter*
Die Trias wird jetzt weitgehend auf die *Zweiheit von theoretischem und praktischem Verhalten* reduziert; dabei hat nach alter Tradition das theoretische Verhalten eindeutig die Prävalenz: Nihil agitur nisi sub ratione boni. Das Gute wird aber zunächst erkannt, als Ziel vorgegeben und entsprechend zu realisieren versucht.
1.3) *Neuzeit*
In der Aufklärung wird durch den sonst relativ unbekannten *Tetens* die bekannte Trias: »Denken, Fühlen, Wollen« als Modell menschlicher »Vermögen« entwickelt und dann durch *Kant* zum anthropologischen Fundament der Philosophie angesetzt.
Entsprechend werden drei »Kritiken« entwickelt:
  Kritik der reinen (theoretischen) Vernunft,
  Kritik der praktischen Vernunft,
  Kritik der Urteilskraft.
Diese Dreiheit wird dann für die Folgezeit allgemein verbindlich, sei es in der Gesamtsystematik der Philosophie, sei es in den Ansätzen für entsprechende Sonderdisziplinen.
1.4) *Gegenwart*
In der aktuellen Anthropologie lassen sich zwei gegenläufige Tendenzen feststellen:
Der Trend zum Monismus geht von der traditionellen Dualität »Theorie und Praxis« aus und gibt der Praxis weitgehend Prävalenz. Das bedeutet, daß der Mensch primär vom praktischen Han-

deln her als »hòmo faber« o. ä. bestimmt wird. Theoretisches Sein ist dann erst etwas Sekundäres.
Im Zusammenhang damit steht ein gewisser *lingualer* Monismus. Er versteht mehr und mehr den Menschen als sprachliches Wesen, wobei das Sprechen selbst als »verbal behavior« (Skinner, Behaviorismus) oder als »Sprachhandlung« (Habermas, Apel usw.), d. h. als Handlung angesehen wird.
Mehr im Hintergrund steht eine *phänomenologisch* geprägte Handlungslehre. Sie versucht, einfach die verschiedenen Typen des *Handelns* jeweils zu beschreiben und dann nach gewissen Hinsichten zu ordnen, ohne daß ein Anspruch auf eine Systematik erhoben wird. Dieser Intention ist die folgende Darstellung stark verpflichtet.

2) *Systematik*
Es liegt auf der Hand, daß sich die Aktualisierungen nach verschiedenen Aspekten, Momenten usw. typisieren lassen. Leitend könnte dabei u.a. die traditionelle Dreiteilung sein. Die vorliegende Gliederung soll einerseits das traditionelle Schema verfeinern, andererseits sollen bei jedem einzelnen Typ drei Momente unterschieden werden: solitäres, d. h. einzelnes, interaktionales, d. h. soziales, und schließlich normenorientiertes Handeln.

3) *Die Relevanz der Handlungstypen für die Konstitution der Wirklichkeit*
Aus der Tatsache, daß einerseits jeder Handlung eine Intentiona-

	solitäres	soziales/ interaktionales	normenorientiertes (Normen-instanz)
1. Theoretisches i.e.S.			(Logik/Erkenntnistheorie)
2. Wirken			(Ethik)
3. Werken			(Kanonik/Technik)
4. Sprechen			(Grammatik/Lexik.)
5. Arbeiten			Leistung (Effizienz)
6. Spielen			(Regeln)
7. Organisieren			(Effizienz)
8. Wirtschaften			
9. Heilen			(Heil/Gesundheit)
10. Bilden/Erziehen			(Reife)
11. Emotionales			

lität zugestanden wird, die gegenstands- und weltkonstituierend fungieren kann, und daß andererseits die Tendenz besteht, einem bestimmten Handlungstyp eine Prävalenz zuzuerkennen, resultiert, daß der jeweilige leitende Handlungstypus den Charakter des »Sein des Seienden« überhaupt konstituiert.
Entsprechend können – wie die Skizze zeigt – Welten aufgebaut werden. Klassische Beispiele sind Husserls, Schelers und Heideggers Weltkonstitution, wie es die Skizze S. 134 anzeigt.
4) *Grundsätzliches für die folgenden Ausführungen*
Wie bereits gesagt, wären die einzelnen Handlungstypen in den jeweiligen Handlungslehren bzw. sogar Handlungsphilosophien (z. B. »Philosophie der Arbeit, des Spiels« usw.) zu behandeln. Daher ist hier an sich kein Platz für die Einzelbehandlung. Es war aber auch gesagt worden, daß in vielen Anthropologien einzelne Handlungstypen als für das Wesen des Menschen konstitutiv angesehen werden. Das gilt sogar für Sonderformen; man denke an Bestimmungen wie »zoon logon echon«, »Homo faber«, »Homo ludens« u. ä. mehr.
Um wenigstens einen allgemeinen Ansatz aufzuzeigen, seien die klassischen Handlungstypen kurz aufgerissen; die an sich wichtige Sprachhandlung muß leider weggelassen werden. Die Darstellung bringt zunächst kurz das Wortfeld, dann die Bereichselemente, an Hand eines Schemas die wesentlichen Funktionsmomente und schließlich einige allgemeine Charakterisierungen.

3.2.1 *Die praktische Aktualisierung (die praktische Handlung)*
0) *Allgemeines*
Es war schon gesagt worden, daß der Handlungsbegriff vielfach mit dem *praktischen Handlungsbegriff* identifiziert wird. Nur von diesem Handlungsbegriff i. e. S. ist hier die Rede.
Darüber hinaus wird der (praktische) Handlungsbegriff meist als Oberbegriff für alle nichttheoretischen Verhaltens- bzw. Handlungstypen verwendet (= Handlungsbegriff i. w. S.).
Hier soll nur die praktische Handlung i. e. S., d. h. Wirken (= einfaches Handeln, das solitär, sozial, aber auch normenrelativ betrachtet werden kann), behandelt werden. Es soll prototypisch für die anderen Formen stehen, die Gegenstand einer speziellen Handlungslehre sind.
1) *Die Funktion des Praktischen*
Während die Darstellung des theoretischen Verhaltens von den einzelnen Gliedern/Elementen (Geist, Phantasie, Sinnlichkeit) ausgehen kann, ist hier das umgekehrte Vorgehen nötig.

1.1) Das alte klassische Anthropologie-Modell sieht zwischen dem theoretischen und dem praktischen Verhalten eine Art Gegenläufigkeit: Beim Theoretischen ist der Anstoß »von außen« primär; der Geist wird erst dann aktiv, beginnt zu denken usw. – Demgegenüber war das Praktische immer schon als eine Spontaneität, als ein Hervorgehen aus »dem inneren« Kern, dem Ich, angesetzt worden, das dann »nach außen« in die Welt, die Umwelt, Mitwelt usw. hineinwirkt.

Dieses »Kern-Spontaneitäts-Modell« ist bis heute leitend geblieben; gegenwärtig gilt es nicht nur für das Praktische, sondern auch weitgehend für das Theoretische (z. B. Erfahrung, wissenschaftliche Forschung usw.).

1.2) Damit müßte hier eigentlich zunächst der – geistige – *Kern* (Habitus/Gesinnung einschließlich Gewissen, Interesse usw.) ausführlich dargestellt werden. Daran müßte sich die Darstellung der einzelnen »Instanzen« der Handlung wie die der – möglichen – *Phasen*unterscheidungen anschließen. Hierfür ist aber hier in der allgemeinen Anthropologie kein Platz.

1.3) In einem Modellschema sollen einmal die wesentlichen Momente, zum anderen die Phasen der Handlung skizziert werden (vgl. S. 171).

2) *Die praktischen Instanzen* (nach Auf- und Kernschichtung)
Entsprechend dem allgemeinen Aufbau lassen sich drei Schichten unterscheiden:

2.1) *die geistige Kern-Innenschicht*
Nehmen wir hier den gesamten Innenkomplex, der der Handlungsaktualisierung zugrunde liegt, dann lassen sich als Momente (»Instanzen« i. w. S.) unterscheiden:

2.1.1) *der Selbstkern,* in erster Linie repräsentiert durch das Ich: Jede Handlung ist – ob bewußt oder unbewußt – getragen bzw. begleitet von dem »ich handle«. Das Ich ist auch der Grund der *Spontaneität.*

2.1.2) *der praktische Habitus.* Er umfaßt den Gesamtkomplex der die Handlungsrealisierung ermöglichenden Dispositionen und zugleich stabilisierenden Habitualitäten (vgl. S. 142). Sie lassen sich in zwei Richtungen unterscheiden:

1. die *Geistorientierung:* Damit seien in erster Linie die Vorverständnis-, die *Rationalitäts-* usw. -Momente gemeint.

2. die *Normenorientierung:* Für sie kennt die Tradition spezifische Bezeichnungen:

2.1. das *Gewissen.* Das Phänomen Gewissen wird allgemein

anerkannt. Umstritten ist die Anerkennung als »reale« Humaninstanz sowie seine Deutung (Wortfeld vgl. S. 105). Streitpunkt seiner Phänomenalität ist die Frage, ob es »vorlaufend« (z. B. Heidegger) oder »nachlaufend« (vgl. »Gewissens-Bisse«) (bs. Tradition) gegenüber der Handlung sei. Seine Deutungen reichen von der Bestimmung als »angeborene Stimme« des »Daimonion« (Sokrates), des »Gottes« (Christentum), der »Vernunft« bis zur behavioristischen Lern- und Gewöhnungstheorie oder zur tiefenpsychologischen Deutung (Gewissen = »internalisiertes Über-Ich«).

2.2. die *Tugend* (griechisch: *arete* – Tauglichkeit, die auch nichtmenschlichen Gegebenheiten wie Werkzeugen und Tieren zukommt; lateinisch: *virtus* – Männlichkeit; die deutsche Bedeutung entspricht der griechischen).

Bezeichnen wir die Tugend heute als *normenkonforme Einstellung* (Habitus), so ist dazu zu sagen, daß das »moralische Vorverständnis« der Tugend, das den Begriff heute weitgehend in Verruf gebracht hat (»tugendsame Jungfer«), das Resultat der neuzeitlichen Religionsmoralisierung und -rationalisierung ist. Zum Schluß mag noch darauf hingewiesen werden, daß die Geschichte der Ethik seit Platon und Aristoteles bis zur Gegenwart (vgl. etwa N. Hartmann) immer wieder *Tugend-Kataloge* entwickelt hat. Für Einzelheiten muß auf die Ethik verwiesen werden.

2.1.3) *der Motiv-Komplex.* Wenn man im üblichen Wirklichkeitsverständnis die These vertritt, daß alles Geschehen, alle Änderung nicht von ungefähr komme, sondern immer die »Wirkung« einer »*Ur-sache*« sei, so gilt dies vor allem für alles menschliche Wirken und Handeln. Ja, der Rechtsphilosoph Hans Kelsen vertritt sogar die These, daß das Kausalprinzip (die Ursache-Wirkung-These) primär aus der Handlungsbeurteilung resultiere. Ist das *Motiv* (lateinisch: *movere* – bewegen; *motor* – Beweger) der *Beweggrund,* so gilt, daß es ein Einzelmotiv spezifischer Natur nicht gibt; vielmehr kommen die Beweg-Anstöße einmal aus dem geistigen wie dem biologischen Bereich, zum anderen von außen wie von innen, hier sowohl angeboren oder aktuell zustoßend. Die Einzelheiten, vor allem die Typologie der Motive, sind Thema der allgemeinen und speziellen Motivforschung.

2.1.4) *die Spontaneitätsinstanz:* der Wille.

Das *Wortfeld* ist bestimmt von einem Bedeutungskern »vol«. *griechisch: boulesis* (boule u. a.) – das überlegte und auf Gründen (boule) ruhende Vorgehen. Wie weit dabei allerdings von

einem Wollen im modernen Sinne (der ja irrational sein kann bzw. ist) bereits gesprochen werden kann, sei dahingestellt.
ethelo – das bloße Lust haben, etwas zu tun
lateinisch: volo/voluntas – hier liegt das Moment der Intentionalität sowie des Einsatzes dem Vorgehen zugrunde; das rationale Moment kann zurücktreten:»Hoc volo, sic jubeo, sit pro ratione voluntas.« (Juvenal). So ist der Voluntarismus vielfach ein *Dezisionismus,* d. h. es gilt, weil ich so will und so entschieden habe, ohne daß Gründe angegeben werden bzw. überhaupt bestehen müssen (vgl. etwa »der unergründliche Wille Gottes«).
liberum arbitrium – die Bezeichnung des freien Willens im Sinne der freien Entscheidungsfähigkeit (Augustinus)
deutsch: Wille/Wollen (vgl. lateinisch)
Damit ergibt sich bereits das Wesentliche des modernen Willensverständnisses. Wesentlich ist
1. die *Spontaneität,* d. h. die Ursache ohne (kausale) Voraussetzung,»Kausalität aus/als Freiheit« (Kant),
2. die freie *Entscheidungsfähigkeit,*
3. die (absolute) *Unabhängigkeit* des Wollens vom Rationalen und Intellektuellen – was z. B. bei Aristoteles unmöglich gewesen wäre.
4. die *Intentionalität:* Wille ist immer »Wollen von etwas«.

2.2) *Die praktische Phantasie*
Mit dem Wollen des Zieles ist verbunden das Wollen der Realisierung bzw. Erzielung des Zieles. Hier tritt die *praktische Phantasie* in Funktion: Sie entwirft die erforderliche Handlungsbewegung.
Will ich z. B. über einen Graben springen, dann bin ich »in der Phantasie« »schon drüben« (»motorische Phantasie«).
Die Phantasie hat damit für das praktische Verhalten eine entscheidende Bedeutung; sie ist die Realisierungsinstanz, die u. a. auch zwischen »Geist und Körper« vermittelt.
Es ist klar, daß dort, wo der Mensch primär als Praxiswesen betrachtet wird, die Phantasie letztlich die Instanz ist, aus der heraus der Weltentwurf als Bereich möglicher Praxis erfolgt.
2.3) *Die praktische Sinnlichkeit*
Sie tritt in zwei Aspekten in Funktion, als äußere wie als innere; die zweite muß etwas eingehender behandelt werden.
2.3.1) *außen*
Soll Handlung sich aktualisieren, dann muß sie sich nach der üblichen Auffassung über die äußere Sinnlichkeit, d. h. die Leiblich-

keit, im – um entsprechende Terme zu verwenden – Hand-eln, Mani-pulieren usw. mani-festieren. In einer primär am praktischen Menschen orientierten Ontologie – wie bei Heidegger – sind dann die Dinge primär zu-handen; erst durch Absehen von ihrer möglichen Verwendbarkeit werden sie vor-handen.
2.3.2) *innen*
In diesem Aspekt umfaßt die praktische Sinnlichkeit das Gesamt dessen, was üblicherweise als *Antriebsstruktur* o. ä. bezeichnet wird; aus ihr erwachsen dann die »niederen« (nicht »niedrigen«!) Motive (Streben usw., vgl. unten) für das Handeln.
Der Gesamtkomplex kann natürlich nur in seinen wesentlichen Elementen, Strukturen usw. behandelt werden. Eine Orientierungsübersicht soll das allgemeine Wortfeld geben, aus dem heraus dann die deutschen Leitterme zugleich die (allgemeine) Bereichsdifferenzierung anzeigen. Speziell sollen dann noch die Phänomene genannt werden, die als Formen der Triebe wie der Bedürfnisse angesehen werden.
Wortfeld
griechisch: orexis (orego, orge) – Grundbedeutung ist: sich »ausrecken«, mächtig (leidenschaftlich) auf etwas »bewegt« werden
hormao (vgl. Hormon) – aktiv antreiben
epi-thymia (Epithymetikon) – seinen »thymos« auf etwas hinhaben; Sehnsucht, Trieb (vgl. S. 168)
lateinisch: ap-petitus – das Hindrängen
in-clinatio – die Hin-neigung
desiderium – die Sehnsucht, die etwas vermißt (Bedürfnis)
con-cupiscentia – Begierde (zuweilen moralischer Akzent)
motus – die Bewegung im Sinne sowohl der Aktion wie des Zustandes
deutsch: hier liegt ein differenziertes Wortfeld vor, das zugleich im Sinne einer Akzentverdichtung verstanden werden kann.
Der Drang
ist noch undifferenziert, gewissermaßen »der Dampf der Lokomotive« – so Max Scheler (»Die Stellung des Menschen im Kosmos«).
Der Trieb
ist schon inhaltlich differenziert und bestimmt (vgl. folgendes).
Die Begierde und das Bedürfnis
machen in einem gewissen Sinne die negative Seite des Triebes aus: Sie melden das Fehlen an, manifestieren sich in einer Unlust, wie Hunger, Durst usw.

Das Streben
ist schon fast intentional; in verschiedenen Theorien wird das Streben bereits als Vorstufe des Wollens angesetzt, zuweilen mit diesem identifiziert.

Formen der »Triebe«
Es gibt verschiedene Trieblehren; man hat schon mehr als zwei- bis dreitausend Formen unterschieden. Das ist an sich nicht so schwierig, wenn man zu jeder Aktivität einen zugehörigen Trieb entwickelt, angefangen beim Sexualtrieb bis hin etwa zum Briefmarken-Sammel-Trieb usw.
Im allgemeinen lassen sich fünf Grundtypen nennen:
Der Selbsterhaltungstrieb
Er wird am meisten als Grundtrieb angesehen, der das jeweilige Wirkliche in seinem Sein, seiner Identität usw. zu erhalten sucht. Meistens wird er im Sinn der Individualitätserhaltung verstanden, zuweilen aber auch der Art-, neuerdings sogar der »Gen-« Erhaltung. Entscheidung sind dabei die leitenden Vorverständnisse (vgl. »Wesen Mensch«).
Der Machttrieb
Die griechische Philosophie kennt ihn (vgl. Platons Thrasyboulos) wie die moderne Tiefenpsychologie (vgl. Adler). Aktuelles Thema ist die besondere Form der *Aggression*, früher Hobbes' Theorie vom Urzustand des Menschen: »Der Mensch ist dem Menschen ein Wolf.« – »Am Anfang steht der Krieg aller gegen alle.« In der Aggressionstheorie stehen sich heute vor allem zwei bzw. drei Antithesen gegenüber:
Aggression ist angeboren (z. B. K. Lorenz).
Aggression ist nicht angeboren, sondern das Resultat sozialer Frustration.
Aggression besteht in der Übernahme des Verhaltens von anderen (Lerntheorie).
Wichtig ist natürlich die dabei jeweils resultierende Folgerung für die Erziehung.
Die ökonomischen Triebe
Sie sind in sich wieder differenziert. Zu nennen wären etwa Hunger-, Dursttrieb, auch *Daseinssicherung* (»Erwerbstrieb«). Ob es einen *Leistungstrieb, Arbeitstrieb* u. ä. gibt, ist gerade heute kontrovers.
Der Sexualtrieb
Er ist heute allgemeine Selbstverständlichkeit, nicht zuletzt in der Psychoanalyse.

Der Todestrieb
Freud behauptet einen solchen, während andere ihn ablehnen.

Formen der Bedürfnisse
Unter Bedürfnis verstehen wir die Gegebenheit eines Mangels, sein Erleben und den Wunsch nach seiner Beseitigung, d. h. die Bedürfnisbefriedigung.
Man hat verschiedene Formen unterschieden und tut dies noch. Sie reichen von den »*Grundbedürfnissen*« wie Hunger, Durst, Müdigkeit bis hin zu den *geistigen Bedürfnissen*. Ein sinnvolles Schema scheint dieses zu sein:

Bedürfniskategorien

Sind die Grundbedürfnisse befriedigt, so besteht das Bedürfnis der Kontinuität der Bedürfnisbefriedigung, es bestehen also *Sicherheitsbedürfnisse* – zu denen man heute auch Arbeitsplatzsicherung, Lebenssicherung usw. zählt.
All dies ist getragen von den *sozialen Bedürfnissen,* von dem Wunsch nach sozialem Kontakt auf allen Stufen menschlichen Lebens, nach Leben im Miteinander.
In diesem Umkreis entstehen bzw. sind immer schon mit im Spiele die *Wertschätzungsbedürfnisse;* so die Bestätigung und Anerkennung der eigenen Fähigkeit und Leistung durch andere.
Diese Dynamik drängt weiter zu Umstrukturierung des Bestehenden, zu »immer mehr Menschlichkeit«, zur »humanen Um-, Mit- und Lebenswelt« -Gestaltung.
Diese Bedürfnisse durchdringen alle Bereiche menschlichen Seins, so etwa den wirtschaftlichen Bereich der Bedürfnisgüter

wie Verbrauchs- und Gebrauchsgüter, den Bereich der Dienstleistungen, den Bereich der Kultur i. e. S., nicht zuletzt auch den der Medizin (Verhältnis von Patient, Arzt und medizinischer Mitwelt).
3) *Die Handlungsaktualisierung und ihre Phasen*
Im allgemeinen werden drei Phasen unterschieden: die Vorphase, die Aktphase und die Nachphase.
3.1) *Die Vorphase*
Hierunter fällt alles vor der Konkretisierung Liegende, wobei sich drei Momente differenzieren lassen:
die Voraussetzung,
wovon vor allem der *Habitus* sowie die Antriebsstruktur, Motivation usw. zu nennen sind;
die Konstellation,
die Inneres und Äußeres (Situation, Kontextualität usw.) umfaßt, und
das, was wir *die Inszenierung* nennen.
Sie umfaßt das »Vor-« vor dem Hiatus des Entschlusses. Dabei sind als Momente zu nennen:
die *Überlegung,* die *Wahl* – vor allem der Mittel –, dann die *Absicht* und das *Vorhaben,* die beide in einer speziellen Handlungslehre näher zu differenzieren sind.
3.2) *Die Aktphase*
Hier liegt das vor, was zuvor als Akt i. e. S. dargelegt wurde, und zwar in seinen beiden Momenten, der Noesis wie dem Noema. Dabei kann wieder eine mehr »innere« und eine mehr »äußere« Seite unterschieden werden.
So gibt es drei Phasenmomente:
3.2.1) *der Entschluß*
im Hiatus der *Entscheidung,* die vielfach auf einem »praktischen Schluß« (Aristoteles) beruht. Er ist heute Thema einer »*Handlungslogik*« (von Wright u. a.).
3.2.2) *das Wollen i. e. S., der Willensakt;*
er schafft das »Daß« des Aktes bzw. der Handlung.
Im einzelnen ließen sich dann noch weitere Momente unterscheiden: Der Handlungsentwurf wird der Phantasie zugewiesen, einschließlich der Planung von Mittel und Ziel.
Wieweit noch andere Momente hier zu nennen wären, mag offen bleiben; eventuell alle die Momente, die nicht zur Realisierung führen, wie *Wunsch, Versuch,* aber auch *Unterlassung.* Alle drei sind verschieden zu begründen.

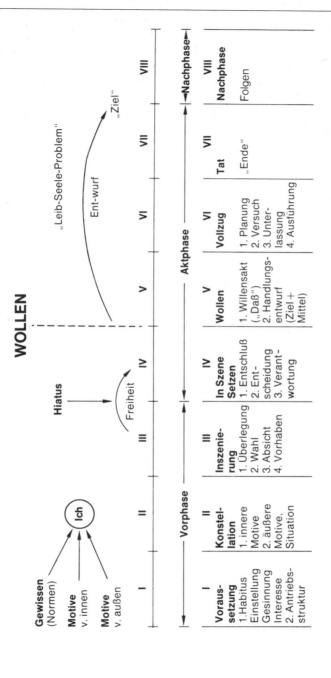

3.2.3) *die Tat.*
Sie ist die »*Tat-sache*« des Handlungsaktes. Sie ist – das ist allgemeine Ansicht – die sich über Sinnlichkeit und Leiblichkeit manifestierende Handlung in der Ausführung, die nicht zuletzt auch intersubjektiv konstatierbar und damit »objektiv« ist. Das gilt nicht nur für die solitäre, d. h. die Einzelhandlung, sondern auch für die sozial-intersubjektive i. e. S.
Spezifisch für die Handlung als *Wirken* ist die Tatsache, daß das Ende der Handlung als Tat zugleich auch der »Tod der Handlung« ist. – Im Unterschied dazu ist das Ende des *Werkens,* das ja auf das Schaffen eines bzw. des Werkes ausgeht, die Geburt einer neuen Wirklichkeit, eben des Werkes; man denke an das Schaffen eines Kunstwerkes, wie auch das Schaffen eines technischen Werkes, einer wissenschaftlichen Erfindung oder Entdeckung.
3.3) *Die Nachphase*
Während die traditionelle Handlungslehre mit dem Ende der Handlung qua Tat die ganze Angelegenheit als erledigt ansah, betonen sowohl die allgemeine Anthropologie wie auch die speziellen Handlungslehren, z. B. Sprech-/Sprach-Handlungstheorien, gerade die Bedeutung der Nachphase.
Nach allgemeiner Ansicht sind damit die Momente der *Verantwortung* für die Folgen der Handlung verbunden.

3.2.2 *Die theoretische Aktualisierung (die theoretische Handlung)*
0) *Allgemeines*
0.1) Zunächst sei nochmals darauf hingewiesen, daß hier der Handlungsbegriff so zu verstehen ist, daß er den theoretischen Akt bzw. theoretisches Verhalten, z. B. Wahrnehmen, Beobachten wie Denken, umfaßt.
0.2) Hier geht es nur um die philosophisch-anthropologische Fragestellung, d. h. die Herausstellung der entsprechenden Instanzen, Funktionen, Zusammenhänge. Es geht weder um Psychologie noch um Normenprobleme. Dies letztere ist die Aufgabe der zuständigen Logik und Erkenntnistheorie, die sich an der Norm »wahr« (und »richtig«, einschließlich der Negation) orientieren.
0.3) Wohl gehört hierher das Problem der Normalität. Dabei geht es nicht darum, physiologische o. ä. Anomalitäten aufzuzeigen (»farbblind«), sondern um allgemeine Fragen der theoretischen Anomalität.
0.4) Die Darstellung soll kurz das Wortfeld explizieren, die theoretischen Instanzen charakterisieren und dann an Hand eines Übersichtsschemas die theoretische Aktualisierung skizzieren.

1) *Das Wortfeld*
1.1) *Geist* (vgl. S. 111)
1.2) *Sinnlichkeit*
griechisch: aisthesis
In diesem Wort schwingt das rein Theoretische wie auch das Emotionale mit, vgl. Anästhesie – Ästhetik, ursprünglich »Lehre von den Sinnesempfindungen« (so Kant), wird dann zur Lehre vom »sinnlichen Wohlgefallen«, d. h. vom Schönen (eigentlich Kallistik) wie der Kunst (eigentlich »Artistik« bzw. »Technik«).
lateinisch: sensus
Bereits in der lateinischen Bedeutung beginnen alle die Nuancierungen mitzuschwingen, die das deutsche Bedeutungsspektrum heute besitzt.
deutsch: Sinnlichkeit
Zunächst anscheinend klar, reicht je nach philosophischer Voraussetzung der Verwendung das Bedeutungsspektrum von der Sinnesempfindung über das Gefühl (»ein sinnlicher Mensch«) bis hin zum »Sinn« etwa der Welt, der Geschichte. Dann gehört der Sinn gerade zum Bereich des Geistes.
1.3) *Phantasie* (vgl. S. 138)
2) *Die theoretischen Instanzen*
2.1) *Der theoretische Geist*
Im allgemeinen wird zur Instanzbezeichnung das Wort »Geist« i. e. S. verwendet. Die für dieses Wort geltende Mehraspektivität läßt sich umgekehrt auch für das Wort »*Denken*« feststellen. Wird jener eingeengt, so kann dieses erweitert werden. Was leitend bleibt, ist die primär theoretische Orientierung. So spricht man vom »Denken der Naturvölker« u. ä. Leisegang z. B. erarbeitet »*Denkformen*«, denen bestimmte Lebenseinstellungen und Weltanschauungen bzw. Weltbilder entsprechen.
Deutlich zeigt sich hier in der Zweiseitigkeit der verwendeten Wörter die Zweiseitigkeit der hier anliegenden Thematik.
Der Verfasser versucht dem durch die Einbeziehung des Adjektivpaares »klein« und »groß« gerecht zu werden. So könnte vom »*großen* Denken« (analog von »großer« Erfahrung, »großer« Wahrheit usw.) gesprochen werden, wenn etwa vom Denken im Sinne spezifischer Weltkonzeptionen gesprochen wird, denen man dann auch entsprechende Logiken (»mythische Logik, rationale Logik« u. ä.) zuordnen kann. »*Klein*« wäre dann die jeweilige Einzelerfahrung, der jeweilige Denkakt, die Wahrheit einer konkreten Aussage usw. (vgl. die analoge Begriffsverwendung in Diemer, Hermeneutik).

Kann man allgemein als Leistung des Geistes das Denken als Akt des Erkennens (materialiter) und Argumentierens (formaliter, »logisches Denken«) ansehen, so werden seit Kant im Geist selbst noch drei Sonderinstanzen mit spezifischen Funktionen angesetzt, die sich aus dem Aufbau der Logik bestimmen. Dabei werden die Bedeutungen der Wörter »Verstand« und »Vernunft« fixiert, was vorher nicht der Fall war (vgl. auch S. 115):

	Verstand	*Urteilskraft*	*Vernunft*
Logik	Begriff	Urteil	Schluß

| | Vermögen der Begriffe, die zu Kategorien schematisiert werden | Vermögen der (Grund-) Sätze | Vermögen der Totalität (Vermögen des Weltentwurfes) |

später Kant
| | theoretisches Vermögen | | praktische (Universal-)Instanz |

2.2) *Die (theoretische) Sinnlichkeit*
Nach allgemeiner Auffassung ist es der Bereich der an die Leiblichkeit gebundenen Sinne, deren man traditionell fünf unterscheidet. Sie sind die unmittelbaren Kontakt- und Vermittlungsinstanzen mit der äußeren Wirklichkeit (vgl. S. 91).
In Tradition und Alltagsdenken werden die *fünf Sinne* gestuft: Der niederste, das Getast, ist zugleich der Nahsinn, der unmittelbar die »harte« (materielle) Wirklichkeit kontaktiert. Demgegenüber ist der optische der höchste – dem Denken naheliegende – und zugleich auch der Fernsinn – der am ehesten Täuschungen unterliegt.
Kulturgeschichtlich mag darauf hingewiesen werden, daß der Großteil der Bezeichnungen für die geistigen Tätigkeiten in der indogermanischen Sprachwelt der optischen Sphäre entnommen wird. Leitwort ist hierbei die indogermanische Wurzel »vid«:

sanskrit	*griechisch*	*lateinisch*	*germanisch*
Veda	(v)idea	videre	wit, Witz
		visio	Wissen(schaft)
		evidentia	Einsicht

Vgl. aber auch »Begriff/Begreifen«.
Wieweit es einen »*inneren Sinn*« gibt, ist offen; vielfach wird er angesetzt als die Instanz der inneren Erfahrung.
Seit Aristoteles gibt es eine einheitsstiftende Sinnesinstanz, den »*sensus communis*«. Er synthetisiert die über die verschiedenen Sinne empfangenen Phantasmata. Im Rahmen des Empirismus, der nur die Sinnlichkeit als menschliche Wirklichkeit anerkennt, wird er als »*common sense*« die zentrale Allgemeininstanz (Kant: »Gemeinsinn«). Entsprechend wird er dann als »*gesunder Menschenverstand*« bezeichnet: Die heute vielgenannte »common-sense-philosophy« ist dann die Philosphie des normalen Alltagsverstandes.
2.3) *Die theoretische Phantasie*
Sie ist für Aristoteles die Instanz, die die aufgenommenen Phantasmata »abstrahiert«, d. h. ablöst, und sie dem Geist zur Weiterbearbeitung übergibt.
Die neuzeitliche Philosophie, voran Kant, funktioniert die »*reproduktive*« Phantasie (Einbildungskarft) mehr und mehr zur *produktiven* um: Sie ist die Instanz, die die vom Geist entworfenen Strukturen (Kategorien usw.) als Schemata für die Sinneserfahrung entwirft und so diese erst ermöglicht (vgl. S. 140).

3) *Die theoretische Aktualisierung*
3.0) *Allgemeines*
Zur *Vororientierung* sei ein kleines Schema gegeben, das modellmäßig die Korrelationen zwischen subjektiver Aktivität und objektiver Gegebenheit skizziert. Wesentlich ist dabei:
Die Sinnlichkeit ist immer der Gegebenheit »nahe«, unmittelbar. Der Geist transzendiert den niederen Bereich; er ist also an sich höher, ebenso sein Objekt. Entsprechend ist der Geist distanziert, seine Objekte »ab-strakt«, d. h. abgezogen aus dem »konkreten« Zusammengewachsensein im Wirklichen.
Im folgenden sollen einige wesentliche Formen der Aktualisierungen genannt werden. Dabei muß natürlich die Problematik der (materialen) Erkenntnistheorie (Wahrheitsproblem!) wie der (formalen) Logik (Argumentieren usw.) zurückgestellt werden.
Wie zuvor gesagt, soll dabei auch das Adjektivpaar »groß/klein« verwendet werden.
Folgende Aktualisierungen seien genannt:
3.1) *Das Denken*
Im Sinne des »*großen Denkens*« kann, wie oben gesagt, der vor-

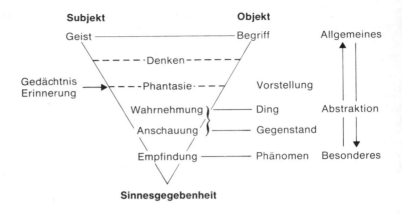

gängige Gesamtentwurf (Vorverständnis, preknowledge usw.) einer jeweiligen Welt (Wirklichkeit nach »daß« und »was« sowie zugehörige Logik [Begründung »weil«]) bezeichnet und interpretiert werden. Dies anerkannt, kann eine Antwort auf den heute aktuellen Streit darüber, was primär sei: *Theorie oder Praxis*, gegeben werden. Während heute weitgehend der Praxis die Priorität zuerkannt wird, muß zugestanden werden, daß es – falls jede Handlung die o. a. Momente als menschliche Handlung besitzen muß – Handeln im allgemeinen wie in spezifischer Form nicht geben kann ohne vorgängigen »*Denkentwurf*«, der dann über die theoretische Phantasie schematisiert wird.

In diesem Rahmen vollzieht sich dann das »*kleine Denken*« in seinen spezifischen Weisen: Rein »*immanent*« ist Denken (logisches) Argumentieren, Ableiten, Begründen usw.

Transzendierendes Denken ist wesentlich *Erkenntnis*vollzug in seinen verschiedenen Hinsichten (empirisches, abstraktes) sowie auf seinen verschiedenen Stufen.

3.2) *Die Erfahrung*

Hier kann mit der »*kleinen Erfahrung*« begonnen werden. Sie vollzieht sich in der Sinnlichkeit als der unmittelbare Kontakt mit dem Gegebenen im jeweiligen »*Dies-Hier-Jetzt*«: Wahrnehmung, Beobachtung, Anschauung – Sehen, Hören als konkrete Vollzüge usw. Ihr sind weitere Formen aufgestuft, assoziiert, wie z. B. Beschreiben, Protokollieren, Konstatieren usw.

Die »*große Erfahrung*« ist dann nicht nur die Gesamtheit aller möglichen Einzelerfahrungen, sie ist mehr. Sie ist die Konkretisierung des Weltgesamtentwurfes als Bereich im o. a. Sinne, sei es des jeweiligen Individuums (Lebenswelt mit Lebenserfahrung), sei es aller Subjekte. (Vgl. auch »hermeneutische Erfahrung« in: Diemer, Hermeneutik.)

3.3) *Normenorientiertes theoretisches Verhalten*
Wenn natürlich auch gesagt werden muß, daß so gut wie jedes theoretische Verhalten irgendwie an einer Normität orientiert ist bzw. sein kann (man denke an die Wahrheits- und Richtigkeitsnorm), so ist dies nicht immer auch expliziert.
Das gilt nicht nur für psychische oder psychiatrische pathologische Erfahrungen, angefangen von Parosmien (Geruchsanomalien) bis hin zu Illusionen, Halluzinationen gegenüber der normalen Wahrnehmung. Es wären dann weitere andere Erfahrungstypen zu erwähnen wie etwa intuitive Erfahrung, mystische Erfahrung usw.

3.2.3   *Das Emotionale*
0) *Allgemeines*
Wenn hier nicht von der Aktualisierung des Emotionalen gesprochen wird, sondern vom Emotionalen »als solchem«, so zeigt sich darin bereits ein spezifischer Charakter dieses Bereiches. Abgesehen von der Frage, ob es einen solchen Bereich überhaupt gibt, was heute nicht bestritten wird, gibt es dann weitere Fragen, so etwa die Diskussion darüber, ob es hier Intentionalität gibt, oder nicht alles Zuständlichkeit, Befindlichkeit odgl. ist. Darüber hinaus ist die Differenzierung in eine Vielfalt von Phänomenen so breit und die Abgrenzung, etwa gegenüber der praktischen Sinnlichkeit, vielfach so schwierig, daß im folgenden nur ein allgemeiner Überblick gegeben werden kann.
1) *Das Wortfeld*
Hier ist vorweg zu sagen, daß es ein spezifisches Leitwort nicht gibt, das gilt vor allem in historischer Hinsicht; darüber hinaus müßte eigentlich das ganze Feld aufgelistet werden, was hier nicht möglich ist. Deswegen kann nur eine spezifische Auslese geboten werden. Die genannten Wörter akzentuieren jeweilige Spezifitäten. Dabei ist das griechische Wortfeld für die Vorgabe leitend.
griechisch:
pathos,
das meist leitende Wort – bezeichnet die Erleidung, die Leidenschaft. Unter der Voraussetzung, daß das Pathos vernunftlos

usw. sei (vgl. Affekt), erhält das Wort den Charakter des Anomalen, »Pathologischen«.

thymos
bezeichnet mehr den Gemütszustand, ausgezeichnet durch das »wie einem zu Mute ist«; daher wird dieses Vermögen von Platon in der Brust (Herz) lokalisiert.

epi-thymia
bringt schon einen gewissen Intentionalitätscharakter. Als Begierde-nach ... würde es eher schon in den Bereich der Antriebsstruktur, in die ja das lateinische *emotio* weist, gehören.

lateinisch:
passio
ist als Bezeichnung der passiven Erleidung das Analogon von Pathos.

affectus
ist die (heftige) Betroffenheit; für die Stoa ist sie die »nicht naturgemäße, vernunftlose (alogische/irrationale) Bewegung der Seele« (vgl. Affekthandlung). Diesem Aktuellereignis gegenüber ist die Passio als Leidenschaft der zur Gewohnheit gewordene Dauerzustand/-verfassung.

emotio
(motus-Bewegung) hat einen Ambivalenzcharakter: Einerseits ist sie als »Gemüts-Bewegung« mehr Betroffenheit, andererseits tendiert sie auch als möglicher »Beweggrund« in den Bereich der Antriebsstruktur, der Motivation (Motiv).

deutsch:
Pathos, Passion, Affekt, Emotion sowie Ableitungen von Thymos (»endothymer Grund«, Lersch) sind hier Lehnwörter.

Gefühl
ist nach alter Tradition das hier leitende Wort, wie es sich in der üblichen Dreiteilung der Seelenvermögen seit Tetens »Denken, Fühlen, Wollen« niederschlägt.

Empfindung,
die meist der theoretischen Sinnlichkeit zugeordnet wird, weist aber auch emotionale Züge auf, wie etwa als Gefühlsempfindung, Empfindsamkeit usw.

Leidenschaft
hat wie die Empfindung primär den passiven Charakter, mit der o. a. Spezialität.

Gemüt,
früher mehr neutral verstanden, wird heute vielfach als (mehr

geistige) Grunddimension dem (mehr sinnlichen) Gefühl gegenübergestellt.
Emotion
ist heute - fast kann man sagen international - die Leitbezeichnung für diesen Bereich.
Stimmung
Welche Assoziationen (Wortspielereien?) (Heidegger) an derartige Wörter geknüpft werden, sei kurz am thematischen Wortfeld illustriert: *Stimmen* (passiv und aktiv), *Stimmung, gestimmt sein, Sich-einstimmen* (Einfühlen), *Über-einstimmen* als *Bestimmung* der *Wahrheit* im Sinne der klassischen Definition, nach der sie die Übereinstimmung von Mensch und Gegenstand ist.
2) *Historische Entwicklung*
2.1) Die *Antike* erkennt keinen eigenständigen Bereich an. Sie ordnet ihn ausschließlich der »unteren« alogischen, mehr praktisch orientierten Sinnlichkeit zu.
2.2) Das *Mittelalter* setzt die Tradition fort: Der theoretischen Sinnlichkeit steht der Bereich als praktische Sinnlichkeit gegenüber; als solcher ist er weitgehend Störinstanz bzw. pathologischer Zustand.
2.3) Die *Neuzeit* setzt zunächst die Tradition fort (vgl. Descartes). Wie schon gesagt, wird durch den Aufklärer Tetens das Fühlen als »drittes Vermögen« herausgestellt und durch Kants systematische Verortung philosophisch-anthropologisch etabliert.
Die Romantik stellt dann die Bedeutung des Emotionalen heraus. Hier und in der folgenden Lebensphilosophie erhält der Bereich mehr und mehr seinen zentralen anthropologischen Ort und seine Mensch und Welt konstituierende Funktion. Dabei geht das Emotionale mit der mehr und mehr in den Mittelpunkt der »Humanlandschaft« rückenden Phantasie eine enge Verbindung ein; daraus resultiert u. a. die Verankerung der Welt-anschauung in diesem Zentrum in der Lebensphilosophie (Dilthey, Spranger u. a.).
2.4) Die *Gegenwart*
In der Anthropologie der *Gegenwart* kommt dem Bereich des Emotionalen eine starke Fundierungsfunktion zu. Es ist gewissermaßen der »erdhafte Boden«, aus dem heraus Erleben, Erkennen und Handeln erwächst. Wenn das Selbst dabei zur Aktualisierung kommt, ist weniger vom Ich, sondern meist von der Person und Existenz die Rede.

3) *Systematik*

3.1) *Die humane Verortung*

Gibt man als Rahmen einerseits die dreifache Aufschichtung (Sinnlichkeit, Phantasie, Geist) und die dreifache Funktionsdifferenzierung (Theoretisches, Emotionales, Praktisches) vor, so läßt sich folgendes sagen: Dem *Theoretischen* als dem Bereich des Rationalen usw. gegenüber ist das Emotionale der Bereich des Alogischen, Irrationalen, was nicht unbedingt antirational bedeutet. Zuweilen wird sogar eine Art eigene Rationalität anerkannt: »Le cœur a ses raisons que la raison ne connaît pas«, lautet Pascals unübersetzbare Grundthese.

Damit besitzt es gegenüber der Distanz des Theoretischen die Unmittelbarkeit und Betroffenheit des Eigenen; das Selbst ist mit dabei.

Daraus resultiert zunächst eine Nähe zum *Praktischen*. Mit dem Element der Motivation usw. kommt alles zum Tragen.

Dies alles ist aber nicht primär Aktivität und bewußte Intentionalität, vielmehr herrscht eine Art Passivität, ein »Er-leiden«, das aber nicht minder Kraft, Energie usw. zeigt. Der Bereich des Emotionalen gibt gewissermaßen den »Dampf« mit vor, der hinter der Handlung steht.

Damit kommt der Aufschichtungsaspekt zum Tragen: Während früher das Emotionale selbstverständlich dem unteren Bereich zugewiesen wurde, wird es jetzt als eigenständiger Bereich zwischen das Theoretische und das Praktische verortet und ebenso wie diese geschichtet. Im höheren, also im *geistigen* Bereich, in mehr theoretischer Hinsicht, ist etwa der Bereich der Werte (Gutheit, Schönheit, Gerechtigkeit usw.) das Korrelat des Gemüts, so wie es vor allem die (materiale) Wertphilosophie (Scheler, Hartmann u. a.) lehrt. Immer schon war bekanntlich das Fühlen usw. die subjektive Instanz für das Schöne, den Geschmack usw. Analoges gilt auch in *praktischer* Hinsicht. Von der Motivation war schon gesprochen worden.

Spricht man vom *niederen* Bereich, dann ist es heute nicht mehr möglich, diesen der Sinnlichkeit gleichzusetzen. Jetzt wird ein Fundierungsbereich aufgezeigt, der etwa die menschliche »Grundbefindlichkeit« (Heidegger) ausmacht. Dies gilt sowohl für die Selbsterfahrung (»wie einem zu Mute ist« in Freude, Angst, kurzum in den »gehobenen« wie den »gedrückten« Stimmungen) wie aber auch für die Welterfahrung: Die Dinge sind nicht einfach da, sie sind uns im Ansprechen, Widersprechen (früher Lust/Un-

lust) primär gegeben (vgl. Schema S. 134) (vgl. auch die genannte Mehrdeutigkeit von »Empfindung«).
Die Zuordnung zum praktischen Bereich setzt im allgemeinen jeweilige Spezialkonzeptionen voraus: Dabei ist der Übergang vom Emotionalen zum Bereich der Antriebsstruktur fließend.

3.2) *Die Phänomenologie des Emotionalen*
Versucht man die unter 3.1) genannten Momente in einer Einheit zu sehen, so kann als einheitliches Charakteristikum des Emotionalen das *primär nichtrationale (vor- oder überrational [Wert]) Betroffensein des Selbst (Person und Existenz)* angesehen werden. Diese allgemeine Charakterisierung läßt sich dann in entsprechenden Analysen der Einzelphänomene (angefangen von Lust/Unlust über Schmerz, Freude, Angst usw.) aufzeigen; dabei spielt vor allem die Ambivalenz von *positiver und negativer Betroffenheit* eine entscheidende Rolle.

3.3) *Die Relevanz des Emotionalen*
Es ist klar, daß das Emotionale von konstitutiver Funktion für Selbst- wie für Weltverständnis und -erfahrung ist.
Dies kommt vor allem bei der Analyse der Variationen der menschlichen Aktualisierung und des menschlichen Seins zum Tragen: Hinsichtlich der ersten kann auf entsprechende Ereignisse im menschlichen Leben; hinsichtlich des zweiten auf die Variationen etwa im Rahmen dessen, was man »Psychopathologie« nennt, hingewiesen werden. Man nehme etwa das Selbst- und Weltverständnis des »manisch-depressiven Irreseins« (vgl. dazu die Untersuchungen vor allem von Binswanger, Blankenburg u. a.).
Diese Relevanz wird noch dadurch akzentuiert, daß das Emotionale in Funktionseinheit mit der Phantasie (Einbildungskraft u. a.) tritt, der die moderne Phänomenologie die Funktion des »Welt- und Lebensentwurfs« zuweist.

4. **Anthropologische Kosmologie (Mensch und Welt)**

4.0 *Allgemeines*
Galt in der traditionellen Weltanschauung wie Philosophie, daß der Mensch »ein Seiendes unter anderen Seienden«, d. h. ein Element in der Welt – diese verstanden als »Aggregat der Dinge« (Leibniz) – sei, so hat sich seit Kant eine »Kopernikanische Wende« vollzogen, die erst im 20. Jahrhundert zur expliziten Dar-

stellung gekommen ist. Dies schlägt sich auch nieder im aktuellen Sprachgebrauch von »Welt«. Jetzt gilt:
Der Mensch ist – ontologisch – das Orientierungszentrum für das »Um-sich-her-um«, das als Welt (Horizont) bezeichnet wird. Umgekehrt gilt anthropologisch – jetzt im Sinne der Spezialdisziplin Anthropo-ontologie –: *Der Mensch ist, was er ist, durch sein »In-der-Welt-sein«.*
Dies gilt sowohl für die *Ego-Subjektivität* wie für die *Intersubjektivität.*
Die Darstellung müßte an sich diejenige der Humansubjektivität, vor allem der Intersubjektivität, voraussetzen; diese ist aber nicht verständlich ohne Weltexplikation.

4.1   *Das Wortfeld*
griechisch: kosmos. Das Wort ist – wie Logos – unübersetzbar, da es Akzente enthält, die etwa im Deutschen durch verschiedene Wörter bezeichnet werden. Es meint einmal »Ordnung, Schmuck« usw. Von dieser Bedeutung leitet sich das Wort »Kosmetik« (auch »Kosmetologie«) ab. Auf die Wirklichkeit übertragen bezeichnet es das umfassende Ganze, für das Ordnung, Schönheit usw. wesentlich sind (vgl. »Kosmo-naut«). Die Spätantike anthropologisiert das Wort: Kosmos ist die menschlich-soziale Universalwelt; sein Bewohner ist der »Kosmo-polit«.
lateinisch: mundus. Das christliche Denken prägt stark das Vorverständnis von »diesseitiger« Welt – im Gegensatz zum Jenseits. Die konkrete Welt wird als »Orbis«(»Erdkreis«) bezeichnet. Der »weltliche Mensch« ist dem Hier, dem Bauch usw. verfallen, während der »geistliche Mensch« sich an Gott orientiert.
saeculum: Die genannten Momente schwingen hier mit, wo vor allem der Zeitaspekt mit zum Tragen kommt (vgl. auch »Zeitalter«). Die Säkularisierung ist dann die Verweltlichung des Geistig-Religiösen.
deutsch: Welt. An sich ist das Wort ein Kompositum »Wer-alte«, d. h. »Menschen-Zeit(alter)«. Es ist so das Analogon zu »saeculum«.
Allgemein lassen sich drei Bedeutungskreise feststellen: Zunächst ist Welt die Gesamtheit der diesseitigen Welt, von Gott geschaffen (»Creator mundi«).
Welt ist dann der Bereich des »wahren« Menschen; entsprechend ist man »Mann von Welt«, lebt in »der großen Welt«. In

Wortbildungen wie »Neue Welt«, »dritte Welt« gehen allgemeine Sozialmomente mit ein.
Durch die Phänomenologie erhält das Wort die Bedeutung des dem Menschen spezifisch zukommenden »Um-herum«, seines »Horizonts«, in dem er als Mensch lebt und sich und Wirklichkeit »versteht als . . .«.
Das französische »monde« und englische »world« entsprechen der deutschen Bedeutung von »Welt«.

4.2 *Historische Entwicklung*
Die Entwicklung des Verhältnisses von Mensch und Welt sei thesenartig charakterisiert:
1) *Antike*
1.1) Das umfassende Ganze ist der *Kosmos;* er repräsentiert vorgegebene Ordnung, Harmonie, Schönheit. Die ordnung manifestiert sich u. a. als Zeit in der zyklischen Folge der Kreisläufe (Umlauf der Gestirne, Jahreszeiten, Lebenszeiten; vgl. Platons »Timaios«, Pseudo-Aristoteles' »Über die Welt«/»peri kosmou«).
1.2) Diese Ordnung gibt jeweils einen »oikeios topos«, d. h. einen jedem Wesen zugemessenen »Stand«, vor, für die Gestirne sowohl wie für die Götter, die Freien wie die Sklaven (vgl. Freiheit).
1.3) Im Ordnungsgefüge dieses Kosmos erfüllt der Mensch seine »Idee«, sein Wesen; er ist dabei als *Mikro-kosmos* Repräsentant des *Makro-kosmos.*
1.4) Höchste Form einer Einstellung zur Wirklichkeit ist Philosophia als »sophia tou kosmou«.
2) *Mittelalter*
2.1) Es gibt ein erstes Seiendes, ein erstes Subjekt. Es steht außerhalb des *Mundus,* der zugleich *Saeculum* ist. Welt ist von Gott »aus dem Nichts geschaffen«; sie ist ohne Gott ein Nichts.
2.2) An sich ist der Mundus ein geschlossenes Ordnungsgefüge (»ordo«), ein Bild Gottes: Das antike Kosmosbild ist noch leitend, zumindest in einer Hinsicht (vgl. soziale Ständeordnung).
2.3) Gegenüber der Antike ist jedoch der Mundus endlich, dem Werden und Vergehen unterworfen. Zeit – als lineare Zeit! – zwischen Anfang und Ende ist Ausdruck der Vergänglichkeit der Welt; Gott ist ewig – im Gegensatz zu 1.1).
2.4) Der Mensch hat eine Zwischenstellung:
in der Welt
ist er Stellvertreter Gottes und Herr der Welt (»Macht Euch die Erde untertan!«).

Schematische Darstellung

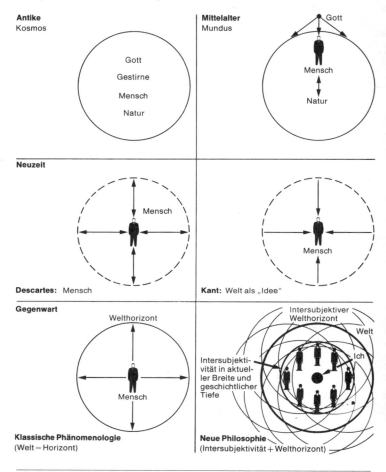

Gott gegenüber
ist er der Fremde; er ist zwar frei, aber der Möglichkeit der Sünde ausgesetzt.
2.5) Eigentliche Heimat ist das *Jenseits;* dahin durch das Diesseits der endlichen-minderwertigen Welt hindurchzukommen, ist wahre *Berufung.*

3) *Neuzeit*
3.1) Der Mensch ist jetzt Mittelpunkt aller Wirklichkeit. Das »Cogito ergo sum« tritt als neue Basis Gott gegenüber.
3.2) Gott als Primärinstanz tritt immer mehr zurück: Er verschwindet in der Idee des »Welten-Ingenieurs« (so der Deismus), der die Welt als Maschine geschaffen hat und sich selbst überläßt. So verschwindet er aus der Welt hinaus; oder – er wird als Naturgesetz (vgl. Spinoza: »Deus sive natura«) oder als Weltvernunft, Weltgeist, ein innerweltliches Prinzip.
3.3) Die diesseitige Welt wird jetzt »*säkularisiert*«, d. h. »*verweltlicht*«; damit geht aller religiöse Bezug mehr und mehr verloren. An die Stelle der göttlichen Berufung (»vox dei«) tritt nun – so lehrt Luther – der »*Beruf*«, d. h. der Ruf Gottes an den Menschen, hier in dieser Welt durch Arbeit usw. seine Aufgabe zu finden. Folge dieser Einstellung ist u. a. – so nach Max Webers berühmter Abhandlung – der Kapitalismus.
3.4) »Welt« wird jetzt das Gegenüber der »Gegenstände«. Die Wirklichkeit derselben konstituiert sich in der Widerständigkeit zum Menschen und orientiert sich um ihn.
Dabei kann Welt zweierlei meinen:
Das Gesamt alles nicht-menschlichen Wirklichen, das Universum, angefangen von den Gestirnen bis zu den Elementen. Dieses Universum als »*System der Welt*« ist jetzt *unendlich,* d. h., es ist für den Menschen nicht mehr ganz greifbar.
Welt kann auch enger verstanden werden als der spezifische Bereich des Menschen in seiner Mitwelt; entsprechend gibt es dann den »*Menschen von Welt*«.
3.5) Philosophie wird entsprechend Welt-Weisheit.
3.6) Die Anthropozentrierung der Wirklichkeit entwickelt sich spezifisch von Descartes bis vor allem zu Kant (vgl. S. 39).
4) *Gegenwart*
Verstehen wir unter Gegenwart die Zeit nach dem Zusammenbruch des deutschen Idealismus – also Mitte des 19. Jahrhunderts – dann müssen in der Weltproblematik drei Phasen unterschieden werden:
4.1) *Nach-Idealismus*
Hier gilt:
Während in der Neuzeit, den deutschen Idealismus eingeschlossen, als Orientierungspunkt für die Welt *das* absolute Subjekt der Vernunft fungiert, tritt jetzt an seine Stelle eine *Vielfalt von Subjekten:* Es gibt damit nicht mehr *die* Welt als Korrelat *des* Ver-

nunftsubjektes, sondern die *Vielfalt der Weltanschauungen.* Entsprechend wird das Wort »Weltanschauung« um 1800 geprägt und gewinnt zunächst in Humboldts berühmter Abhandlung »Über die Verschiedenheit des menschlichen Sprachbaues« (1834) bis hin zu Diltheys »Typologie der Weltanschauungen« philosophisch-anthropologische Bedeutung.

4.2) *Phänomenologie*
Welt ist jetzt weder die »Gesamtheit alles Wirklichen« (»System der Welt«) noch deren »Totalität«, vielmehr wird Welt jetzt als »*Horizont*« verstanden, d. h. »Welt« wird ein *ontologischer Strukturbegriff.*
Als solcher Horizont ist Welt der »*Entwurf*« einer jeweiligen Subjektivität: Alles, was wirklich sein kann, ist es nur innerhalb dieser Welt.

4.3) *Neue Phänomenologie* (aktuelle Problematik)
An die Stelle der Einzel-(Ego-)Subjektivität tritt eine bzw. die *Intersubjektivität.*

4.3   *Welt als anthropologisches Problem*
4.3.0 *Allgemeines*
Wie die historische Übersicht zeigte, wird Welt heute nicht mehr als die Gesamtheit des Wirklichen verstanden, sondern als ein »Umgreifendes«, als »Horizont«, innerhalb dessen Wirklichkeit »ist«. Die Vorgabe dieses Horizontes von Welt erfolgt von einer Subjektivität her. So gesehen ist einerseits Welt zunächst ein allgemeines, etwa ontologisches Problem. Sie ist dann als anthropologisches Problem die Vorgabe für eine solche jeweilige Subjektivität:
Mensch-sein bedeutet so In-der-Welt-sein. Das gilt für das Einzelsubjekt wie für die Intersubjektivität.
Im folgenden sollen die wesentlichen Momente von Welt herausgestellt werden: Dies sind die (formale) Struktur, die Stufen, Charaktere und Differenzierungen von der Welt. Die Unterscheidungen sind relativ.

4.3.1 *Die Struktur von Welt*
Ist Welt allgemein die Vorgabe, der Horizont, innerhalb dessen das Wirkliche wie der Mensch selbst ist, dann werden im allgemeinen folgende Momente herausgestellt:
1) *Die Konstitution von Welt*
Welt ist, wie betont, die Vorgabe, der Entwurf – oder wie man es nennen mag –, die der Mensch (als Individuum wie als Gruppe,

vgl. unten) »immer schon« aus einem bestimmten Vorverständnis heraus gemacht hat.
Traditionellerweise hatte man seit dem 19. Jahrhundert von *Weltan-schauung* gesprochen und darunter den Wirklichkeitsentwurf verstanden, der – von entsprechenden Vorgaben (Glaube, Tradition usw.) bestimmt – mehr oder minder unbewußt die Vorgabe macht, die die Begegnung mit den Dingen usw. ermöglicht. Gegenüber der Weltanschauung spricht man dann von einem *Weltbild,* wenn eine rationalisierte und modellierte Darstellung der Gesamtwirklichkeit geboten wird (vgl. etwa Weltbild der Wissenschaft).
(Eine gewisse Vorarbeit hierfür hatte die moderne Biologie, vor allem von Uexküll, geleistet, der in seiner Umwelttheorie eine Art zweiten »Kant des Tieres« darstellt: Das Tier ist, was es ist, in seiner Umwelt. Durch seine Instinkte als seinen »Bauplan« sind bestimmte Vorgaben vorgegeben, die eine entsprechende Umwelt »konstituieren«. In sie ist das Tier eingefügt – es kann nicht über sie verfügen. Entsprechend gibt es dann die Differenzierungen in Merkwelt, Wirkwelt usw. Vgl. etwa Uexküll, Bedeutungslehre, Theoretische Biologie.)
Doch zur Welt als Welt zurück: *Der Mensch entwirft Welt und ist zugleich Mensch in seiner jeweiligen Welt.* Gegenüber dem Tier ist er dies in Freiheit. Entsprechend lehrt etwa Scheler: Das Tier ist in seiner Welt, der Mensch als »nicht festgestelltes Tier« *hat* Welt. Gilt dies, dann bestimmt sich natürlich die *Wirklichkeit in ihrem »Daß« und in ihrem »Was« durch das jeweils leitende Vorverständnis:* Versteht sich der Mensch primär als theoretisches Wesen, dann gibt es nur die Dinge, versteht er sich primär als hantierendes, werkzeuggebrauchendes Wesen, dann ist die Wirklichkeit primär »zu-handen« – und nicht »vor-handen« (Heidegger) (vgl. Schema S. 134).
2) *Der Horizontcharakter*
Gilt dies, dann ist natürlich Welt der Horizont, d. h. der *Hintergrund* (vgl. das Horizonterlebnis etwa in einer Landschaft), vor dem alle Gegenstände uns begegnen, natürlich auch der Mensch selbst. Er versteht sich als ein bestimmter Mensch natürlich – wie auch seinesgleichen – in dieser Welt.
3) *Die Räumlichkeit*
Es ist klar, daß, wenn Welt ein Umgreifendes ist, sie zunächst einmal eine Art Netz abgibt, ein *Ordnungsgefüge* – oder wie man es nennen mag. In einer gewissen Analogie mit Heidegger könnte

hier von der *Räumlichkeit* bzw. der *Raumstruktur* gesprochen werden. Der Raum ist dann etwas, das als allgemeines Ordnungsgefüge verstanden werden kann, in dem alle Dinge einer jeweiligen Welt und umgekehrt jedes einzelne ihren spezifischen »Ort« (»topos«) haben: Angefangen von der unmittelbaren Umgebung, hier am Schreibtisch, draußen auf der Straße bis hinauf zum Himmel, in dem dann eventuell sogar ein Gott odgl. lokalisiert wird.

Raum steht damit vor aller Näherbestimmung etwa als Lebensraum, als »objektiver« Raum, als homogener oder leerer Raum der Physik.

4) *Die Zeitlichkeit*
Zum Raum gehört auch die *Zeit*. Es wird darüber gestritten, wem von beiden die Priorität zukommt. Heute ist es meist die Zeitlichkeit von Welt, die dann in spezifischer Weise sich auch als *Geschichtlichkeit* expliziert.

4.3.2 Die Stufen von Welt

Wird Welt auch als eine Art Universalhorizont immer schon vorgegeben, so ist sie dabei gestuft. Folgende Stufen lassen sich unterscheiden:

1) *Nähe und Ferne*
Die einfachste Stufung erfolgt nach Nähe bzw. Unmittelbarkeit und Ferne bzw. Fremdheit.

Die Welt, in der wir, d. h. ich, immer schon lebe und mich als Ich und die Dinge um mich sowie die Mitmenschen verstehe, wird heute allgemein als *Lebenswelt* bezeichnet. Sie versteht sich als »*Boden*« vor aller Reflexivität (präreflexive Welt) sowie vor allem Überbau, etwa der wissenschaftlichen Welt.

Zuweilen spricht man auch von der *Umwelt*. Sie wird jedoch meist mehr den niederen Bereichen des Menschen zugeordnet. Entsprechend kann man von *Milieu* odgl. sprechen. Interessant ist hierbei Heideggers Deutung des »*um-*«, einmal als »um-mich-herum«, zum anderen als »um-zu«.

Ganz konkret wird diese Lebenswelt vielfach noch als *Alltagswelt* mit *Alltagssprache* eingeengt.

Von ihr gibt es dann die verschiedenen Abstufungen nach so etwas wie *Andersheit,* bzw. »*fremder Welt«,* worunter natürlich vielerlei verstanden wird, nicht nur diejenige etwa der sogenannten Primitivvölker.

Versucht man an diese fremden Welten heranzugehen, dann wird meist so etwas wie eine mehr oder minder künstliche *Normalwelt* vorentworfen. Sie ist die Basis, auf die man sich einigen kann (bzw. soll und muß), um sich gegenseitig verstehen zu können. Eine spezifische Form dieser Nichtlebenswelt ist etwa die *wissenschaftliche Welt* sowie die ihr zugehörigen *Weltbilder.* Ihre Konstitution setzt eine entsprechende Einstellung usw. voraus, man denke etwa an die physikalische Welt – in der es dann nur noch metrische Gegebenheiten gibt, keine Seele, Gott odgl. mehr. Umgekehrt sieht dann eine hermeneutische Welt anders aus (vgl. hierzu Modell in Diemer, Hermeneutik, S. 130).

2) *Individual- und Sozialwelt*
Diese Dimensionierung kann sich dann auch in die »meine« – »unsere« Welt-Orientierung akzentuieren: Im nächsten Kapitel über die Intersubjektivität wird darüber zu reden sein, was etwa primär ist von beiden, wie beide ineinander verflochten sind usw.

3) *Variationen von Welt* (Normalwelt, Anomalwelt)
Die neuere Anthropologie, vor allem die phänomenologische Psychiatrie, differenziert dann noch zwischen der *normalen* Welt, etwa als unserer Welt, und der *anomalen* Welt, etwa des Schizophrenen. Aber sie besteht bereits schon für den Kranken, für den – eventuell bedingt durch Schmerzen, Einsamkeit usw. – die Welt eine jeweils eigene »Tönung« annimmt.

4.3.3 Charaktere von Welt

Die mehr neutrale Betrachtung der Stufen von Welt hatte die inhaltliche Bestimmung zurücktreten lassen. Es wird aber bei allen Momenten die verschiedene »Tönung« – oder wie man es nennen mag – unterstrichen.

So ist z. B. die unmittelbare Lebenswelt die Welt des Selbstverständlichen, des Vertrauten, der Heimatlichkeit usw. Man lebt in ihr, man lebt sich in sie ein (vgl. A. Diemer, Einführung in die Ontologie, 1959).

Demgegenüber ist die *Fremde* das *andere,* in dem sich etwa das Nichts in Angst (in der Fremde), Unheimlichkeit, Unsicherheit bekundet. Die Anthropologie des modernen Existenzialismus hat gerade diese Momente besonders herausgearbeitet (vgl. Heidegger; Sartre: »Der Ekel«, Camus: »Der Fremde«). Auch die moderne sozialorientierte Anthropologie und Pädagogik unterstreichen diese Akzente. Dabei kommen Momente zum Tragen, die im übernächsten Kapitel über das Selbst und die Selbstfindung, vor allem beim Selbstverlust, z. B. der Entfremdung, zur Sprache kommen werden.

4.3.4 *Die (materiale) Differenzierung von Welt*
0) *Allgemeines*
Können die bisher behandelten Formen von Welt im Sinne einer Art Kernschichtung verstanden werden (vgl. Schema S. 134), so ist jede jeweilige Welt zugleich in sich selbst in verschiedene Bereiche gegliedert – oder wie man es nennen mag. Diese Differenzierung ist in der heutigen Form das Produkt der geschichtlichen Entwicklung.
Voran steht hierbei die allgemeine Gliederung der Welt in *Natur und Kultur*, d. h. den Bereich des »Untermenschlichen« und des eigentlichen Menschlichen i. e. S. Im folgenden soll nur der Kulturbereich behandelt werden, da er in diesem Zusammenhang anthropologisch interessanter ist.
Entsprechend kann Welt in diesem Sinne auch als *Kulturwelt* angesehen werden, die sich in die verschiedenen *Kulturbereiche* ausgliedert. In diesem Sinne hat man die *Kultur* vielfach als das *Umfassende* bezeichnet, *in dem der Mensch als Mensch lebt und sich als Mensch versteht.* Dazu wird heute vielfach M. Landmann zitiert, der erklärt, der *Mensch sei zugleich »Schöpfer und Geschöpf der Kultur«.*
Da diese Konzeption heute bedeutsam ist, sei kurz der Problemkomplex »Kultur« behandelt, bevor zur Differenzierung übergegangen wird. Dabei wird einerseits auf das Wortfeld, andererseits auf das Kultur-Dreieck eingegangen.
1) *Das Wortfeld*
Das Wort *»Kultur«* leitet sich ab vom lateinischen *»cultura«,* worunter primär das (handwerkliche) Bauen verstanden wird; siehe auch agri-cultura, vino-cultura.
Bereits in der Antike spricht Cicero von der *»cultura animi«.* So gewinnt das Wort pädagogische Relevanz, ein Phänomen, das wir auch sonst noch kennen, man denke an Er-ziehung, an Zucht, aber auch an Kinder-Garten usw.
Die pädagogische Bedeutung des Wortes wird in der zweiten Hälfte des 18. Jahrhunderts – genau wie etwa auch Technik (ursprünglich = Methode!) – objektiviert: Kultur wird jetzt der Bereich des *»objektiven Geistes«,* den Hegel dem des subjektiven Geistes gegenüberstellt. Er verselbständigt sich mehr und mehr, so daß man schließlich von *Geistes-* und *Kultur-Leben* spricht.
Parallel dazu entwickelt sich der Begriff der *Zivilisation* (civis-Bürger). In nichtdeutscher Sprache meist mit Kultur identifiziert, differenziert man in der deutschen Wissenschaft und Philosophie zwischen beiden:

Kultur ist der Bereich der »höheren« Kultur, umfaßt die »Bildungselemente«; entsprechend versteht man vielfach die Bildung als Aneignung der Kulturwerte; Zivilisation ist dann der Bereich der »niederen« Kultur, also Technik, Industrie, aber auch Wirtschaft mit Management usw.
Diese Differenzierung ist u. E. nicht berechtigt! Alle genannten Bereiche sind Elemente der menschlichen Kulturwelt.

2) *Das Kultur-Dreieck*
Zum Schluß sei auf ein Modell hingewiesen, das sich u. E. bei aller Betrachtung von Kulturbereichen wie einzelnen Kulturgegebenheiten (z. B. Literatur, Erziehung, Wissenschaft) als hilfreich und sinnvoll erweist.

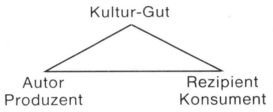

Kultur-Gut

Autor　　　　　　Rezipient
Produzent　　　　Konsument

Überall gibt es jeweils ein *Kultur-Gut:* Erziehungsziel, Gesundheit, (Kunst-)Werk, Wissen, Ware, Produkt usw.
Zu ihm gehört dann zunächst der *Autor bzw. Produzent;* beide Bezeichnungen meinen den Aktiven, den Schaffenden: den Erzieher, den Arzt, den Künstler, den Wirtschafter, den Forscher usw.
Korrelativ gehört dazu als *Rezipient* der Zögling, der Kranke, der Kunstrezipient, der Konsument usw.
In den einzelnen Theorien können die jeweiligen Elemente verschieden gewichtet werden, vor allem in Interpretationstheorien (Hermeneutiken).

3) *Gliederung der Welt bzw. der Kultur*
Heute werden die unten genannten Bereiche unterschieden, für die es jeweils eine Bereichsphilosophie gibt. Für die Reihung ist zu sagen, daß nach allgemeiner Auffassung die drei ersten: primäre soziale Mitwelt, intersubjektive Sprachwelt und geschichtliche Welt, als die Basis für eine jede mögliche Menschenwelt fungieren. Der vierte Bereich, die Religion, kann verschieden verortet werden; für die einen als eine eigene Wirklichkeit (Gott), für die anderen als ein Kulturbereich (Religion). Die anderen Bereiche stellen dann den »Überbau« i. e. S. dar.

3.1) *Soziale Mitwelt* (Gesellschaft) (vgl. oben)
3.2) *Intersubjektiver Sprachbereich* (vgl. oben)
3.3) *Geschichtliche Dimension* (vgl. oben)
3.4) *Religion*
Bei ihr ist die Weltverortung problematisch. Die traditionelle Philosophie sieht in ihr einen eigenen Wirklichkeitsbereich. Heute sieht man in ihr eine spezifische Dimension der Welt; vielfach spricht man hier auch von der Dimension des *Heiligen*. Sie ist die Dimension, in der letztlich alle Begründung fundiert ist, die der Werte, Normen usw. Man denke an Formeln wie etwa im Grundgesetz: »In der Verantwortung vor Gott . . .«.
3.5) *Das Pädagogische: Erziehung – Bildung – Ausbildung*
Der Mensch ist nicht wie ein Gott oder ein Atom das, was er faktisch ist, sondern ist ein Wesen, für das es Entwicklung, Reife usw. gibt. Um dieses Humanmoment orientieren sich die Elemente, Institutionen usw. des Pädagogischen.
Entscheidend für die moderne Anthropologie ist die Konzeption, die im Menschen ein Wesen des »life long learning« sieht, während man früher glaubte, mit seinem Erwachsensein sei dieses Problem erledigt.
3.6) *Das Gesundheits-Wesen: Die Medizin*
Der Mensch befindet sich – normalerweise – in seiner leiblich-seelisch-geistigen Wirklichkeit in einer Normalverfassung, die wir »*Gesundheit*« nennen; ihr Fehlen ist Krankheit. Gesundheit zu garantieren und wieder herzustellen, ist Aufgabe dieses Bereiches.
3.7) *Sekundäre Sozialsphäre: Recht – Staat – Politik*
Mit der siebten Kulturdimension beginnt eine Sphäre der Kultur, die man als »aufgeschichtet« ansehen kann; denn dem Menschen sind die Bereiche 1–6 wesentlich; so bereits dem »Primitiven«.
Die nun folgenden gibt es nach allgemeiner Meinung erst »auf höherer Stufe«.
Dies gilt zunächst für die *sekundäre Sozialsphäre:* Der *Staat* z. B. ist etwas historisch Gewordenes, nach Meinung mancher Theoretiker soll er auch einmal wieder absterben.
Wie es mit dem *Recht* steht, ist offen; dabei ist natürlich die Frage, ob darin ein primäres Sozialphänomen zu sehen ist, das Element des Miteinanderseins ist, oder eine gesetzliche Institution.

3.8) *Kunst*
Unter Kunst verstehen wir heute die Dimension des frei schöpferischen Menschen bzw. der von ihm geschaffenen »Kunstwelt« mit ihrer Wirklichkeit (vgl. etwa die der Musik, der Literatur usw.). Dabei ist es offen, ob der Mensch als Mensch immer schon »ein möglicher Künstler« (so etwa Croce) ist oder ob dies nur für das Genie, d. h. den übernormalen Menschen, zutrifft.
3.9) *Wissenschaft*
In noch viel stärkerem Maße trifft das bisher Gesagte für die Wissenschaft zu, vor allem für die moderne Wissenschaft. Sie gerade ist – mit allen ihren Voraussetzungen und Folgen – ein Element unserer Gegenwart, die von manchen als »Zeitalter der wissenschaftlich-technischen Revolution« angesehen wird.
3.10) *Philosophie*
Eine noch speziellere Situation nimmt die Philosophie ein. Dabei ist es offen, was im einzelnen darunter verstanden werden kann und welche Rolle man ihr zuweist, ob Mittel der Lebensbewältigung, ob schlichtes theoretisches Fragen nach dem Wesen und dem Sinn des Gegebenen oder ob Hilfeleistung für Praxis, etwa im Sinne von »Erkenntnis und Interesse« (vgl. Diemer, Allgemeine Philosophie).
3.11) *Technik*
Im Sinne traditioneller Kulturphilosophie wird vielfach Technik und Wirtschaft nicht als Kulturbereich angesehen, sondern als etwas Außerkulturelles, für das man die Bezeichnung »Zivilisation« im Deutschen verwendet. U. E. sind beide Elemente der Kultur. Technik als eigener Bereich wird etwa seit dem 18. Jahrhundert anerkannt, eine Philosophie der Technik gibt es seit dem ausgehenden 19. Jahrhundert (1877). Sie fragt nach dem Wesen der Technik: Ist sie Erweiterung der menschlichen Sinnesorgane (»Organtheorie«), ist sie Element der Wirklichkeitsbeherrschung?
3.12) *Wirtschaft*
Dieser Bereich wird vielfach als der »unterste« angesetzt. Dies hat dann umgekehrt dazu geführt, daß man wie im dialektischen Materialismus – der so in Wirklichkeit ein Ökonomismus ist – die »materiellen Verhältnisse« (Marx) als *Unterbau* ansetzt, auf dem die übrigen Kulturbereiche als Überbau aufruhen.
3.13) *Informationswelt*
Eine bislang in der Philosophie kaum gesehene Dimension ist die

der Information. Ihre Wirklichkeit wird zwar gesehen, etwa in der Gestalt der »Informationslawine«, die auf uns zurollt. Was aber noch aussteht, ist die wissenschaftlich-philosophische Bewältigung dieser Bereichsproblematik.

5. **Die Humansubjektivität und ihre Welten**
(Von der *Ego-* über die *Alter-* zur *Inter-Subjektivität*)

5.0 *Allgemeines*

5.0.1 Die bisherigen Ausführungen haben jeweils den Menschen bzw. die Subjektivität »als solche«, d. h. als Einzelindividuum, thematisiert. Da im folgenden die Subjektivität differenziert werden soll, soll von jetzt an von *Ego-Subjekt(ivität)* gesprochen werden. Gilt dies, dann gehört zu ihr eine entsprechende *Ego-Welt* – man könnte auch von der *Idio-Welt* sprechen.

5.0.2 Es war nun immer schon darauf hingewiesen worden, daß es niemals eine »abstrakte« – in des Wortes ursprünglicher Bedeutung – Subjektivität gibt. Vielmehr steht sie immer schon in einem »Verband« – oder wie man es nennen mag (Wir, Gemeinschaft, Gesellschaft, Gruppe usw.). Man könnte dann in Analogie zum Individuum als menschlichem Atom vom menschlichen *Molekül* sprechen. Die moderne Philosophie spricht hier durchweg von der *Inter-Subjektivität;* das gilt vor allem dann, wenn auch die zugehörige Welt zur Sprache kommt, deren Charakterisierung von »*intersubjektiv*« bis zu »*objektiv*« – im Gegensatz zur »subjektiven Welt« der Ego-Subjektivität – reicht (vgl. S. 198).

5.0.3 Nun könnte man sagen, daß dies alles nicht so sehr ein Thema einer Anthropologie i. e. S. sei, sondern einer *sozialen Anthropologie bzw. der Sozialphilosophie.* Dem ist entgegenzuhalten, daß es hierbei nicht (so sehr) um das Soziale als solches geht, es geht vielmehr um die soziale bzw. intersubjektive Einbindung und Bestimmtheit bzw. Vor-bestimmtheit des Menschen als Menschen. Das ist dann mehr als die einfache Tatsache, daß der Mensch faktisch immer schon in einem Sozialverband lebt; es ist aber zugleich weniger bzw. auf keinen Fall identisch mit der These, daß der Mensch Mensch nur als soziales Wesen ist (die philosophische Sozialismusthese). In der Spannung zwischen diesen beiden Antipositionen bewegt sich die *Intersubjektivitätsthematik*. Entsprechend kann man gliedern:
1. Die Humansubjektivität in ihrer Totalität

2. Die Stufung der zugehörigen Welten
3. Intersubjektivität und Intermundivität

5.1 **Die Humansubjektivität in ihrer Totalität**
Ego-, Alter-, Inter-Subjektivität
In drei Abschnitten soll der Komplex abgehandelt werden, wobei man die o. a. Folge zuweilen im Sinne einer Stufung (»von – bis ...«) auslegen könnte.

5.1.1 *Die Stufung vom Ego über das Alter zum Inter*
1) *Der allgemeine Sozialaspekt der Subjektivität*
Wenn auch betont wurde, daß hier keine Sozialphilosophie vorgetragen werden soll, so muß doch gesehen werden, daß der Mensch immer schon faktisch im Sozialen steht. Da er dabei sich immer schon selbst »als etwas...«, d. h. hier als »*sozial*«, versteht, müssen kurz die wesentlichen Vorverständnisse genannt werden. Es sind dies:
1.1) *animal a-sociale* (Individualismus, Total-Liberalismus)
Die These, etwa von Locke, lautet, der Mensch als Mensch sei – genetisch wie ontologisch – als Individuum frei gegenüber aller Gesellschaft. Diese entstehe erst sekundär (historisch wie konstitutiv) als *freier Zusammenschluß freier Individuen durch Vertrag* odgl.
1.2) *animal anti-sociale* (ontologischer Sol-ipsismus)
Der Mensch ist hiernach primär »ein Wolf gegenüber einem Wolf«; am Ursprung steht »der Kampf aller gegen alle«. Gesellschaft ist entweder ewiger Kriegszustand mit Frieden als Übergangserscheinung oder Kompromiß zur Durchsetzung und Sicherung eigener Interessen. Es ist dies die Aggressionstheorie, wie sie Hobbes als erster entwickelt hat.
1.3) *animal sociabile*
Hiernach ist der Mensch nicht so sehr faktisch als der *Möglichkeit nach auf Zusammensein* und Miteinandersein »*angelegt*« – so etwa die These von Aristoteles.
1.4) *animal sociatum* (philosophischer Sozialismus)
Der Mensch ist hiernach *genetisch* wie *konstitutiv sozial*, d. h. erst mit und durch die Gruppe, Gesellschaft als Mensch bestimmt: Freiheit bedeutet hier z. B. als »Einsicht in die Notwendigkeit«, zu tun, was das Gruppen-Mandat fordert.
1.5) *animal sociale*
Hiernach ist menschliches Sein faktisch »*immer schon*« ein Miteinandersein. Erst sekundär kann dieses »Mit-ein-ander-sein«

entsprechend den vier Vorverständnissen des Menschseins gedeutet und dann konkretisiert bzw. praktiziert werden.
2) *Ego- und Alter-Subjektivität*
Hier werden in der aktuellen Anthropologie – wie auch in der Sozialtheorie – zwei Ansätze diskutiert:
2.1) *Der erkenntnistheoretische Ansatz*
ist der übliche. Man betrachtet die »Erfahrung« bzw. die Begegnung mit dem Mitmenschen.
Sie kann als direktes – intuitives Einfühlen, Erfassen – Erfahren (Scheler) oder mehr als indirekte Analogisierung zum eigenen Ich gedeutet werden (Husserl): Ich erfahre den anderen »in Analogie zu meinem Ich«. Die »Beweise« für die eine oder andere Position sind vielfältig. Aktuell interessant ist die Diskussion um die Erkenntnis der »other minds« in der analytischen Philosophie.
2.2) *Der ontologische Ansatz*
ist u. E. der wesentliche. Hier geht es um das »*Miteinander-sein*«.
Dabei können die Akzente verschieden gesetzt werden: Ich kann mich wie den anderen verstehen im Modus des »*Mit-seins*«, des »*Mit-einander-seins*«, des »*Gegen-seins*«. Ich kann mein Sein aber auch verstehen im Sinne des »*Sein-als...*« innerhalb einer vorgegebenen Intersubjektivität, etwa mit verschiedener Stufung des Wir (inklusives, exklusives Wir usw.).
Dazu gibt es dann verschiedenerlei Modelle, so etwa das »*dialogische Prinzip*« M. Bubers, die *Interdialektik* und *Interdiaontik* (Diemer) usw.
3) *Ego- und Inter-Subjektivität*
Das vorangehende Kapitel hat schon die Überleitung vom Ich zum Wir vorgegeben: Ich und die anderen, die Gesellschaft usw. Wesentlicher für die Thematik ist der Ansatz von der Intersubjektivität, der natürlich irgendwo zum Ego führen muß.

5.1.2 *Die Inter-Subjektivität als solche*
Aus den verschiedenen Thematiken sei nur die Idee der molekularen *Subjektivität* behandelt. Wenn wir heute von »der« Gesellschaft, Gemeinschaft usw. sprechen, dann wird diese meist als eine Art »großer Mensch« – Hobbes hatte z. B. den Staat als »sterblichen Gott« bezeichnet – angesehen.
Dies vorausgesetzt, ließe sich eine entsprechende Anthropologie, mit allen zuvor genannten Momenten, explizieren: Man könnte im Sinne einer *Statik* von Volks-Geist, -Seele, -Selbst usw. sprechen. Die *Dynamik* brächte die Schichtung (z. B. Ständemodell, Klassenmodell – Kapitalist, Proletarier) mit der intersub-

jektiven Aktualisierung in den verschiedenen Handlungsformen. Hierbei käme nicht nur einfaches, theoretisches und praktisches Handeln zur Sprache, sondern die Interaktion als Arbeiten, Sprechen usw.
Wesentlich hierbei ist das *Dispositions-/Habitualitäts-Moment:* Es war gesagt worden, dieser Bereich sei einerseits *Möglichkeit der Aktualisierung,* andererseits *Garantie der Stabilisierung.* Gerade letztere spielt in der Intersubjektivität eine entscheidende Rolle: Ihre Konkretisierung vollzieht sich im Komplex der *Institutionen.*
Umgekehrt konstituiert sich in diesem Komplex wiederum ein *Kern,* ein *Intersubjektivselbst.* Dies muß allerdings nicht notwendig explizit erfolgen. Es wird implizit etwa zur Sprache gebracht, wenn von der *Identität* einer Gesellschaft und ihrer Begründung die Rede ist (als Volk, in Kultur, in Tradition); oder wenn der *Identitätsverlust* von heute konstatiert und bedauert wird; oder wenn die *entfremdete* Gesellschaft kritisiert wird.
Dies vollzieht sich natürlich nicht nur schlicht »in« »der« Intersubjektivität, sondern im Umgreifenden einer jeweiligen zugehörigen Welt. Von ihr soll im nächsten Kapitel die Rede sein.

5.1.3 *(Transzendentale) Inter-Subjektivität und konkretes »ich«* (Exkurs im Sinne von Diemer, Ideen zu einer Neuen Phänomenologie).
Die moderne Anthropologie (und die an ihr orientierte Ontologie) – nicht die Soziologie/Sozialphilosophie – setzt die Intersubjektivität als solche nicht primär als eine Art Realität an – gewissermaßen als ein Über-Ich odgl. Dieses wird vielmehr »immer schon« vorausgesetzt und ist durch das und von dem jeweilige(n) konkrete(n) »ich«, das ich »je selbst« bin, um mit Heidegger zu reden. Verstanden werden muß dies in einer gewissen Analogie zu Kants Charakterisierung seiner Philosophie als »empirischem Realismus« und »transzendentalem Idealismus«.
In vier Thesen läßt sich der Sachverhalt charakterisieren:
1) *Das Ich hat, d. h. konstituiert Welt.*
Es handelt sich um die Wiederholung der im vorangehenden

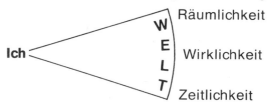

Kapitel behandelten Thematik (vgl. S. 196);»Ich« steht hier für die Subjektivität.
2) *Das Ich »ist« als Ich konstituiert durch die Intersubjektivität.* Entwirft im ersteren Schema das Ich einen Horizont, innerhalb dessen das jeweilige Wirkliche ist, was es ist, so muß gesehen werden, daß auch das Ich selbst immer schon in einem solchen Horizont steht. Das Modell möge dies illustrieren:

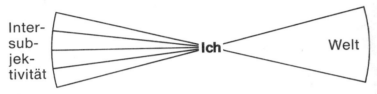

Inter-
sub-
jek-
tivität

Ich

Welt

3) *Das »ich« »trägt« als konkretes »ich« im Jetzt und Hier die transzendentale Intersubjektivität.*
Der Ansatz einer transzendentalen Intersubjektivität bringt zum Ausdruck, daß beim »Überschreiten« der Egosubjektivität keine Übersubjektivität angesetzt wird, als deren Organ, Glied oder dergleichen das Egosubjekt fungiert. »Wirklichkeit«, d. h. real, ist immer nur die jeweilige Egosubjektivität, das Ich – genauer das »ich«, das ich – z. B. der Verfasser – hier und jetzt bin (»kleines Ich«).
In diesem »ich« – nicht »in ihm« im Sinne einer nominalistischen Idee oder dergleichen – gründet die transzendentale Intersubjektivität als eine Art absoluter Hypothese. Wir müssen sie immer schon voraussetzen.
4) *Das »ich« ist zugleich Moment der fungierenden transzendentalen Intersubjektivität – wie es (vgl. 2)) zugleich durch diese konstituiert ist.*
Hatte sich das Ich zunächst als konstituiert erwiesen, dann als Träger – im Sinne etwa der Humboldtschen »Energeia« –, so ist das Ich damit zugleich mitkonstituierend, nicht einfach als die, d. h. meine Welt wie bei 1); vielmehr geht das Ich jetzt in den Horizont ein, der seinerseits das andere bzw. die anderen Ich konstituiert.

5.2 *Die Stufung der zugehörigen Welten*
(Ego-, Alter-, Inter-Subjektivitäts-Welt)
5.2.0 *Allgemeines*
Wenn früher gesagt wurde, daß zur Subjektivität immer auch eine

spezifische Welt gehört, so gilt dies analog für die verschiedenen Stufen (und Typen) von Subjektivität. Entsprechend lassen sich zunächst drei Stufen von Welten unterscheiden. Bei ihrer Darstellung muß natürlich auf die allgemeinen früheren Ausführungen zurückgegriffen und nur das jeweils Spezifische herausgestellt werden.

5.2.1 *Die Ego-Welt (»meine Welt«)*
Spreche ich von der Ego-Welt, so ist zu unterscheiden: Zunächst ist es die *(»Eigen-Welt«) »Idio-Welt«* eines jeweiligen Individuums mit allen seinen Spezifitäten, einschließlich seiner Geschichtlichkeit.
Dem liegt als Letzt-»Boden« (Husserl) *»meine« »je*-eigene« *(»Jemeinigkeit«,* Heidegger) Welt zugrunde, in der »ich« (vgl. S. 197) immer schon »zu Hause« bin. Für sie lassen sich folgende Charaktere (Husserl, Brand, Luckmann, Diemer u. a.) nennen:
1) *Selbst-verständlichkeit:* In meiner Welt ist alles »da«, wie und wo es ist. Ein Verstehensproblem i. e. S. besteht als solches eigentlich nicht.
2) *Vertrautheit:* Sie bringt dies als subjektives Moment zum Ausdruck. Entsprechend verhalte ich mich, weil ich vertraut bin und allem traue: daß morgen die Welt genauso ist wie heute, daß mich etwa keiner über den Haufen schießt, wenn ich vor die Tür gehe.
3) *Bekannt-heit:* Sie ist das zentrale »theoretische« Moment, das von der Alltagswelt bis hin zur objektiven wissenschaftlichen Welt reicht. Dabei lassen sich folgende Modi (Husserl, Diemer) unterscheiden: unbekannt – bekannt – un-erkannt – erkannt – anerkannt.
Ist *Bekanntheit* der Selbstverständlichkeitsmodus, so ist die Unbekanntheit ein (defizienter) Modus: Das *Unbekannte* ist unbekannt im Horizont des Bekannten. In es wird es dann eingefügt, etwa durch Benennen: »Das ist ja . . .«
Das so Bekannte ist dann noch nicht erkannt, wenn unter dem Erkennen das (kritische, begründend-begründete usw.) Wissen um die Zusammenhänge usw. verstanden wird. Das Bekannte ist schlicht da, das *Erkannte* kann dann erklärt usw. werden.
Dieses Erklären spielt sich zunächst ab in meiner Welt. Soll es allgemein und »objektiv« gelten, dann muß es von der ihr zugehörigen Intersubjektivität *anerkannt* werden.

5.2.2 *Die Alter-Welt*
Mit dem thematischen (!) Überschreiten der Ego-Welt kommt ein

Komplex zur Sprache, der hier nur kurz angedeutet werden kann. Er gehört ausgesprochen zur Sozialphilosophie bzw. -ontologie. Nur einige wesentliche Punkte seien genannt:
1) *Die andere als die »fremde« Welt*
Es ist klar, daß Fremdheit usw. Kategorien sind, die sich als Negationen etwa zu Selbstverständlichkeit, Vertrautheit usw. bestimmen. Das bedeutet natürlich, daß es keine kontradiktorischen, sondern nur konträre Gegensätze sind. D. h., es gibt nicht »die« fremde als absolut unverständliche Welt. Dies resultiert schon aus der Tatsache, daß wir immer schon mit einem Vorverständnis an die jeweilig begegnenden Dinge gehen. Sie werden zunächst apperzipiert als Gegebenheiten »meiner« (bzw. dann unserer) Welt. Fremdheit bedeutet dann eine Divergenz, Differenz odgl. des Dinges bzw. des Menschen gegenüber meinen Selbstverständlichkeiten bzw. meinen Erfahrungserwartungen. Diese Distanz bedingt die »hermeneutische Situation« (Gadamer).
2) *Das Verstehen als Begegnung mit der Alter-Welt*
(vgl. hierzu A. Diemer, Hermeneutik)

5.2.3 *Die intersubjektive Welt*
0) *Allgemeines*
Genau wie bei der Intersubjektivität als solcher kann auch hier von der »kleinen« und der »großen« intersubjektiven Welt gesprochen werden. Am besten spricht man von der jeweiligen Wir-Welt und der eigentlichen (idealen) objektiven All-Welt.
1) *Die (jeweilige) Wir-Welt (die normale Alltags-Welt)*
Diese Welt ist der Wirklichkeitshorizont, in dem wir immer schon leben und uns und unsere Wirklichkeit »verstehen als . . . «. In sie sind wir faktisch (!) immer eingefügt, d. h. vor-konstituiert. Von ihr aus gehen wir dann auch »weiter in fremde Welt« bzw. verstehen sie. In diesem Sinn ist sie die »*normale Alltags-Welt*« (natürliche *Lebenswelt*) mit allem ihrem Zubehör, voran dem Selbstverständlichen etwa der Regeln des Verhaltens und der Sprache.
»Rückwärts« gesehen ergibt sich die heute vielfach diskutierte Frage, ob es so etwas wie eine *Privatwelt* mit einer *»Privatsprache«* (Wittgenstein) gibt bzw. geben kann.
2) *Die objektive All-Welt*
Sie ist die Welt, die – natürlich idealiter – der/einer Intersubjektivität korreliert. In diesem Sinne gilt konstitutiv die Trias
    für alle (Subjektivität/Subjekte)

über-all (an allen Orten)
all-zeitlich (immer)
Die Behandlung ihrer Konstitution steht hier nicht an; sie ist Thema einer allgemeinen Ontologie bzw. korrelativ einer philosophischen Sozialanthropologie bzw. Sozialphilosophie.
Der Themenkomplex »objektive All-Welt« läßt sich nach zwei Extremkonzeptionen aspektieren:
1. die *All-Human-Welt* (universale Normalwelt)
2. *die wissenschaftliche Welt*
ad. 1. Sie kann als die – idealiter – extreme Form einer *Maximal-All-Welt* angesehen werden: Sie wäre die Welt, die der Universal-Mensch-heit (»universalen Monadengemeinschaft«, Husserl) korrespondiert. Sie würde die Struktur und Fülle einer Menschenwelt überhaupt ausmachen. In ihr würden die einzelnen Sonderwelten gewissermaßen »Nischen« darstellen (vgl. hierzu Diemer, Ideen zu einer Neuen Phänomenologie).
ad. 2. Sie kann als die – idealiter – extreme Form einer *Minimal-All-Welt* angesehen werden: Sie ist die Welt, in der die minimalen Ansätze gelten müssen, die von »der« Intersubjektivität, d. h. von allen überall und allzeit, als Gegebenes anerkannt werden. Genau dies ist aber das, was als Kriterium moderner *wissenschaftlicher Objektivität angesehen wird.*
Diese intersubjektiv konstituierte Objektivität läßt sich im Sinne moderner Wissenschaftstheorie (Stegmüller u. a.) durch folgende Postulate näher charakterisieren:
Sie muß (allen...) *mitteilbar* und *verstehbar* sein.
Sie muß (...) *beurteilbar, d. h. objektiv sinnvoll,* sein (Sinnproblem).
Sie muß (...) *überprüfbar (kontrollierbar)* sein.
Für sie muß angegeben werden können, unter welchen *Bedingungen* entschieden werden kann, ob sie wahr oder unwahr ist. Dies ist das *Ausgrenzungskriterium* gegenüber etwa metaphysischen o. ä. Aussagen, die erst im Rahmen der o. a. Nischen (Sonder-Metaphysiken) »objektiv« sein können.
Es muß angegeben werden können, worin die *Minimalbedingung* des thematisch Gegebenen besteht, das (...) vorausgesetzt wird.
Schließlich muß eine »objektive« Gemeinsamkeit des (...) *Anerkannten* vorausgesetzt werden. Hierbei zeigt sich, daß diese Objektivität letztlich nur einen hypothetischen Charakter – des immer wieder Korrigierens usw. – besitzt. Im Gegensatz dazu

muß es in der anderen Welt u. a. letzte absolute Geltungen (Werte usw.) geben.

5.3 *(Inter-)Subjektivität und (Inter-)Mundivität*
Zum Schluß dieses Kapitels soll eine Frage angeschnitten werden, die in der aktuellen Diskussion zwar explizit noch nicht zur Sprache gekommen ist, nach der Meinung des Verfassers aber immer zentraler zu werden scheint.

Die bisherigen Ausführungen gehen von der Voraussetzung aus, daß es immer die Subjektivität – in der Vielfalt ihrer Konkretionen – sei, die Welt bzw. die Welten vorgibt. Welt resultiert aus der »konstituierenden Leistung« (Husserl) der Subjektivität.

Es hat nun den Anschein, als müsse hier eine Art neue (»antikantische«) »Kopernikanische Wende« vollzogen werden. Hiernach wäre es die Welt, die die jeweilige Subjektivität sich konstituieren läßt. In analoger Wortbildung ließe sich sagen: Es ist die *Mundivität,* die – auf allen ihren Stufen – die Subjektivität »sein läßt«. An einigen Punkten sei dies illustriert.

5.3.1 *Welt und Subjektivität/Selbst*
In der Phänomenologie hat sich diese Entwicklung in einzelnen Momenten schon angezeigt, etwa beim späten Heidegger, bei Gadamer u. a. Grundsätzlich wird hier die Subjektivitätsorientierung um-»gewendet« (»Kehre«): Sein wie Welt geben »Behausung« und »Lichtung« vor, in der »der Mensch als Mensch ist«. Diese totale Überantwortung besteht konkret vor allem gegenüber Sprache (Heidegger) und Tradition (Gadamer). Es scheint daraus eine fast totale Aufgabe der Subjektivität zu resultieren. Demgegenüber geht die vorliegende Konzeption davon aus, daß es nach wie vor die Subjektivität ist, die als »ich« (vgl. S. 197) eine jeweilige Welt und die zugehörige Intersubjektivität »trägt«, daß sie aber den Entwurf im Sinne der *Einfügung in eine Welt* vollzieht. Dies Konstitutive von Welt kommt noch in einem weiteren Sinne zum Tragen: Das »ich« ist, was es ist, als Selbst; dieses aber konstituiert sich im Vollzug konstituierender Reflexion. So gesehen ist die Welt die Bedingung der Möglichkeit des Selbstsein von »mir« (vgl. S. 208).

5.3.2 *Welt – Einräumung und Zeitlichkeit*
Mit der zuvor entwickelten Konzeption vollzieht sich auch eine Umorientierung der Rolle der Zeit in der Strukturierung von Welt; sie tritt gegenüber dem Raum zurück. Dazu einige Bemerkungen: Die neuzeitliche Philosophie hatte mit der Setzung des »Cogito

ergo sum« das Subjekt als das »fundamentum inconcussum« der Wirklichkeit gesetzt. Dieses Subjekt gibt Daß und Was der Wirklichkeit als Wirklichkeit in »der« Welt vor.
- Diese Vorgabe manifestiert sich in der Welt-Bewältigung bzw. Welt-Gestaltung. Welt-Eroberung ist nur möglich durch Vollzug in der Zeit: Die Zeit selbst wird damit zum primären Ordnungs-Schema der Welt.

Kants Philosophie hatte die Zeit als Schema für die Konstitution der Wirklichkeit angesetzt; Heidegger ist in dieser Entwicklung mit »Sein und Zeit« der Vollender dieser Weltkonzeption. Dabei konkretisiert sich Zeitlichkeit als Zukünftigkeit. Die Einbeziehung der Intersubjektivität als Weltengrund stellt eine gewisse Ambivalenz dar: Sie ist als *Subjektivität* zeitorientiert, wobei die Zeitlichkeit zwar auch noch Zukünftigkeit bedeutet. Als *Inter-* ist sie doch mehr »innenzentriert«; so könnte man sagen, sie impliziere eine gewisse Innenstrukturierung usw.

Das bedingt eine *Umorientierung von der Zeitlichkeit/Geschichtlichkeit auf die Räumlichkeit von Welt;* sie ist das primäre »Mundial« – um in Analogie zum »Existenzial« zu sprechen.

Was hier etwas abstrakt expliziert worden ist, mag zum Schluß konkret aufgezeigt werden: Die bisherige Welteinstellung ist zukunftsorientiert, geht auf Eroberung der Wirklichkeit aus und ist vom Glauben an den Fortschritt getragen. Diese Einstellung wird heute mehr und mehr abgebaut. Die Entdeckung der *»Umwelt«* und der damit verbundenen »Verschmutzung« usw. läßt den Fortschrittsglauben, die Idee der Welteroberung usw., mehr und mehr zurücktreten. Was notwendig wird, ist gegeben etwa im Postulat der »Lebensqualität« usw.: Die Aufgabe der Zukunft ist die *»Einordnung in eine Welt«* – d. h. das Sich-Einfügen in eine Ordnung, d. h. die Räumlichkeit von Welt.

5.3.3 *Die Inter-Mundivität*

Analog zur Differenzierung der Subjektivität könnte analog jetzt eine entsprechende Differenzierung durchgeführt werden, die primär von Welt-Typen odgl. ausgeht.

Interessant wäre dabei die Idee einer*/der All-Welt.* Doch diese Hinweise mögen hier genügen.

6. Das Ganze des Mensch-Seins (»Totalität des Daseins«)

6.0 *Allgemeines*

Die bisherigen Ausführungen haben die verschiedenen Elemente, Strukturen und Dimensionen des Menschseins im statischen und dynamischen Zusammenhang aufgezeigt. Daß sie eine Ganzheit ausmachen und in einem wie auch immer näher verstandenen inneren Zusammenhang stehen, war dabei sowohl vorausgesetzt wie auch verschiedene Male explizit zur Sprache gebracht worden, so etwa im Zusammenhang der Darstellung des Selbst, speziell der Person: Man denke an Humboldts Trias von Universalität, Individualität und Totalität.

Desungeachtet muß jetzt gesehen werden, daß es sich bei alldem nicht um ein einfaches Funktionsgetriebe handelt, sondern um ein Ganzes, das aus dem inneren Kern des Menschseins heraus seine Fundierung erfährt. Dies bringt sich vor allem im folgenden zum Ausdruck: Seit eh und je gibt es die Frage nach dem »*Sinn des Seins*«, »*des Lebens*«, »*der Geschichte*« usw.

Dazu kommen noch die beiden »dialektisch« miteinander verschränkten Fragen nach dem »*Woher*« und dem »*Wohin/Wozu*« menschlichen Seins, d. h. die Frage nach Geburt und Tod. Es ist klar, daß dabei das Todesproblem das wesentlichere ist, wenn auch die Frage nach dem Woher nicht übersehen werden darf.

Es liegt auf der Hand, daß diese Fragen vor allem dort auftauchen, wo und wenn bestehende Ordnungsgefüge zusammen- und auseinanderbrechen, in denen menschliches Sein als selbstverständlich eingefügt war. Von ihren Grundprinzipien her, etwa von einer kosmischen Ordnung oder einem göttlichen Prinzip, hatte das menschliche Sein seinen Sinn erhalten. So wurde die Frage nach dem Woher durch die »Genesis« der Bibel mit dem Mythos von der Erschaffung des Menschen durch Gott beantwortet – ebenso wie diejenige nach dem Wohin – etwa im Sinne einer traditionellen »Katechismusfrage und -antwort«: »Wozu sind wir auf Erden?« »Wir sind auf Erden, um den Willen Gottes zu erfüllen und dadurch die ewige Seligkeit zu erwerben.«

Es ist klar, daß eine Darstellung aller dieser Fragen, die man im echten ursprünglichen Sinne als »die meta-physischen« bezeichnen muß, selbst eines eigenen Werkes bedürften, eben einer *Metaphysik* als einer »*Phänomenologie*« der »*letzten Dinge*«. Hier geht es um die philosophische Anthropologie.

Darüber hinaus sei noch der Hinweis erlaubt, daß dieser Totalitätskomplex es erfordern würde, den europäischen Kulturkreis zu transzendieren und auch die »fremden« »Metaphysiken« einzubeziehen.
Im folgenden sollen die drei Fragen »Wozu?«, »Woher?«, »Wohin?« in einigen wesentlichen Momenten beleuchtet werden.

6.1 *Das Sinn-Problem*
Die *Sinn-Frage* – an sich, wie gesagt, Thema der Metaphysik – soll hier nur gestreift werden. Sie stellt sich als *universales Problem* im genannten Sinn, aber auch in einer Vielfalt von *Sonderproblemen*. Aktuell ist im Augenblick das sprachliche Sinnproblem (Sinnkriterium, Sinn und Bedeutung u. ä.).
Eine Behandlung kann davon ausgehen, daß jedermann ein Vorverständnis davon besitzt, was mit dem Wort »*Sinn*« gemeint ist. Es hat einen formalen und einen materialen Bedeutungsgehalt: In der ersten Bedeutung ist gemeint, daß es irgendwie »im Letzten« eine wie auch immer strukturierte Ordnung, einen im letzten widerspruchsfreien Zusammenhang udgl. gibt. In der materialen Bedeutung wird eine inhaltliche Vorgabe gemeint, von der sofort noch zu reden sein wird.
Es gilt heute allgemein, daß jeder vernünftige Mensch im letzten überzeugt ist, daß es so etwas wie einen Sinn, zunächst im *formalen Sinne* gibt. Das gilt auch für den Menschen, der der Meinung ist, alles sei sinnlos, sei absolut. Nicht zuletzt vertritt der »Philosoph des Absurden« Albert Camus (1913–1960) diese These: Sagen, alles sei sinnlos, kann nur das/ein Wesen, das die Sinnhaftigkeit der Welt vertritt. Etwas, etwa eine konkrete Situation bis hin zur »condition/situation humaine«, als absurd erklären, heißt Sinn stiften.
In der *materialen Sinnbegründung* zeigen sich viele Formen; es ist einmal die Voraussetzung letzter Prinzipien wie Kosmos, Gott, Göttliches, Natur, Leben, Materie odgl. Aussagekräftiger scheinen die Bezeichnungen zu sein, die wir in den verschiedenen Sprachen und Kulturen vorfinden. Einige bekannte seien genannt:
griechisch: moira (idg. Wurzel) – »das Zugeteilte« (meros – Teil)
tyche, eigentlich der »*Zu-fall*«, ursprünglich das, was einem (glücklich oder unglücklich) zufällt bzw. zugefallen ist (pais tyches = Glückskind). Erst später findet sich die heute mehr »sinnlose« Bedeutung »Zufall«.

lateinisch: fortuna, das Schicksal, die Schicksalsgöttin; Glück oder Unglück
ordo – Reihe, Zustand, Ordnung
deutsch: Schick-sal/Geschick – von schicken – das, was uns geschickt bzw. beschieden wird.

6.2 Der Tod

Daß der Tod ein menschliches Grundphänomen wie ein Grundproblem ist, steht außer Frage. Ja er wird vielfach sogar als ein, ja das Spezifikum menschlichen Seins überhaupt angesetzt; zeugen doch die Grabbeigaben der Prähistorie als erste Zeichen dafür, daß dieses Wesen, das von uns heute her als Mensch angesehen wird, an so etwas wie Weiterleben odgl. glaubt und so den Tod vorweg *erlebt.*

In der Philosophie erfährt das Todesproblem ein wechselndes Schicksal: Am Anfang der Philosophie steht – etwa bei Platon – die These, daß Philosophieren ein Sterben sei, wie umgekehrt später die These, daß das Todesproblem der Stachel des Philosophierens sei, so etwa bei Bergson.

Doch in der Geschichte ist er meist ein Randproblem. In der Neuzeit läßt sich das am besten feststellen, wenn man die Philosophielexika auf das Stichwort hin durchschaut; das gilt z. T. noch für die Gegenwart.

Doch hier gerade, etwa seit den zwanziger Jahren, nach den großen Schreckenserlebnissen des Krieges und vor allem in der aktuellen Gegenwart, wird das Todesproblem mehr und mehr zu einem Zentralanliegen. Das gilt voran im Rahmen der (Philosophie)-Medizin, aber auch der Philosophie selbst, und hier nicht nur in der existenzphilosophischen Tradition, d. h. in der Philosophie, in deren Mittelpunkt das Individuum steht. Selbst in einer so antiindividuellen Philosophie wie dem Marxismus, wo das Todesproblem bislang so gut wie überhaupt keine Rolle spielte – man vergleiche hierzu etwa das Philosophie-Wörterbuch von Klaus-Buhr –, wird es mehr und mehr zu einem Anliegen, das vor allem die Sozialdimension mit einbezieht: Es sind vor allem vier Wörter, die heute das Problemfeld charakterisieren: *Tod* – *Sterben* als mein wie dein Sterben – *Unsterblichkeit* als Frage nach dem »Nachher« – *Euthanasie* als ein differenziertes Problemfeld, zu dem nicht nur das »Beseitigen unwerten Lebens«, sondern auch die »Sterbehilfe« in aktiver und passiver Form gehört.

Im folgenden soll zunächst das Wortfeld aufgezeigt werden, dann als wesentliche Momente der Tod als Gegebenheit und der Tod als Problem, sei es als Problem des Bewußtseins wie der Mitwelt. Der große Komplex der Deutung des Todes steht im inneren Zusammenhang mit der Sinnfrage des Lebens.

1) *Wortfeld*
griechisch: thanatos; die Bedeutung ist: »zerstieben, erlöschen«. Abgeleitete Wörter sind *Eu-thanasie* in der ursprünglichen Bedeutung des »schönen Todes« bis hin zur modernen Konzeption der »Todeshilfe« im vielfältigen Spektrum seiner Bedeutungen. *Thanatologie* ist heute die medizinische Disziplin, die sich mit dem Todesproblem in allen seinen Aspekten, vom physiologischen bis zum seelischen und personalen befaßt.
lateinisch: mors; die Wurzel geht in die Richtung »moira« (»Lebensanteil«).
nex – der gewaltsame Tod
deutsch: Tod – die Bedeutung geht in Richtung »aushauchen«.
französisch: mort (vgl. lateinisch)
englisch: death, to die (vgl. deutsch)
In den klassischen Sprachen wurde meist – auch terminologisch – zwischen dem »natürlichen« und dem »unnatürlichen« Tod unterschieden.

2) *Der Tod als Gegebenheit*
Von allen menschlichen Phänomenen unterscheidet sich das Phänomen Tod dadurch, daß er gerade dann nicht als Problem vorliegt, wenn er wirklich ist, vielmehr ist es mehr sein »Bevorstand«, in dem er gegeben ist. Daher könnte auch das, was dann als Totes vorliegt, gerade nicht zum Todesproblem gehören.
So seien einige Formen der Gegebenheiten genannt:
Bis vor kurzem war der Tod nur als klinisches und juristisches Problem gegeben – so steht es meist in den philosophischen Lexika. Klinisch ging es um die »objektiven Todeszeichen«, angefangen von der Leichenstarre bis – heute etwa – zum Verschwinden bestimmter Hirnfunktionen. Auch bei der juristischen Fragestellung ging es wesentlich um das Totsein des Toten.

3) *Der Tod als Problem*
Wie gesagt ist heute aktuell die Stellung zum Tod, zum Sterben und zu allen damit verbundenen Problemen. Das gilt sowohl *individuell* wie sozial.
Es ist klar, daß die Stellung zum Todesproblem grundsätzlich von seiner Deutung abhängt, die sich ihrerseits aus bestimmter metaphysisch-weltanschaulicher Vorgabe bestimmt (vgl. unten).

Der Tod ist aber auch ein *Sozial*problem: Es ist vor allem die Stellung zum Sterben »des anderen«, angefangen von allen Formen der Vorbereitung auf den Tod – früher gab es eine Einübung in die »Ars moriendi« – bis hin zum Problem der Sterbehilfe, mit dem Wort »Euthanasie« mehrdeutig bezeichnet.

4) *Die Deutungen des Todes*
Hier müßte eine Geschichte des Todesdenkens gegeben werden. Dabei wären einerseits die großen Formen der Metaphysik aufzuzeigen, die – etwa durch Vorentscheidungen über das Problem des Weiterlebens nach dem Tode (»Unsterblichkeitsproblem«) – dann entsprechende Deutungen entwickelten, so etwa als Tor ins Jenseits (im Christentum) oder als totalen Rückwurf ins Diesseits (Epikureer, Existenzphilosophie), da es kein Jenseits gibt usw.

Andere Deutungen suchen nach der Verankerung des Todesphänomens im menschlichen Sein selbst: so in der Theorie eines angeborenen Todestriebes. Der Tod kann dann sogar kosmisch – zum Leben gehört der Tod (Aristoteles, Goethe u. a.) – oder im Sinne der Weltentropie begründet werden.

Diese Hinweise müssen genügen, die angegebene Literatur muß zur Allgemeinorientierung herangezogen werden.

7. Reflexivität und Selbst-Sein

7.0 *Allgemeines*
Das Folgende ist eine Rekapitulation im Sinne des Zuendeführens der früheren Bestimmung der Kernschichtungsverfassung des Menschen, genauer des Selbst. Jene Ausführungen verfolgten die Strukturierung usw. im Sinne der Intentionalität, d. h. den Weg von *innen nach außen,* d. h. vom Ich-Kern über die Dispositions-/Habitualitäts-Dimension über die Aktualisierung in der Vielfalt der Handlungen hinein »in die Welt«. Dies alles vollzieht sich in den Stufungen der Subjektivität bis zur Intersubjektivität.

Dem korreliert im Sinne der *Reflexionsstruktur* umgekehrt der Weg *»von außen nach innen«,* d. h. von der Welt über die Zwischeninstanzen auf den Ich-Kern zurück.

Dies gilt auch entsprechend für die verschiedenen Stufungen der Subjektivität/Intersubjektivität.

7.1 *Die Ego-Subjektivitäts-Reflexivität*
7.1.1 *Die Reflexivitäts-Struktur*
Traditionell leitend ist die Konzeption des deutschen Idealismus, wie sie von Fichte grundgelegt und von Hegel und sich weiter am Idealismus orientierenden Denkern bis heute expliziert wird. An sich war das Schema bereits S. 120 aufgezeichnet worden. Es sei aber hier noch einmal mit den dort genannten Modi wiederholt und entsprechend entfaltet.
7.1.2 *Das Selbst-Sein und seine Modi*
Vier Modi waren unterschieden worden:
1) *Selbstsein,*
das zugleich *Selbstwerden* (im positiven) wie aber auch *Selbstentfremdung* (im negativen Sinne) (vgl. S. 212) ermöglicht. Dies gilt nicht nur im ortho-, sondern auch im patho-anthropologischen Sinn (Ethik, Medizin, Pädagogik; vgl. S. 219) (vgl. Existenz).
2) *Selbstwissen*
als Wissen um sich; so gesehen kann das Bewußtsein als ein spezifisches Moment des Selbst angesehen werden.
3) *Selbstgestaltung*
als Praxis der »Arbeit an sich selbst«.
4) *Selbstzuständigkeit,*
die Selbstverantwortung usw. impliziert (vgl. Person!).
7.1.3 *Die Selbst-Werdung*
Grob gesagt, vollzieht sich dieselbe von der Vorgegebenheit des »An-sich-Selbst« zum »Für-sich-Selbst«.
Die konkrete Entwicklung hierzu ist:
1) die *Selbstfindung* und die damit *verbundene Konstitution der zugehörigen Welt,* sei es der *Umwelt,* deren man sich »als dieser« bewußt ist, sowie der *Mitwelt* als der Zugehörigkeit zu diesem Wir. Hierbei erfolgt die Einordnung in das Gefüge der Regeln, Normen, Institutionen usw., kurzum die *Sozialisation.*
Wie weit die *Internalisierung* dieser Normen usw. das in den meisten Anthropologien und Handlungslehren anerkannte *Gewissen* ausmacht – oder ob dieses alledem gegenüber schon vorgängig ist, ist hier nicht zu diskutieren. Es gehört in die Handlungslehre i. e. S.
2) Diese Selbstwerdung ist zugleich eine zeitlich-geschichtliche *Reifung* zu dem, was man dann als *Persönlichkeit* anspricht. Sie konstituiert sich in der Doppelseitigkeit von
2.1) der *Identitätsfindung* als Ausbildung dessen, was man den

reifen Menschen in seinem Charakter usw. nennt. Dies gilt etwa in der Pädagogik durch die Vorgabe entsprechender Ideale (Leitbilder), wie in der Psychotherapie, vor allem etwa bei C. G. Jung. 2.2) der »*Ent-faltung* der Persönlichkeit« in der möglichen Fülle ihrer wie auch immer explizierbaren »Möglichkeiten« (Begabung usw.).

Anmerkung:
Zum Schluß mag die Frage angeschnitten werden, ob dieser Prozeß insgesamt so etwas ist wie eine *Selbstfindung* (gewissermaßen als Ent-deckung) oder eine *Selbst-Gewinnung* eines Neuen.

7.1.4 *Das Gelingen und Gelungensein der Selbstwerdung*
Während in früheren (praktischen) Philosophien und Anthropologien die Selbstwerdung durchweg unter positivem Aspekt gesehen und postuliert wurde, gehört es in den heutigen Individual- wie Sozialanthropologien, seien sie wissenschaftlich, philosophisch, pädagogisch o. a., fast durchweg zur Selbstverständlichkeit, man möchte fast sagen, zum guten Ton, nur die negative Seite des ganzen Komplexes zu sehen und zu explizieren. Im Sinne einer orientierenden Übersicht und ohne auf sogenannte »gesellschaftliche Hintergründe« für diese negative Orientierung einzugehen, seien einige allgemeine (historische) Hinweise, leitende Wörter bzw. Ideen erlaubt.

Leitend für das *griechische* Denken ist Wort und Idee der *eudaimonia,* so wie sie vor allem *Aristoteles* entwickelt hatte. In ihr kommt einmal die Gleichgewichtung von aktiver Selbstbeteiligung und erfahrender Zuteilung (moira) zum Ausdruck; zum zweiten realisiert sie das »Wohl«-(»eu«) sein auf den verschiedenen Ebenen menschlichen Daseins: leiblich–seelisch–geistig–transzendental. Spezifisch ist dabei der Vorrang der »vita contemplativa« gegenüber der »vita activa«.

»Höchste Vollendung des Menschen« (Thomas) ist nach *lateinisch-christlicher Tradition die beatitudo.* Sie besteht nach Boethius im »Zustand des Zusammen aller Güter«, nach dem »von Natur aus« alle Menschen streben. Die diesseitige Glückseligkeit – die *felicitas* – wird überhöht von dem »*ewigen Leben*«; denn nur dort sind wir »wir selbst«; wir haben dort die Einheit von dem Selbst, das wir »an sich« – d. h. gemäß dem Willen Gottes – und das wir »durch uns« bzw. »für uns« durch unser Leben »erworben« haben, erreicht.

Für die *Neuzeit* scheidet jedes Jenseits aus; das Gelingen des

diesseitigen menschlichen Seins und Daseins wird durch drei Kriterien bzw. Ideen(momente) bestimmt: *Vollkommenheit – Glück – Zufriedenheit.* Leitend ist dabei zunächst die Idee der Vollkommenheit des Menschseins; sie kann negativ durch Ausschluß allen Übels usw. (Schopenhauer, Gassendi, E. v. Hartmann u. a.), vor allem aber positiv etwa als »Zustand eines vernünftigen Wesens in der Welt, dem es, im Ganzen seiner Existenz, alles nach Wunsch und Willen geht« (Kant), bestimmt werden. Im einzelnen können natürlich wiederum die verschiedenen Stufen menschlichen Daseins als relevant herangezogen werden.
Interessant ist die Entwicklung seit dem *deutschen Idealismus:* Für diesen könnte etwa W. v. Humboldts Vollendung des Menschen als Bildungswesen genannt werden: Einheit des Ichselbst in der *Totalität* der Ineinsbildung von kultureller *Universalität* und je eigener *Individualität.* In der Folgezeit wird das Lebenssinn-Ideal immer mehr abgebaut hin auf das »Daß« des jeweiligen Daseins. Formal gesehen wäre die Vollendung des Selbstseins das Leitbild des existenzorientierten Denkens; in seiner Ego-Isoliertheit allerdings prävalieren die negativen Aspekte.
Heute werden vor allem – vgl. die Entwicklung des existentiellen Denkens (S. 125) – *soziale* Aspekte betont. So etwa im Sichfinden in einem »Wir« (Heidegger) usw. Wie weit dabei aber gerade die Selbstwerdung und damit eine Selbstfindung gelingt, die von Glück und Zufriedenheit begleitet ist bzw. daraus besteht, muß im Hinblick auf die aktuelle Situation bezweifelt werden.
Dahingestellt bleiben müssen auch die Vorschläge mancher »ethischen Anthropologen«, die von einem »kleinen Glück« in einer »endlichen menschlichen Welt« und einem dazugehörigen »Sich-zu-frieden-geben« als »Zufriedenheit« (man denke an die Assoziation von Zufriedenheit und Frieden!) sprechen (Bollnow u. a.).
Hochaktuell ist das Problem des Gelingens der *Selbstwerdung von Gruppen* in der internationalen Welt, etwa im Hinblick auf das Selbstwerden einzelner »unterentwickelter« Gruppen, Kulturen, Völker usw. (vgl. S. 214).
Geht man, um abzuschließen, von der Besprechung des positiven Gelingens der Selbstwerdung und dem damit verbundenen Problemkomplex zum Mißlingen derselben über, so hat man von hier aus gesehen vielfach den Eindruck, daß der folgende Problemkomplex wesentlich von einem Denken bestimmt wird, das

im letzten »egoistisch« orientiert ist, d. h. letztlich nur sich selbst kennt, ohne selbst etwas Besseres zu wollen und an seiner Erreichung zu arbeiten, vielmehr immer nur an »die anderen« appelliert.

7.1.5 **Das Miß-lingen von Selbst und Selbst-Werden**
0) *Allgemeines*
Die folgenden Ausführungen verstehen sich nicht als einfache empirische Aussagen, selbst nicht im Sinne von eventuell pädagogischen, tiefenpsychologischen odgl. Sie müssen vielmehr in einem philosophisch-anthropologischen Sinne genommen werden, so wie sie etwa Heidegger in der Existenzialontologie, aber auch die Medizin versteht.

Das Mißlingen als solches kann einmal als *Nichtgelingen* des Selbstwerdens und -seins sich vollziehen. Hier bleibt das »Zu-sich-selbst« immer unterwegs, ohne daß Reifung, Persönlichkeitsbildung udgl. stattfinden.

Meist jedoch vollzieht sich das Mißlingen als *Verfallen* in ein Anders-sein »als-es-selbst«. Zwei Möglichkeiten werden in der Literatur unterschieden:

1) Das Verfallen an das *»man«*. Wenn diese Möglichkeit philosophisch natürlich vor allem in der Existenz- und Existenzialphilosophie zur Sprache kommt (bs. Heidegger), so liegt sie doch allem Reden von der modernen »Ver-massung« udgl. zugrunde. Im Sinne einer Gegenkritik wird eingewendet, dies sei ein typisches Vorverständnis der bürgerlichen liberal(istisch)en Welt bzw. eine Kritik derselben an allen Lehren vom Menschen, die sein Wesen als gesellschaftlich konstituiert sehen.

2) Weit mehr ist die Rede von der *Ent-fremdung* verbreitet. Für das volle Verständnis mag ein historischer Hinweis auf den Wortgehalt sinnvoll sein: Da ist einerseits der *religiöse* Gehalt, wenn Augustinus von der Entfremdung von Gott spricht, in die Verfallenheit an die Welt; da ist dann andererseits der *medizinische* Gehalt in Form der »alienatio mentis«, der »Ver-rückt-heit des Geistes«, der seiner Normalität entfremdet wird.

Anthropologisch-ontologisch relevant werden Begriff und Idee der Entfremdung weitgehend bei *Hegel* und *Marx*. Beide gehen zunächst davon aus, daß die Entfremdung ein Verfehlen, d. h. Nichtwerden des Wesens des Menschen darstelle. Bei Marx kommt noch hinzu, daß hierbei der Mensch als Produzent – wie weit die Bestimmung als Arbeiter hier greift, sei dahingestellt – primär als Modell hingestellt wird. Dabei lassen sich bei Marx zwei

Möglichkeiten unterscheiden: Einmal wird dabei die Arbeitskraft als das Wesentliche im Menschen angesehen; die Entfremdung in der modernen kapitalistischen Arbeitssituation wird dann darin gesehen, daß hier der Mensch im Arbeitsvertrag sich als eine Arbeitskraft verkaufen müsse; dadurch wird der *Mensch* qua Arbeitskraft zur *Ware*. Zum anderen kann in dieser Situation der Mensch nicht als Arbeiter, d. h. als Produzent angesehen werden, vielmehr wird er nur genommen im Modus seines Produktes: Der Mensch ist ein Ding; die Entfremdung besteht in der *Verdinglichung*.

Um die Fülle der Möglichkeiten anzuzeigen, seien die Unterscheidungen von Berger und Pullberg (»Verdinglichung und soziologische Kritik des Bewußtseins«) genannt:

2.1) Versachlichung (objectivation): Hier wird die menschliche Subjektivität in Produkten verkörpert.

2.2) Vergegenständlichung (objectification): Der Mensch wird genommen, distanziert vom Akt des Produzierens und von seinen Produkten.

2.3) Entfremdung (alienation): Die Einheit von Produzent und Produkt zerbricht, indem die Faktizität selbständig wird.

2.4) Verdinglichung (reification): Das Moment im Prozeß der Entfremdung, mit dem das Merkmal des Ding-seins zum Maßstab der objektiven Realität wird. Verdinglichung ist entfremdete Vergegenständlichung.

7.1.6   *Die Relevanz des Nichtgelingens der Selbst-Werdung*
Es handelt sich dabei zunächst um Modalitäten des normalen Seins des Menschen, wie sie sich in jeder Lebens- und Alltagswelt finden. Sie werden aber relevant in »anomalen« Daseinssituationen: z. B. in der Pädagogik, in der Sozialontologie, vor allem aber in der modernen Medizin – und hier in zunehmendem Maße (vgl. Philosophie der Medizin).

7.2   *Die Inter-Subjektivitäts-Reflexivität*
Es ist klar, daß – wenn zuvor die Intersubjektivität als eine »Molekularsubjektivität« verstanden worden war – analog alle die genannten Momente auch hier sich finden. Das gilt zunächst für die »kleinen« Intersubjektivitäten (Gruppen, Gesellschaften, Kulturen).

Hier werden die entsprechenden Momente immer wieder in der modernen Sozial- und Polito-philosophie herangezogen. Wie weit hier Analoges von der großen Intersubjektivität gilt, mag offen bleiben.

7.2.1 *Die Wir-Inter-Subjektivität*
Hier geht es weniger um so etwas wie eine Reflexivität auf ein Selbst odgl. Vielmehr betrifft das Problem hier in erster Linie die *Stabilisierung* und die *Identität(sfindung)* des jeweiligen Wir. Für die *Stabilisierung* können verschiedene Möglichkeiten (Tradition, Konvention, Machtdruck usw.) angegeben werden. Philosophisch-anthropologisch relevanter ist die Frage der *Identität.* Denn dort geht es nur um die Etablierung eines gewissen Gleichgewichts odgl., hier aber geht es um den Grund eines Wir, der als Basis etwa für Begründung und Legitimation einer entsprechenden Intersubjektivität und zugehörigen Welt fungiert bzw. fungieren soll.
Dabei stellt sich die bereits egosubjektiv relevante Frage, ob es sich bei alledem mehr um eine *Identitätsfindung* – kraft bestimmter Vorgaben – oder um einen *Identitätserwerb* bzw. eine -erarbeitung handelt. Im ersten Sinne spielt z. B. die Frage der »*Ethnizität*« heute eine große Rolle; man denke etwa an die verschiedenen Versuche der Identitätsbegründung des »black people« in den USA oder selbst der Deutschen »als Deutsche«, sei es in der Bundesrepublik, sei es in der DDR, oder gar der Identitätsfindung »des Landes Nordrhein-Westfalen«.

7.2.2 *Die All-Inter-Subjektivität*
Die früheren Ideen einer All-Intersubjektivität gingen weitgehend von metaphysischen Voraussetzungen aus: Am Ende der Zeit soll es zu einer universal vorbestimmten Allmenschheit »aller Guten« kommen; oder die der Welt und der Geschichte immanente absolute Vernunft soll über die Phase der Aufklärung und der Auseinandersetzungen am Ende der Zeiten »zu sich selbst« kommen. All dies zählt heute nicht mehr; vielmehr wird alles absolut weltimmanent gesehen.
Eine Art Übergang stellt die marxistische Idee von einem Endzeitalter dar, in dem es nach der Zeit der Klassenkämpfe und Klassendiktaturen – zuletzt derjenigen des Proletariats – zu einer universalen freien Gesellschaft kommen werde, die nicht mehr durch Staat und Arbeit bedrückt ist (so Marx in der »Deutschen Ideologie«).
Allen diesen Konzeptionen gegenüber besteht, vor allem in der westlichen Welt, ein zweifacher Zweifel: Einmal zweifelt man an jeder Art einer natur- und geschichtsimmanenten Notwendigkeit einer solchen Entwicklung, deren Konzeption letztlich ein Produkt der säkularisierten Aufklärung darstellt. Zum zweiten wird über-

haupt bezweifelt, ob eine solche ideale Zukunftsmenschheit überhaupt möglich sei oder ob nicht die Menschen ihrer jeweiligen »Faktizität« verhaftet seien. Daher ist man vorsichtiger geworden. Man schlägt das Medium des Gesprächs und des »Diskurses« auf allen Ebenen der Intersubjektivität vor, um so zu einer herrschaftsfreien Gesellschaft zu kommen, die durch eben solche Diskurse auch die moralischen und politischen Probleme lösen könnte.

Vielleicht ist hier die Bescheidung auf die ständige – prometheische – Arbeit zur Gewinnung und Gestaltung einer humanen Welt die mögliche Lösung.

8. Variationen des Mensch-Seins

8.0 *Allgemeines*
Die bisherigen Ausführungen haben – bei aller Offenheit der Darstellung – im Grunde immer von »dem« Menschen, »der« Welt usw. gehandelt. Daß es dieses *Normal-* und *Idealmodell* nicht gibt, war zwar auch gesagt worden. Es muß aber noch darauf hingewiesen werden, daß im Sinne der modernen Anthropologie es so etwas wie ein Allgemeines »Mensch« nicht gibt, demgegenüber die jeweiligen Individuen als schlichte Besonderungen fungieren. Vielmehr wird – im Gegensatz zu vielen Vorwürfen gegen die moderne Anthropologie (vgl. Kritik S. 72) – mehr und mehr unterstrichen, daß es eine Fülle von Variationen des Menschseins gibt.

Das *Problem der Variationen* muß richtig gesehen werden. In der alten Tradition waren die zu behandelnden Formen mehr oder minder Minderungen, Unterformen des Normalen; der *Kranke* war minderwertig, vor allem der »Geistes«-Kranke. Analoges galt für die *»Primitiven«*, die »Kulturlosen« usw.

Dem entgegen steht heute die Rede von der Variation des Menschseins im Sinne der *Gleichwertigkeit aller Formen* des ontologischen Menschseins als solchem: Der Kranke ist ebenso Mensch wie der Gesunde, der sogenannte Primitive wie der Zivilisierte.

Die *theoretische Erfassung und Darstellung* ist vielfältig. Eine einheitliche Konzeption gibt es nicht.

Folgende Aspekte sind zu berücksichtigen; sie treten meist in einer Antithetik auf:

formale gegen materiale Variabilität,
Normativität gegen Faktizität,
Qualifikation gegen Deskription,
Idealität (im Sinne der »Idealtypik«) gegen faktische Gegebenheit,
subjektive Erfahrung (»fremd«) gegen objektive Gegebenheit,
absolute Stabilität gegen Entwicklung,
reale Variation gegen Variation der Selbstdeutung.

8.1 *Formale Variation*
Hier geht es darum, daß unabhängig von der einheitlichen Vorgabe bestimmte Variationsformen, -typen usw. auftreten können. Am formalsten ist die Dimensionierung nach *Dieselbigkeit* und *Andersheit, So-* und *Andersartigkeit.* Hierbei braucht es nicht nur um das Faktische zu gehen, sondern auch um das Metaphysische, man denke etwa an die vieldiskutierte Entfremdung u. ä. Die bekannteste Variationsform ist diejenige, die sich an der *Normalität* orientiert. Hierbei werden verschiedene Typen unterschieden, so etwa die *statistische Normalität,* d. h. der Durchschnitt. Diese Tatsache kann etwa in der Existenzphilosophie in der Form des »man« (»man tut dies«, »man tut dies nicht«) eine große Rolle spielen (vgl. Existenz S. 125).
Eine andere Form ist die *Idealnorm* im Sinne des Idealtypus. In jeder Gruppe, Menge usw. ist eine gewisse ideale Typik vorgegeben, sei es im eigenen Bewußtsein, sei es in der Meinung »der anderen«. So gibt es nicht nur »den wahren/idealen Menschen« – natürlich in einer jeweiligen Gruppe. Es gibt auch die Doppelsinnigkeit der Rede vom »wahren Deutschen«, einerseits etwa im Sinne Fichtes in seinen »Reden an die deutsche Nation«, andererseits im Sinne der Ausländer, die deutsche Touristen in je verschiedenem Vorverständnis erleben und qualifizieren.
Die *funktionale Normalität* orientiert sich an der Normalität i. e. S., genauer an dem Vorverständnis dessen, was man »normalerweise« an Verhalten erwartet. Alles, was dieser Erwartung nicht entspricht, kann dann als abnorm, als krank odgl. verstanden, und es kann ihm entsprechend begegnet werden.
Sind die beiden genannten Grundformen mehr oder minder statisch, so ließe sich eine Normalität auch unter *dynamischem* Aspekt aufstellen. Hier ist das Normale das Selbstverständliche, Traditionelle, das Anomale das *Neue.* Vom Neuen kann in *qualitativer* und *quantitativer Hinsicht* gesprochen werden: »Neu« ist

zunächst das, was man nicht erwartet hat; aber wo und wie das Neue sich gibt bzw. geschieht, ist dann umstritten. Es tauchen hier alle Fragen auf, die wir in *Entwicklung* und *Geschichte* kennen: angefangen von der Entwicklung – »wie bisher« – bis hin zur Revolution in verschiedener Stufung.

8.2 *Materiale Variation*
Hier sind bestimmte Inhalte als Orientierung vorgegeben. Folgende Formen lassen sich unterscheiden:
Männlich – weiblich/fraulich (Mann – Weib)
So unumstritten es ist, daß biologisch und physiologisch (?) zwischen Mann und Frau ein Unterschied besteht – worin dieser auch immer begründet sein mag (anatomisch, physiologisch-hormonal usw.) – so umstritten ist es, ob es dergleichen Unterschiede in dem Sinne gibt, daß man diese Thematik im Rahmen der Behandlung der Variationen des Menschseins aufgreifen kann bzw. muß.
Ob es dergleichen gibt, sei offengelassen. Jedenfalls gibt es eine diesbezügliche Diskussion, gibt es Standpunkte usw., die nicht nur die Psychologie und Soziologie betreffen, sondern auch das, was zur philosophischen Anthropologie gehört.
Man denke etwa an die vieldiskutierten drei »bürgerlichen K« für die Fraulichkeit: Kinder, Küche, Kirche!
Wesentlich bei der Diskussion bleibt, daß von vorneherein die jeweilige Bestimmung grundsätzlich in einer *Reziprozität* gesehen wird, gleichgültig, ob man eine Identität, eine totale Verschiedenheit oder eine polare Korrelation als wesentlich ansieht.
Leitend auch noch bei der aktuellen Diskussion ist das *Polaritätsmodell*, das bis in den Mythos zurückreicht:
Auf der einen Seite steht ein Prinzip: das Helle, das Hohe, das Licht, der Himmel, die Sonne, das aktive gestaltende Prinzip, das in sich Rationalität, Logos usw. beinhaltet; es manifestiert sich im Männlichen. Sein Leitgott ist Apoll wie auch das Yangprinzip.
Dem steht das andere Prinzip gegenüber, das Dunkle, das Tiefe und Klaffende – dies bezeichnet das griechische Wort »Chaos« (die Kluft, das runde Offene, in das dann der ragende Penis eindringt). Dieses Prinzip repräsentiert das Anti- bzw. A-rationale – aber auch das Herz, das Bergende und Heim(at)-liche und Hütende-Schützende. Es manifestiert sich in Dionysos einerseits, in der Gaia, d. h. der bergenden Erdgöttin andererseits.

Während in der Geistesgeschichte und entsprechend in der Philosophiegeschichte das männliche Wesen relativ invariant bleibt, konkretisiert sich das weibliche Wesen in drei Grundformen: der Jungfrau, der Geliebten und Braut/Frau und schließlich der Mutter. Klassisch – sogar allgemein menschheitlich gesehen – manifestiert sich diese Trias in der Bestimmung der Maria im christlichen Mittelalter (vor allem in der Kunst). Die genannten Charaktere sind auch heute – wenn auch vielfach eher implizit als explizit – noch weitgehend leitend, zumindest nicht totaliter abgelehnt.

In der heutigen philosophischen Anthropologie kommt das Thema kaum zur Sprache. Soweit in der allgemeinen Diskussion das Thema angeschnitten wird, tendiert man zum Gemeinsamen bzw. zur Polarität.

Unreif – reif
An jedem Lebendigen läßt sich diese Variationsbreite feststellen. Sie gilt natürlich in besonderem Maße für den Menschen und hier in verschiedener Hinsicht; voran stehen die beiden Bereiche von Individualität und Sozialität, fast möchte man sagen: Einzelmensch und Menschheit. Hier ließe sich das biologische Grundgesetz (vgl. S. 51) entsprechend umformulieren: »Die Individualgenese ist eine Vorwegnahme der (Menschheits-)Gattungsgenese.« Die *Individualgenese* liegt in der bekannten Variationsentwicklung vor, die teils »natürlich«, teils »pädagogisch« sich vollzieht. Bedeutsam ist hierbei natürlich in erster Linie der jeweilige »Idealtypus« (»normaler Mensch«), der als Leitbild für »Führen oder Wachsenlassen« fungiert.

Bedeutsamer ist die *Menschheitsgenese*. Hierbei kann auf das alte Modell, wie es die Aufklärung u. a. entwickelt hatten, verzichtet werden. Wichtiger ist heute das Variationsfeld: »unterentwickelte – *Entwicklungs-* – *entwickelte* – über-entwickelte« Völker.

Wesentlich sind hierbei folgende Momente: Zunächst einmal die grundsätzliche Anerkennung jedes Menschen – unabhängig von seinem Entwicklungsgrad – als Mensch. Die sich hieraus ergebenden notwendigen Folgerungen sind leider bis heute kaum erarbeitet; mit der Anerkennung allgemeiner »Menschenrechte« ist es u. E. noch nicht getan.

Das nächste wäre dann die Erstellung der Kriterien des/eines »*Lebens-Standards*«, angefangen von den Bedürfnissen der »Daseinsfürsorge« über die jeweilige gesellschaftlich-politische

Gleichberechtigung bis hin zur Idee einer »*normalen humanen Mensch-Welt*«.

Gesund – krank
Während die Tradition die »Krankheit« weitgehend als eine Art »Substanz« ansah, die gewissermaßen »im Körper« sitzt, dort »bekämpft« wird und verschwindet, sieht die moderne medizinische Anthropologie bzw. Ontologie Krankheit als Krank-Sein, d. h. als Modus menschlichen Seins, an. Ihm kommen dann alle Momente, Modalitäten usw. wie dem Gesund-Sein zu; so etwa hat auch der (normale) Kranke seine »*kranke Welt*«, nicht erst der Schizophrene.

Es scheint, als sei es heute sinnvoll, diesen Aspekt noch weiter zu entwickeln und das Gesundsein nicht einfach als ein Faktum zu konstatieren, sondern das Sinnmoment einzubauen. Entsprechend könnte man dann vom »*Heil-Sein*« als dem Orientierungsleitbild ausgehen, dem sich dann auch die »Heil-Kunde« zuwendet, die nicht nur körperliches, sondern auch seelisches und geistiges Heil thematisiert (vgl. Philosophie der Medizin).

Normbefolgung – Verstoß (gut – böse)
Standen die bisherigen Variationen noch stark im Rahmen des Seinsbereiches, so liegt hier primär die Antithetik von Sein und Sollen vor.

Die Breite der anliegenden Thematik kann hier nicht dargelegt werden; sie ist Thema der Ontologie, der Ethik sowie der Rechts- und Sozialphilosophie.

Bedeutsam für unser Anliegen sind folgende Probleme:

Geltung und Legitimation der Norm
Bedeutet Verbrechen immer Verstoß gegen eine Norm, so stellt sich die Frage der Legitimation dieser Norm. Gilt sie *absolut*, d. h. in einem ewigen »überpositiven« Sinn; gibt es dann so etwas wie »die Gerechtigkeit«, oder sind Normen nur *Konventionen,* entstanden nach jeweiliger kultureller, historischer, machtpolitischer Situation und gültig nach faktischen Machtverhältnissen? Ist es dann nur Konvention, ob das Töten und Ausbeuten anderer Menschen je nach Sozialkonvention als Norm und Gebot oder als Verbrechen und Verbot angesehen wird? Sind dann etwa internationale Gerichte nur Manifestation jeweiliger Machtverhältnisse? Oder »ewiger Menschenrechte«?

Die Bestimmung des Verbrechens
Die Tradition sah in starkem Maße in dem, was »man« als Verbrechen, d. h. Verstoß gegen die geltende Norm, bezeichnete,

einen Ausdruck der jeweiligen Freiheit und Verantwortlichkeit des »Verbrechers«. Demgegenüber besteht heute die Neigung, in alledem so etwas wie eine Krankheit zu sehen. Der Verbrecher ist nur ein gesellschaftlich Kranker; an die Stelle der Strafe hat daher die Sozialtherapie mit dem Ziel der »Re-sozialisierung« zu treten, d. h. der therapierenden Rückführung zum »normalen Menschen«.

8.3 »Wesen« Mensch oder Variation von »Menschen-Bildern«?

Die Darstellung der Anthropologie war mit der These von einem – wie auch immer zu bestimmenden – »Wesen« des Menschen begonnen worden. Am Schluß derselben wie vor allem des anliegenden Kapitels stellt sich die Frage erneut.

Das Problem stellt heute ein fast tragisch zu nennendes Dilemma dar. Überblickt man die Literatur, dann hat man den Eindruck, als insistierten fast alle Theoretiker darauf, daß es dergleichen wie ein »Wesen« des Menschen nicht gibt. Hierin sind sich die Marxisten sowohl wie die bürgerlichen Anthropologen einig. Sie alle bestehen darauf, daß das »Wesen« Mensch im Prozeß der Geschichte »zerfließe« (Dilthey).

In scharfem Gegensatz jedoch zu den Theoretikern und spekulativen Philosophen ist heute ein weltweites Bemühen um so etwas wie »den« Menschen zu beobachten. Das gilt nicht zuletzt im Hinblick auf den Gesamtkomplex dessen, was wir Entwicklungs-Welt nennen. In der Einleitung war darauf bereits ausdrücklich hingewiesen worden.

Wenn es etwa heißt: »Ein Begriff vom Menschen, der es erlaubt, die Unmöglichkeit eines Begriffes vom Menschen begrifflich nachzuweisen, steht noch aus . . .«, so könnte man antworten: »Die Philosophen interpretieren den Menschen verschieden, es kommt darauf an, ein Konzept zu entwerfen, das in einer *Identitätsbestimmung* des Menschseins die *Vielfalt der Menschentümer* nur *als Variationen,* aber *nicht als Wesensunterschiede* impliziert.«

DAS »WESEN« DES MENSCHEN (Theorien, Metaphysik)

0. **Vorbemerkung**

Nach alter Tradition nimmt der Mensch in der Frage nach seinem Wesen eine spezifische Stellung ein. Sie ist objektiv und subjektiv vorgezeichnet.

0.1 *In objektiver Hinsicht*
besitzt er eine spezifische Mittelstellung im Gesamtbereich der Wirklichkeit: Er ist auf der einen Seite weder nur Materie oder Leben, auf der anderen Seite aber auch kein Gott. Beide Gegebenheiten sind, was sie sind, immer schon. Der Mensch steht demgegenüber in einem Dilemma: Er ist (faktisch) gerade nicht das, was er (eigentlich) ist: Er ist das *»nichtfestgestellte Tier«* und der *»sterbliche Gott«*. Für ihn ist sein Sein wesentlich in der Frage nach seinem Sein gegeben.

0.2 *In subjektiver Hinsicht*
resultiert daraus ein Dreifaches:

0.2.1 Der Mensch ist das *fragende Wesen:* Er fragt nach allem und so auch nach sich selbst. *Sein Wesen besteht in der Frage nach seinem Wesen.* Dies gilt zumindest faktisch; denn er fragt, hat immer schon gefragt und wird vermutlich immer danach fragen. Ob es für ihn wesentlich ist, ist dann eine spezifische Interpretation des »Wesens« des Menschen – die der Verfasser weitgehend zu seiner eigenen macht (vgl. S. 233).

0.2.2 Daraus resultiert, daß er – ob faktisch oder notwendig, sei dahingestellt – immer eine *Antwort* versucht. Selbst die Antwort, es gäbe kein »Wesen« des Menschen, ist ein solches *Leitbild,* das umgesetzt werden kann in ein entsprechendes *Weltbild* (z. B. Pädagogik).

0.2.3 Aus dieser antithetischen Spannung resultiert ein (faktisches oder essentielles?) Humanphänomen: *Die Spannung zwischen Sein und Sollen.*

0.3 Im folgenden sollen einige wesentliche Konzeptionen und die jeweils damit verbundenen Probleme aufgezeigt werden. Dabei muß von vorneherein auf folgende Tatsache hingewiesen werden: Die Rede von dem/einem Wesen des Menschen kann von den beiden o. a. Ansätzen ausgehen, die faktisch zuweilen ineinander übergehen:
Die einen gehen von sogenannter *Faktizität* aus, etwa von biologischen Tatsachen. Demgegenüber gehen die anderen vom Verständnis aus, der Mensch müsse als das »*Deute-Wesen*« sein Wesen und Sein deuten. Die Wesensbestimmung ist in diesem Sinne nicht so sehr eine »objektive« Tatsache, sondern eine jeweilige subjektive Selbstdeutung. Das gilt auch dort und dann, wenn später von objektivistischen und subjektiven Wesensbestimmungen gesprochen wird.

1. **Negierende Theorien**

1.0 *Allgemeines*
Natürlich müßte jeweils vorweg expliziert werden, was unter »Wesen« – vielfach wird auch von der »Natur« des Menschen gesprochen – verstanden wird. Im übernächsten Abschnitt soll kurz darauf eingegangen werden. Hier wird von einem allgemeinen lebensweltlichen Vorverständnis ausgegangen werden. Es gibt dann wohl vier Konzeptionen:

1.1 *Der anthropologische Historismus*
Die Tatsache, daß angeblich alles dem Fluß des Geschehens und so auch dem Fluß der Geschichte unterliegt, veranlaßte z. B. Dilthey zu der Feststellung: »Der Typus Mensch zerschmilzt in dem Prozeß der Geschichte.« Diese These spielt in der aktuellen Anthropologiediskussion (vgl. etwa Marquardt, Kemper u. a.) eine große Rolle, wenn Natur und Geschichte einander gegenübergestellt werden.

1.2 *Der anthropologische Skeptizismus*
Wenn alles in Frage zu stellen ist und nichts beantwortet werden kann, dann auch die Frage nach dem Menschen.

1.3 *Der anthropologische Existenzialismus*
Der Mensch ist das Seiende, das kein vorgegebenes Wesen besitzt, ja besitzen kann. Denn gerade darin besteht seine Existenz, und das heißt seine Freiheit: »Der Mensch ist zur Freiheit verdammt.« Und somit gilt: »Der Mensch ist nichts anderes, als was er aus sich macht.« (Sartre, Heidegger u. a.).

1.4 *Der anthropologische Pluralismus*
Seit der Romantik wird in zunehmendem Maße gelehrt, daß jede Wesensbestimmung – das gilt z. B. auch für das absolute göttliche Sein – einen Versuch darstelle, die Fülle und Tiefe dieses Gegebenen zu fixieren, d. h. erstarren zu lassen. Gerade in der Fülle und Vielfalt des Wirklichen – etwa in Sprache, Religion, Kunst – zeigt sich die Tiefe der Wirklichkeit. Das gilt dann auch für den Menschen in der *Fülle* seiner *Weltanschauungen* mit seinen *Welt-* und *Menschen-Bildern*.

2. **Der Humanismus** (die Humanismen)

2.0 *Allgemeines*
Bevor auf die sogenannten Wesenstheorien eingegangen wird, soll der Humanismus-Komplex vorweg behandelt werden, da es sich hier um eine Art Zwischenstellung handelt.
Mit dem Wort *Humanismus* wird zunächst einmal ein Standpunkt bezeichnet, der für sich in Anspruch nimmt, eine Wesensbestimmung des Menschen »*als Menschen*« zu geben. Erst dann folgt die inhaltlich nähere Angabe, wobei zwei Grundpositionen zu unterscheiden sind: Der klassische und der moderne Humanismus.
(Der Vollständigkeit halber sei gesagt, daß der zuweilen verwendete Term »Hominismus« eine Position bezeichnet, die nur den Menschen als solchen anerkennt und sonst keine Vor- oder Urbestimmung.)

2.1 *Der klassische Humanismus*
Er lehrt, daß das *wahre Wesen des Menschen in der (klassischen) Antike gelebt und gelehrt worden sei.* Dieser Humanismus erwächst immer aus einer geschichtlichen Situation, die eine alte Konzeption des Menschen ablehnt und eine neue versucht; so verstehen sich Ausdrücke wie Re-naissance usw.
In der Entwicklung der klassischen Humanismen läßt sich als eine Art Gesetzlichkeit feststellen: Jeder neue Humanismus greift auf eine ältere Stufe der Antike zurück; so ergibt sich der:

2.1.1 *Renaissance-Humanismus*
Er greift auf die römische Spätantike um die Zeitenwende zurück; Leitbild ist der römische Rhetor, voran Cicero mit seinem Stil wie auch seiner Philosophie.

2.1.2 *Neu-Humanismus*
Er wird vor allem von J. J. Winckelmann (1717–1768) entwickelt und liegt der Humanismusidee des deutschen Idealismus (Hegel, Schiller, Goethe, W. v. Humboldt usw.) zugrunde. Er greift auf die hellenistische, d. h. griechische, Spätantike zurück: »Edle Einfalt, stille Größe« des griechischen Menschen ist Leitbild. Manifestation dieses Denkens ist das »humanistische Gymnasium«: Es war »Stätte der Menschenbildung« gegenüber dem »altsprachlichen Gymnasium«, wo man nur noch alte Sprachen lernt.

2.1.3 *Dritter Humanismus*
Sein Begründer ist F. Nietzsche. Er greift auf die klassische Tragödie zurück (Sophokles u. a.): Neben dem griechischen Ideal, dem Apollinischen (Apollon ist der Gott des Lichtes, des Geistigen usw.) wird jetzt das Anti-Prinzip, das Dionysische (Dionysos ist der Gott des Irrationalen, des Rausches. Seine lateinische Variation Bacchus hat den mythischen Hintergrund vollständig verloren) angesetzt bzw. ihm entgegengesetzt. Das Apollinische, der Geist, ist nur Oberfläche, ja »Schleier« des Abgründigen und Irrationalen – des Unbewußten.

2.1.4 *Vierter Humanismus*
Von ihm spricht man zuweilen in der Mitte des 20. Jahrhunderts. Dabei greifen Denker wie Heidegger auf die griechische Frühzeit, das archaische Zeitalter zurück: Dort lebte und existierte der Mensch noch in der »Einheit des Seins«.

Ein Schema mag dies illustrieren:

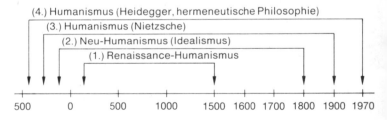

2.2 *Der moderne nicht-klassische Humanismus*
Hierbei verstehen und bezeichnen sich die verschiedenen Weltanschauungen bzw. Metaphysiken als die wahren Lehren vom Menschen.
Entsprechend gibt es einen
existenzialistischen Humanismus (Sartre), einen
sozialistischen Humanismus, aber auch einen
christlichen Humanismus usw.

3. Die Wesenstheorien

3.0 *Allgemeines*
Die Rede vom *Wesen* oder auch von der *Natur* des Menschen wird von den Kritikern meist relativ oberflächlich behandelt. Gerade die aktuelle Diskussion zeigt jedoch – vielfach mehr implizit als explizit –, daß dabei vielfach mit ganz verschiedenen Wortbedeutungen operiert und entsprechend von verschiedenen Vorverständnissen ausgegangen wird.

3.0.1 Die Rede vom *Wesen* kann zunächst im Sinne einer *Invarianz* (Invarianzkonzeption) des Menschseins gemeint sein: Es wird etwas Invariantes in alledem angenommen, wenn vom Menschen gesprochen wird. Diese Invarianz kann z. B. voll inhaltlich angesetzt werden (theologisch, Arbeitstheorie usw.) oder mehr oder minder *formal,* fast möchte man sagen: »leer-formal strukturiert«, so wenn etwa die Invarianz in der Nichtfestgestelltheit und der daraus resultierenden Notwendigkeit des Fragenmüssens und der Selbstbestimmung in der Erziehung usw. gesehen wird.
Wie weit das mehr infinitivische Verstehen des Wortes trägt, wenn etwa gesagt wird: »Das Sein ›west‹ an und daraus resultiert das jeweilige ›Wesen‹ des Menschen« – sei dahingestellt, da dabei alles offen ist. Nur muß die These hier genannt werden.

3.0.2 Vieldeutiger noch ist die Rede von der *Natur* des Menschen. Wie in der Allgemeinen Philosophie (vgl. Diemer, Allgemeine Philosophie) gezeigt, lassen sich folgende Bedeutungen unterscheiden:
1) *Positiv*
1.1) Das Urprinzip, griechisch: physis (vgl. »Mutter Natur«)
1.2) Die daraus hervorgekommene (lateinisch: nasci – geboren werden, natus – geboren) Wirklichkeit
1.3) Das jeweilige »Wesen« der einzelnen Wirklichkeiten (vgl. z. B. auch die mögliche Rede von der »Natur Gottes«)
2) *Negativ – Natur ist das Nicht-Menschliche*
2.1) *Das Unter-Menschliche überhaupt*
Die Natur ist die untermenschliche Wirklichkeit, mit der sich etwa die Naturwissenschaft befaßt. Dabei kann das Wort umfassend oder beschränkt auf die materielle Wirklichkeit verstanden werden.
2.2) *Das Außer-Menschliche*
Es ist von menschlicher Kultur unbefleckte Natur (Landschaft), die freie Natur u. ä.

2.3) *Das genetische Vor-Menschliche*
Am Anfang vor der eigentlichen Mensch-Werdung (Kultur-Völker) stehen etwa die Natur-Völker, die Primitiven; entsprechend wird gefordert: »Zurück zur Natur!« (Rousseau).
Alle diese Bedeutungen können verwendet werden. Daher sollte man das *Wort aus der anthropologischen Diskussion eliminieren.* Das Durcheinander zeigt sich nirgends deutlicher als in der aktuellen Diskussion um »Natur contra Geschichte«. Die Geschicht(lichkeit)svertreter spielen dabei mit mindestens einer Zweideutigkeit des Wortes Natur: Natur ist dabei einmal das invariante Wesen »des« Menschen – gegenüber dem Werden der Geschichte. »Natur« impliziert zugleich aber auch die Vorstellung des Untermenschlichen, Biologischen, wo es so etwas wie Geschichte udgl. nicht gibt. Auf diese Doppeldeutigkeit des Naturbegriffs wird dann die (philosophische) Anthropologie festgenagelt und entsprechend abgeschlossen. Die ganze Problematik läßt sich an einem Satz aufzeigen: »Die Natur (hier = Wesen) des Menschen besteht darin, keine Natur (d. h. z. B. kein biologisches Wesen) zu sein.«

3.0.3 Die Rede vom Wesen des Menschen muß auch die früher dargestellten *Anthropina* (vgl. S. 76) nochmals zur Sprache bringen. Dazu ist folgendes zu sagen: Die *Anthropina* nennen *Kriterien,* auf Grund derer gegebene Wirklichkeiten *als* Menschen angesehen werden können. Inwieweit diese Kriterien *notwendig* und auch *hinreichend* sind, ist dabei offen.
Die *Wesenstheorien* setzen die genannten Kriterien voraus; sie versuchen dann die Humangegebenheiten dadurch auf einen Nenner zu bringen, daß sie eine einheitsstiftende Idee (Modell odgl.) vorgeben und die gegebene Humanmannigfaltigkeit daraus – wie immer im einzelnen argumentierend – deduzieren und darauf fundieren.
Dies alles vorweg bemerkt, soll im folgenden zwischen objektivistischen und subjektivistischen Wesenstheorien unterschieden werden.

3.1 *Objektivistische Theorien*
Gemeinsam ist ihnen allen, daß es einen objektiven vorgegebenen Wirklichkeitsrahmen gibt, in dem der Mensch seinen entsprechenden Standort erhält.

3.1.1 *Ontologische Theorien*
Sie gehen vom traditionellen ontologischen Schichtenmodell aus

und bestimmen das Wesen des Menschen von einer jeweiligen Schicht aus. Dabei können im einzelnen wieder Sonderaspekte herausgenommen werden. Typische Formen sind:
1) *der anthropologische Materialismus*
Je nach dem Vorverständnis der Materie bzw. des entsprechenden Begriffs gibt es Formen wie
1.1) *die physikalisch-mechanistische Konzeption*
Sie findet sich bei den französischen Enzyklopädisten wie Lamettrie (»L'homme machine«), den Materialisten des 19. Jahrhunderts wie Vogt, Moleschott, Büchner. Schlagworte wie »Der Mensch ist, was er ißt« – »Wie die Niere den Urin, die Leber die Galle, so sezerniert das Gehirn die Gedanken« – »Die Seele ist mir noch nie unter das Messer gekommen« kennzeichnen die Konzeption.
1.2) *die energetischen Materialisten*
Sie verstehen die Materie als Energie und leiten davon ein Menschenbild ab. Vertreter sind vor allem Ernst Haeckel und Wilhelm Ostwald. Auch Engels geht davon aus und damit der »szientistische Materialismus«.
1.3) *der ökonomische Materialismus*
Hierbei ist das Leitwort »materielle Verhältnisse« (= ökonomische Verhältnisse): Der Mensch lebt primär in seinen »materiellen Verhältnissen« und schafft von hier aus seine Lebensmittel und durch Arbeit sein Leben. Vertreter ist vor allem Marx.
1.4) *die kybernetischen Modelle*
Dabei handelt es sich weniger um Wesenstheorien als um Modelle des Menschen: Der Mensch wird als kybernetisches System verstanden und seinen speziellen Funktionen entsprechend bestimmt, so etwa sein Handeln, sein Erkennen usw.
2) *der anthropologische Biologismus*
Hier wird der Mensch primär als ein animalisches Wesen, d. h. als eine Art Tier, wenn auch »höherer Natur«, gesehen. Dabei kann der Mensch aus seiner biologischen Evolution heraus gesehen werden, oder aber er wird zwar durch einen Sprung unterschieden, doch grundsätzlich durch seine animalische Natur, d. h. seine Triebstruktur, bestimmt. So ergeben sich zwei Formen, die ineinander übergehen können.
2.1) *allgemein-trieb-orientierte Konzeption*
2.1.1) Zunächst kann der Mensch als unmittelbar aus der Evolution herausgewachsen angesehen werden; er ist dann ein *»arriviertes Tier«*, ein arrivierter Affe etwa, dem gegenüber er

doch wieder nicht mehr so in sein biologisches Innen- wie Außensystem durch Instinkt usw. eingepaßt ist.

2.1.2) Umgekehrt kann aber auch der Unterschied als wesentlich angesehen werden: Er steht noch in der Entwicklung, ist aber vom Tier i. e. S. durch einen Sprung getrennt. Er ist das »*nichtfestgestellte Tier*« (Nietzsche), darin besteht seine Freiheit u. a. (vgl. vorne S. 78).

2.2) *Der Mensch als Triebwesen*

2.2.1) *Die Macht- und Aggressionstheorie*
Wie das Tier – im rein biologischen Sinne – oder wie die Klasse – in rein soziologischem Sinne –, so ist der Mensch das Triebwesen, das nach Macht strebt.
Daraus resultiert die rücksichtslose Aggression und Ausbeutung wie Diktatur gegenüber jedem anderen; sei es das einzelne Individuum, sei es die jeweilige Klasse. »Der Mensch ist dem Menschen ein Wolf« – so lehrt Hobbes.

2.2.2) Eine relativ primitive Form des Macht- und Aggressionstriebes ist der *Rassismus:* Danach ist des Menschen Wesen in seinem »Blut« gegründet, entsprechend gibt es »reine Rassen« mit »reiner Kultur« wie umgekehrt Mischformen. Führend ist etwa die nordische Rasse. – Wie weit derartige Ideen auch heute noch vielen »völkischen« Konzeptionen zugrunde liegen, bei denen man nicht weiß, ob sie noch auf alten biologischen oder mehr sozialen u. ä. Vorstellungen beruhen, mag dahingestellt sein (vgl. z. B. »black is beautiful«).

2.2.3) Am bekanntesten ist heute wohl die *Sexualkonzeption.* Der Mensch ist grundsätzlich – oder zumindest primär – ein Sexualwesen und lebt aus seinem Sexualsystem, gleichgültig, ob er dies sexuell manifestiert oder in einer anderen Form, sei sie religiös, kulturell odgl. sublimiert. Dabei kann das Sexualtriebsystem entweder mehr negativ – so etwa bei Freud – oder mehr positiv beurteilt werden – so etwa bei C. G. Jung.

2.3) *Das Arbeitstier*
Diese Theorie ist eine spezifische Übergangsform; denn es ist zunächst nicht ganz klar, was jeweils unter Arbeit verstanden wird: Wesentlich ist dabei wohl zweierlei, einmal die Distanz gegenüber der Naturgegebenheit (»gehemmte Begierde«, nach Hegel), die Naturbearbeitung und -verarbeitung ermöglicht, und zum zweiten die Erstellung von Werkzeugen und deren sinnvolle Verwendung. Die Arbeit bleibt dabei nach wie vor an Materie gebundene Tätigkeit, sie ist wiederum die Basis für einen

entsprechenden Überbau (vgl. F. Engels: »Die Rolle der Arbeit in der Menschwerdung des Affen«).
Eine gewisse Verfeinerung stellen Konzeptionen dar, die den Menschen als »*Homo faber*«, d. h. mehr im Sinne des technisch begabten, sehen.
3) *geist-orientierte*
Nach alter klassischer abendländischer Tradition ist der Mensch ein bzw. das »*animal rationale*«, d. h. das Wesen, das in seiner Basis im Biologischen verankert ist, aber sich durch seinen Geist spezifisch heraushebt. Im einzelnen kann der Geist wieder verschieden vorverstanden werden: Leitend ist dabei zunächst die traditionelle anthropologische Trias (Denken, Wollen, Fühlen). Daneben finden sich noch eine Reihe anderer Konzeptionen, die geistige Momente als wesenskonstituiert ansehen.
3.1) *der Intellektualismus*
Hiernach ist Geist primär theoretischer Geist, ist rationale Intelligenz. Diese Konzeption emanzipiert am weitesten den Menschen aus dem Wirklichkeitsgesamt; die klassische Antike wie das Hochmittelalter (Thomas) vertreten sie; gleichzeitig gibt es auch wieder Mittel der Einbindung (Mikro-, Makrokosmos-Theorie) u. ä.
3.2) *der Voluntarismus*
Zwar hat der Mensch auch Geist, aber er ist primär Wille; »Im Wollen sind wir gewissermaßen kleine Götter«, hatte programmatisch für die Neuzeit Descartes erklärt. Entsprechend gilt auch »Wissen ist Macht«, steht die Erkenntnis im Dienste des Interesses, steht die Theorie im Dienste der Praxis. Nicht zuletzt entspringt nach dieser Konzeption die Wissenschaft, speziell die Naturwissenschaft, dem »Willen zur Macht« (Nietzsche); Macht kann dann aber auch zur Macht über die anderen Menschen werden (z. B. Marcuse).
3.3) *der Emotionalismus*
Gewissermaßen zwischen den beiden Typen – genau so wie bei den Funktionen – steht die *emotionale Theorie* des Menschen: Dieser gründet primär in seinem Gemüt, seinem Gefühl. In ihm ruhen einerseits – subjektiv gesehen – seine Weltorientierung wie auch das Gewissen – umgekehrt begegnet ihm die Welt, sei es die der Dinge wie auch die der Mitmenschen, primär mit »emotionaler Tönung«; das gefällt, dieses ist sympathisch oder umgekehrt. Diese romantische Tradition findet vor allem in M. Scheler ihren Vertreter.

3.4) *der Mensch als Sprachwesen*
Diese Idee ist bereits in der ursprünglichen griechischen Konzeption des »zoon logon echon« impliziert; die Übersetzung in »animal rationale« stellt bereits eine Intellektualisierung dar. Im einzelnen kann die Sprachwesen-Konzeption wieder verschieden begründet werden (z. B. Entlastung gegenüber der tierischen Gebundenheit an die Welt – Herder, Gehlen – oder kommunikative Gebundenheit an die Mitwelt) und in ihren Differenzierungen und Folgerungen ausgeführt sein.

3.5) *der Mensch als Kulturwesen*
In einem umfassenden Sinne kann man den Menschen als das Kulturwesen bestimmen: Das Tier ist in seine Umwelt durch Instinkte usw. eingebunden, der Mensch demgegenüber schafft sich selbst seine Welt, d. h. seine Kultur als zweite Natur. So ist menschliche Kultur »objektivierter Geist« (Hegel), ist »Objektivation« und Ausdruck des »subjektiven Geistes« (Dilthey u. a.). Im einzelnen ergeben sich gerade hier wieder Sonderdifferenzierungen: Voran steht der Gegensatz zwischen einer mehr *egosubjektiv*, individualistischen Konzeption; nach ihr ist der Mensch »als Mensch« Kulturwesen; Kultur wird dann getragen von den großen schöpferischen Individuen. – Demgegenüber unterstreichen die *kollektiv-sozial*(istisch) orientierten Theorien, daß der Mensch erst in der und durch die Gesellschaft Mensch ist. Vor allem die Gegenwart kennt viele Nuancierungen der zweiten Form einer Metaphysik des Menschen.

3.6) *der Mensch als Deute- und Sinnwesen*
Von anderen Konzeptionen könnte noch die als Deutewesen genannt werden: Der Mensch ist das Wesen, das Sinn schaffen, Sinn stiften wie umgekehrt als sinnvoll deuten und interpretieren kann. Dies manifestiert sich nicht zuletzt dort, wo der Mensch etwas als »absurd« bzw. sinnlos erklärt (»animal symbolicum«, E. Cassirer).

4) *theologische*
Wenn heute auch kaum mehr zur Diskussion stehend, sollen doch auch die vor allem in der Antike und Spätantike entwickelten Konzeptionen des Menschen als eines *»zoon theion«* (Poimandros) genannt werden: Der Mensch ist gewissermaßen ein bzw. der zweite Gott und steht wie dieser der Welt gegenüber. In der Folgezeit tritt diese Idee verschieden auf: etwa in der christlichen Lehre vom »Ebenbild Gottes« – in den modernen Autonomielehren vom Menschen: »Homo homini deus« lehrt

Hobbes – nicht zuletzt auch, wenn auch etwas eingeschränkt, in neuzeitlichen Theorien vom schöpferischen Menschen, voran vom Künstler; wie Gott die Welt geschaffen hat, so der Mensch bzw. Künstler sein Werk. So ist er der »sterbliche Gott«.

3.1.2 *Die Menschenbilder*

Es ist hier angebracht, vom Terminus »Menschen-Bild« zu sprechen: Die Rede vom Bild impliziert zweierlei: einmal das Moment des Sekundären, das an *Ab-* und *Ebenbild* erinnert, zugleich aber auch das Moment des Primären: »Bild« bedeutet dann zugleich *Vor-* und *Leitbild.* Aus dieser Ambivalenz versteht es sich, wenn in die Reihe der Menschenbilder einerseits die Gruppe der Konzeptionen gehört, die auf Grund theoretischer Arbeit Modelle entwickeln, wie umgekehrt diejenigen, die aus einer leitenden Weltanschauung heraus bestimmte Leitbilder für Politik, Gesellschaftsgestaltung, Pädagogik usw. schaffen. Einige Beispiele seien genannt:

1) *Theoretische Menschenbilder*

Ohne auf Einzelheiten einzugehen, kann gesagt werden, daß hier vor allem die *wissenschaftlichen Menschenbilder* genannt werden müssen. Jede – oder so gut wie jede – Wissenschaft entwickelt entsprechende Modelle; die einzelnen Disziplinen sind dabei verschieden daran beteiligt, so weniger die *Physik* als die *Biologie,* die *Sozialwissenschaften* usw.

Einen Übergang zur nächsten Gruppe stelt etwa das *Menschenbild der Medizin* dar: Ihre Konzeption entspringt nicht nur als Konstrukt medizinischer Forschung, sondern fungiert zugleich als Leitbild ärztlicher Praxis.

Im Rahmen der Wissenschaft ist noch als wesentlich zu nennen das *kybernetische Modell (Bild)* des Menschen: Hier ist der Mensch ein Funktionssystem, das als Regel- und Steuersystem sich selbst wie seiner Umgebung gegenüber funktioniert.

2) *Metaphysisch-ideologische Menschenbilder*

Hier können an sich alle Metaphysiken genannt werden, aus deren Gesamtkonzeption der Wirklichkeit heraus entsprechende Leitbilder entwickelt werden. Diese Leitbilder fungieren, wenn die entsprechenden Metaphysiken bzw. Ideologien politisch-gesellschaftliche Macht besitzen, als entsprechende pädagogische Ideen. Vielfach werden diese Leitbilder auch als *Anthropologien* der jeweiligen Weltanschauung bezeichnet.

So spricht man vom christlichen (katholischen, evangelischen usw.), jüdischen, islamischen, buddhistischen – dann vom sozialistischen, marxistischen u. ä. Menschenbild. Schließlich geht man mehr in die engere Philosophie, etwa beim existenzialistischen, rationalistischen, positivistischen usw. Menschenbild.

3) *Kultur- oder geschichtsorientierte Typologie*
In Anlehnung an die modernen Kultur- und Geschichtstheorien haben verschiedene Autoren versucht, spezifische Typologien zu entwerfen. Ihr allgemeiner Hintergrund ist meist die moderne Lebensphilosphie mit ihren Theorien von den Lebensformen u. a. Beispielsweise seien O. Spenglers Typen genannt: der apollinische, der magische, der faustische Mensch; andere Autoren sprechen vom hellenistischen und hellenischen Menschen (J. Burckhardt) oder vom mittelalterlichen, gotischen, nordischen, sentimentalen, vom aufklärerischen, romantischen u. a. Menschen.
Der Ausgang von der historischen Typisierung wird dann zu einem entsprechenden Menschentypus verallgemeinert (»der Aufklärer . . .«).

3.2 *Subjektivistische Konzeption*
Die objektivistischen Theorien erfahren von den Subjektivisten mit verschiedenen Begründungen Kritik: Voran steht der Vorwurf, es handle sich hier u. a. um eine Entfremdung, die das Subjekt verdingliche; es seien dies starre unlebendige Konzeptionen usw.
Demgegenüber wird betont, daß der Mensch durch sein Ich und Selbst bestimmt sei: Sein Sein zu sich selbst, sein Wissen um sich u. ä. wird seit Descartes' »Cogito ergo sum« immer wieder unterstrichen. Historisch wird zuweilen sogar schon auf das alte griechische Wort vom »Erkenne dich selbst«, oder gar das indische »Tat twam asi« – »das bist du« – verwiesen.
Vertreter dieser Konzeption ist der Existenzialismus, die »kritische Theorie« u. a.

Die »Homo«-Titel
Seit längerer Zeit hat es sich eingebürgert, durch adjektivische Bestimmungen von »Homo« Menschenkonzeptionen zu charakterisieren.
Einige seien genannt:
»Homo sapiens«= aus der Biologie übernommene Charakterisierung des Menschen als eines geistigen Wesens

»Homo ludens« = der Mensch, ein spielendes Wesen (Huizinga)
»Homo faber« = der Mensch, das Arbeitswesen, auch das technische Wesen, das Ingenieur-Wesen
»Homo viator« = der Mensch, das Wander-Wesen, das Unterwegs-Wesen »von ... zu«
»Homo creator« = der Mensch, ein bzw. das schöpferische Wesen
»Homo patiens« = der leidende Mensch
Unspezifischer sind Bezeichnungen wie:
»Homo oeconomicus«
»Homo sociologicus« und andere mehr.

5. **Eigener Ansatz:**
Die Anthropologie des/eines pluralen Humanismus

Ist es die Aufgabe einer philosophischen Anthropologie, die »wesentlichen« Tatbestände des »Phänomens« Mensch herauszustellen und sie so auf eine einheitliche Idee zu bringen, daß die aktuell drängenden Probleme des Faktums Mensch einer sinnvollen, zumindest theoretischen Lösung nähergebracht werden können, dann ließe sich nach der Meinung des Verfassers folgendes sagen:
1) In der Diskussion um das Phänomen Mensch werden heute wohl folgende Tatbestände allgemein anerkannt:
1.1) So sehr man sich auch streitet, ob man eine philosophische Anthropologie anerkennt oder ablehnt, alle reden von *»dem«* *Menschen.* Weltweit ist anerkannt, daß es so etwas geben müsse wie »den« Menschen – etwa im Sinne einer »Idee«. Dieses »der Mensch« wird dann jedem zugesprochen, der »Menschenantlitz trägt«. Dies gilt in historischer Tiefe wie soziokultureller Breite; es gilt aber auch bis hinein in die Dimension der Variationen des Menschseins, etwa in Richtung infantiler Menschen wie vor allem kranker Menschen, wie immer man dabei Kranksein bestimmt.
1.2) Einigkeit besteht zum zweiten sowohl in der philosophischen wie auch der wissenschaftlichen Anthropologie in der Anerkennung des *»Nicht-festgestellt-seins«* des Menschen; das gilt sowohl in biologischer wie in anthropologischer Hinsicht i. e. S. Divergenzen ergeben sich nur hinsichtlich der Näherbestimmung dieser Tatsache wie vor allem der Folgerungen, die daraus abgeleitet werden. Man nehme etwa als Beispiel Gehlens Ansatz,

der daraus die Notwendigkeit der Entlastung und der Handlung ableitet.

1.3) Eine dritte Tatsache ist einfach zu konstatieren: Es gibt eine *Fülle von Deutungen des Menschseins,* d. h. von *Menschen-»bildern«.* Wie auch immer sie begründet sind, ob in Schöpfungsmythen (vgl. etwa den biblischen Mythos vor allem in den beiden Formen der »Gottebenbildlichkeit« in Gen. 1–2,3 und der »Gottgegenbildlichkeit« des sogenannten Sündenfallmythos in Gen. 2,4 ff.), in religiösen Deutungen, in politischen Ideologien (bürgerliche, marxistische u. ä.), ebenso wie in der Vielfalt der philosophischen Konzeptionen – überall geht es darum, die Fülle der humanen Gegebenheiten, angefangen von den Anthropina bis zur Erklärung des menschlichen Geschehens (man denke etwa an die Aggressionstheorien), in einen Sinnzusammenhang zu bringen und sie dadurch in so etwas wie einem »Wesen« des Menschen zu begründen. Dies geschieht dann dadurch, daß man eine *»Idee des Menschseins«* entwirft und die Humanphänomene daraus »deduziert«.

2) Versucht man die Vielfalt der *aktuellen Probleme* aufzuzählen, die sich einer solchen theoretischen Bewältigung stellen – und nichts anderes kann eine philosophische Anthropologie leisten, da sie Theorie ist und auf Nichttheoretisches, sei es »Vor-Theoretisches«, wie z. B. die Vorgabe eines Transzendentalen, sei es »Nach-« oder »Außer-Theoretisches«, wie etwa Praxis, nur verweisen kann –, dann wären etwa zu nennen:

1. Was ist Freiheit? Wie ist sie möglich?
2. Was ist Tod, und was ist Wissen um ihn?
3. Gibt es Normen? Wie sind sie möglich? – Wenn z. B. alle von Gerechtigkeit u. ä. sprechen?
4. Wie steht es um das Sinnproblem? Was »heißt« Sinn? Was »ist« Sinn? Wie ist Sinn »möglich«?

Diese Liste könnte fortgesetzt werden. Die Nennungen der wichtigsten Probleme müssen hier genügen.

3) Diese Probleme und Fragen sind an sich alt, ja uralt. Sie stießen und stoßen immer wieder auf.

Kant hat sie in seinen vier Fragen, die in der Frage: »Was ist der Mensch?« gipfeln (vgl. S. 40), zu formulieren versucht.

Die Antworten bestanden und bestehen im allgemeinen in einer Art »Definition«, Bestimmung o. ä.; letztlich gipfeln sie in einer impliziten oder expliziten Vorgabe eines bestimmten Menschenbildes, wie es die genannten Anthropologen entworfen haben.

In einer Art kopernikanischen Wende der Anthropologie sollte man nun nicht so sehr nach einer Antwort suchen, sondern das *Fragen selbst als Anthropinon* nehmen: Der Mensch ist dann das Wesen, das
1. *fragt,*
2. *fragen kann oder muß,*
3. *fragen kann bzw. muß: »Was ist der Mensch?«*

Genau dies ist das Spezifische der Bestimmung des Menschen als des »nichtfestgestellten Wesens (Tier)«; man könnte hier auf Platon zurückverweisen, wenn er meinte, der Mensch sei dieses seltsame Wesen des »Zwischen« zwischen dem Materiellen und dem Göttlichen. Diese beiden seien immer schon das, was sie sind; daher gäbe es für sie keine Problematik, d. h. kein Fragen. Doch mit der Feststellung des *Fragewesens* ist es nicht getan. Fragen, so sagt u. a. die moderne Hermeneutik, impliziert immer auch die Antwort, genauer das *Antwortenkönnen.* Die früher dargestellten Anthropologiekonzeptionen stellen in diesem Sinn die Antworten in ihrer Vielfalt dar. Die Antwort im einzelnen ist nicht nur eine Definition bzw. eine schlichte Bestimmung des Menschseins. Sie impliziert vielmehr einen Totalentwurf, der eine *Sinnvorgabe* ausmacht. Der Mensch macht damit eine *Sinnstiftung,* die auch dann noch gilt – und gerade dann –, wenn darin u. a. vom Nichts, vom Absurden, ja sogar von der Sinnlosigkeit die Rede ist. Denn nur ein Sinn-Wesen kann von Sinnlosigkeit sprechen bzw. sie konstatieren. Nur für es kann das Leben sinnlos werden.

Damit ließe sich – in einer Art Paraphrasierung von Sartre – sagen: *Der Mensch ist zum Sinn bzw. zur Sinnstiftung »verdammt«.*

Sinnstiftung bedeutet so Totalvorgabe eines Weltentwurfs, innerhalb dessen sich der Mensch »*als Mensch*« bestimmt. Dies geschieht, wie gesagt, konkret in den verschiedenen genannten Entwürfen. Die Aufgabe der *Anthropologie eines pluralen Humanismus* besteht dann darin, zunächst alle diese Entwürfe als Sinnstiftungen anzuerkennen und – da ja gilt »der Mensch« – nach *Invarianten* zu suchen. Sie bestehen nicht im Faktischen, sie können vielmehr – das ist die These des Verfassers – nur im Sinne von möglichen Vorgaben aufgezeigt werden: Fragen z. B. impliziert das Nichtfestgestelltsein, dies wiederum verweist auf das Phänomen »Freiheit« u. ä.

Aufgabe einer Neuen Anthropologie ist es, eine solche Art *transzendentaler Anthropologie* im Sinne einer Humanontologie zu erstellen. Wenn dabei auch nur Minimal-Anthropina erstellt werden könnten, so könnten sie als Sinnvorgaben fungieren. Eine solche Sinnstiftung wäre universal, sie stünde vor aller Diskussion etwa darüber, ob der Mensch primär ein theoretisches oder ein praktisch-handelndes Wesen sei. Sie stünde damit auch vor der seit dem 19. Jahrhundert beunruhigenden Frage nach dem Verhältnis von »Theorie und Praxis«. Sie würde in sich die Lösung des Übergangs von der Theorie einer philosophischen Anthropologie darstellen. Denn Sinn, transzendental verstanden, ist mehr als Faktizität, er ist auch mehr als reines Sollen: »*Das Wesen, das Sinn stiften muß, soll nichts Sinnloses tun!*«

Mit diesen kurzen Ausführungen, die eine persönliche Meinung – und nichts mehr als dies – wiedergeben, sei die Darstellung abgeschlossen.

BIBLIOGRAPHIE

Vorbemerkungen
Die Bibliographie erhebt keinen Anspruch auf Vollständigkeit noch auf absolute Adäquatheit der Auswahl. – Für die Zeit bis ca. 1960 sei auf die ausführliche Bibliographie von G. Diem in Landmann, De homine, verwiesen.
Bei der Frage der Vollständigkeit muß gesehen werden, daß das Thema einer (allgemeinen) philosophischen Anthropologie das gesamte menschliche Sein ist. Einzelnen Bereichen sind entsprechende Sonderanthropologien gewidmet wie z. B. Anthropologie der praktischen, der theoretischen u. ä. Aktualisierung. Daraus resultiert die (relative) Beschränktheit der jeweiligen Teilbibliographien.
Für außereuropäische Anthropologien sei auf den Nachtrag S. 254 verwiesen.
Bei der Datierung mehrfacher Auflagen gilt das angegebene Datum als das der Letztauflage.
Für weitere Informationen sei auf das Informationssystem S. 278 ff. verwiesen.
(B!) bedeutet umfangreiche Bibliographie.

Allgemeines

Bibliographie
Ferrater Mora, J.: Diccionario de Filosofia, 5. Aufl. 1965
  (Gute Bibliographie zu einzelnen Stichwörtern)
Landmann, M.: De homine. Der Mensch im Spiegel seines Gedankens, 1962; Bibliographie von G. Diem
Marquard, O.: Zur Geschichte des philosophischen Begriffs »Anthropologie« seit dem Ende des 18. Jahrhunderts, in:

Schwierigkeiten mit der Geschichtsphilosophie, 1973
Ritter, J. (Hrsg.): Historisches Wörterbuch der Philosophie, 1971 ff.

Lexika
Dorsch, F.: Psychologisches Wörterbuch, 1976
Edwards, P.: The Encyclopedia of Philosophy, 1967 ff.
Höffe, O.: Lexikon der Ethik, 1977
Hunte, D.E./Whitten,P. (eds): Encyclopedia of Anthropology, 1976
Immelmann, K.: Wörterbuch der Verhaltensforschung, 1975
Krings, H., u. a. (Hrsg.): Handbuch philosophischer Grundbegriffe, 6 Bde., 1971-1974
Lamprecht, L.: Verhalten - Grundlagen - Erkenntnisse, 1976
Migne, M.: Dictionnaire d'Anthropologie, 1853
Ritter, J. (Hrsg.): Historisches Wörterbuch der Philosophie, 1971 ff.
Watson, W.: A Dictionary of Anthropology, 1977
Wolman, B. B.: Dictionary of behavioral science, 1974

Wortfeld
Dornseiff, F.: Der deutsche Wortschatz nach Sachgruppen, 1959
Schalk, O. F.: Humanitas im Romanischen, in: Exempla romanischer Wortgeschichte, 1968
Vock, M.: Bedeutung und Verwendung von »aner« und »anthropos«, 1928

Begriffsfeld »Anthropologie«
Fahrenbach, H.: Ein programmatischer Aufriß der Problemlage und systematischen Ansatzmöglichkeiten praktischer Philosophie, in: Riedel, M., Rehabilitierung der praktischen Philosophie, 1972
Löwith, K.: Zur Frage einer philosophischen Anthropologie, in: Gadamer - Vogler II, 1974
Marquard, O.: o. a.
Plessner, H.: Die Aufgabe der philosophischen Anthropologie, in: Zwischen Philosophie und Gesellschaft, 1953
Schwidetzki, J.: Variationsstatistische Untersuchungen über Anthropologie-Definitionen, in: Homo 1974
Tinbergen, N.: On Aims and Methods of Ethology, in: Zeitschrift f. Tierpsychologie, Bd. 20 (1963)

Allgemeine Übersichten
Agassi, J.: Towards a rational philosophic Anthropology (Man

as Machine, – as Animal, – as Rational, – as Social, – in the Image of God), 1977 (B!)
anonym: Probleme der philosophischen Anthropologie (1961), in: Die Welt der Bücher II/6
Basave Fernández del Valle, A.: Filosofia del hombre, 1957
Brüning, W.: Philosophische Anthropologie (Historische Voraussetzungen und gegenwärtiger Stand), 1960
Buber, M.: Das Problem des Menschen, 1971
Buytendijk, F. J.: Das Menschliche. Wege zu seinem Verständnis, 1958
Dickopp, K. H.: Einführung in die philosophische Anthropologie, 1977
Diemer, A.: Art.: Anthropologie, in: Fischer-Lexikon Philosophie, 2. Aufl. 1964
Gadamer, H. G./Vogler, P.: Neue Anthropologie, 1974
1) Biologische Anthropologie 1. Teil
2) Biologische Anthropologie 2. Teil
3) Sozialanthropologie
4) Kulturanthropologie
5) Psycholog. Anthropologie
6) Philos. Anthropologie 1. Teil
7) Philos. Anthropologie 2. Teil
Gihring, K.: Der Mensch. Versuche seiner Deutung, 1951
Grene, M.: Art. Philosophical Anthropology, in: Klibansky R. (ed), Contemporary Philosophy, 1969
Groethuysen, B.: Philosophische Anthropologie, 1928
Habermas, J.: Art.: Anthropologie, in: Fischer-Lexikon Philosophie, 1. Aufl. 1958
Häberlin, P.: Der Mensch. Eine philosophische Anthropologie, 1941
Jaspers, K.: Allgemeine Psychopathologie, (1913) 1946 u. ö.
Kamlah, W.: Philosophische Anthropologie, 1973
Landmann, M.: De homine. Der Mensch im Spiegel seines Gedankens, 1962
Landmann, M.: Philosophische Anthropologie, 1955
Landsberg, P. L.: Einleitung in die philosophische Anthropologie, 1960
Les Etudes philosophiques 12/1957, Sondernummer: L'homme et ses oeuvres
Lowie, R. H.: An Introduction of cultural Anthropology, 1947, 7. Aufl.

Marquard, O.: Art.: Anthropologie, in: J. Ritter (Hrsg.), Historisches Wörterbuch der Philosophie, Bd. 1, 1971
Pappé, H. O.: Art.: Philosophical Anthropology, in: Edwards P. (ed), The Encyclopedia of Philosophy, 1967
Rocek, R. / Schalk, O. (Hrsg.): Philosophische Anthropologie heute, 1972
Rombach, A. (Hrsg.): Die Frage nach dem Menschen. Aufriß einer philosophischen Anthropologie. Festschrift für Max Müller, 1966
Schwarz, R. (Hrsg.): Menschliche Existenz und moderne Welt, 1967
von Wiese, L.: Homo sum. Gedanken zu einer zusammenfassenden Anthropologie, 1940
Ziegler, K. (Hrsg.): Wesen und Wirklichkeit des Menschen. Festschrift für H. Plessner, 1967
Studium Generale Jg. 9/7 (1956) (Sonderheft)

Anthologie
Müller, A./Reckermann (Hrsg.): Anthropologie als philosophische Reflexion über den Menschen (Marquard, Löwith, Kant, Feuerbach, Marx, Nietzsche, Heidegger, Gehlen, Horkheimer), 1976

Disziplinorientierte Typen

Geisteswissenschaftliche Anthropologie
Sombart, W.: Vom Menschen, Versuch einer geisteswissenschaftlichen Anthropologie, 1938

Humanbiologie
Aselmeier, U.: Biologische Anthropologie und Pädagogik, 1973
Autrum, H./Wolff, U. (Hrsg.): Humanbiologie, 1973
Ballauf, Th.: Das Problem einer biologischen Anthropologie, in: Der mathematische und naturwissenschaftliche Unterricht 17/1964
Eibl-Eibesfeldt, I.: Menschenforschung auf neuen Wegen, 1976
Remane, H.: Das biologische Weltbild des Menschen, 1971
Rudolph, W./Tscholl, P.: Systematische Anthropologie, 1977
Schwidetzky, I.: Das Menschenbild der Biologie, 1971

Kybernetische Anthropologie
Agassi, J.: o. a. (B!)
von Bertalanffy, L.: . . . aber vom Menschen wissen wir nichts. Robots, Men and Minds, 1970
Frank, H. G.: Kybernetik und Philosophie, 1969
Oppelt, W. und Vossius, G. (Hrsg.): Der Mensch als Regler, 1970
Rieger, P./Strauss, Cl. (Hrsg.): Kybernetik – Medizin – Verhaltensforschung, 1969
Sayre, K. M.: Cybernetics and the philosophy of mind, 1976
Schmidt, H.: Die anthropologischen Bedingungen der Kybernetik, 1965
Steinbuch, K.: Automat und Mensch, 1965

Medizinische Anthropologie
Binder, H.: Die menschliche Person, 1964
Büchner, F.: Vom geistigen Standort der modernen Medizin. Gesammelte Vorträge und Reden zur medizinischen Anthropologie, 1957
Ewet, J. P.: Neuro-Ethologie. Einführung in die Grundlagen des Verhaltens, 1976
Gebsattel, V. E.: Prolegomena einer medizinischen Anthropologie, 1954
Hartmann, F.: Ärztliche Anthropologie. Das Problem des Menschen in der Medizin der Neuzeit, 1973
Kütemeyer, W.: Wandlungen medizinischer Anthropologie, 1947
Schwarz, O.: Über Wesen und Aufgabe einer medizinischen Anthropologie, in: Einheitsbestrebungen in der Medizin, Bd. 1, 1933
Weizsäcker, V. v.: Der kranke Mensch. Eine Einführung in die medizinische Anthropologie, 1957

Ökonomische Anthropologie
Godelier, M.: Ökonomische Anthropologie: Untersuchungen zum Begriff der sozialen Struktur primitiver Gesellschaften, 1973

Pädagogische Anthropologie
Bollnow, O. F.: Die anthropologische Betrachtungsweise in der Pädagogik, 1965
Dienelt, K.: Pädagogische Anthropologie, 1970
Flitner, A. (Hrsg.): Wege zur pädagogischen Anthropologie, 1968

Giel, K.: Wege zur pädagogischen Anthropologie, 1968
Lassalm, R.: Pädagogische Anthropologie, 1977
Roth, H.: Pädagogische Anthropologie, Bd. 1 Bildsamkeit, 1971, und Bd. 2 Entwicklung und Erziehung, 1971
Zdarzil, H.: Pädagogische Anthropologie, 1972

Paläo-Anthropologie
Bilz, R.: Paläo-Anthropologie. Der neue Mensch in der Sicht einer Verhaltensforschung, 1971
Kraft, G.: Der Urmensch als Schöpfer, 1948

Politische Anthropologie
Balandier, G.: Politische Anthropologie, 1972
Probst, P.: Politik und Anthropologie, 1974
Woltmann, L.: Politische Anthropologie, 1903

Psychologische Anthropologie
Litt, Th.: Das menschliche Leben, 1974
Rothacker, E.: Psychologie und Anthropologie, in: Jahrbuch für Psychologie und Psychotherapie 5/1957
Thomae, H.: Grenzprobleme zwischen philosophischer und psychologischer Anthropologie, in: Studium generale, 1956
Thorpe, W. H.: Animal nature und human nature, 1974

Rechtsanthropologie
Wolf, E.: Das Problem einer Rechtsanthropologie, in: Rombach o. a.

Religiöse Anthropologie
Middleton, J.: Anthropologie réligieuse (Textes fondamentaux), 1974
Schoeps, H. J.: Was ist der Mensch? 1960
Wach, J.: Typen religiöser Anthropologie, 1932

Soziologische Anthropologie
Griese, H. M.: Soziologische Anthropologie und Sozialisationstheorie, 1976
Lepenies, W.: Soziologische Anthropologie, 1971

Geschichte

Verwiesen sei allgemein und speziell auf die Bibliographie von
G. Diem, in: Landmann, M., De homine, o. a.

0. *Allgemein*
Groethuysen, B.: Philosophische Anthropologie (Von Platon bis Montaigne) 1931
Harris, M.: The Rise of Anthropological Theory, 1968
Henie, M., u. a. (ed): Historical Conceptions of Psychology, 1973
Landmann, M.: Philosophische Anthropologie. Menschliche Selbstdeutung in Geschichte und Gegenwart, (1955) 1976
Löwith, K.: Von Hegel zu Nietzsche, 1939 u. ö.
Marquard, O.: o. a.
Mühlmann, W. E.: Geschichte der Anthropologie, 1968

1. *Wurzeln*
Clark, St. R. L.: Aristotele's Man. Speculations upon Aristotelian Anthropology, 1975
Jaeger, W.: Paideia. Die Formung des griechischen Menschen, 3 Bde. 1933 ff.
Kerényi, K.: Die anthropologische Aussage des Mythos, in: Gadamer/Vogler, Philosophische Anthropologie I, a. o.
Kranz, W.: Kosmos und Mensch in der Vorstellung frühen Griechentums, 1938
Otto, St.: Person und Subsistenz: Die philosophische Anthropologie des Leontios von Byzanz. Ein Beitrag zur spätantiken Geistesgeschichte, 1968
Pohlenz, M.: Der hellenische Mensch, 1947
Schmidt, H.: Die Anthropologie Philons von Alexandreia, 1933
Schloesser, J.: Das Menschenbild der Antike in der griechischen Tragödie, 1947
Thimme, O.: Physis, tropos, ethos. Semasiologische Untersuchungen über die Auffassungen des menschlichen Wesens (Charakters) in der älteren griechischen Literatur, 1935
Weil, C.: L'anthropologie d'Aristote, in: Revue de Metaphysique et Morale 51/1946
Wild, J.: Plato's Theory of Man, 1946
Wolff, H. W.: Anthropologie des Alten Testaments, 1973

2. *Mittelalter*
Dinkler, E.: Die Anthropologie Augustins, 1934
Gilson, E.: Der Geist der mittelalterlichen Philosophie (dt. von R. Schmücker), 1950
Gutbrod, W.: Die paulinische Anthropologie, 1934
Hislop, J.: The Anthropology of St. Thomas, 1950
Karpp, H.: Probleme altchristlicher Anthropologie. Biblische Anthropologie und philosophische Psychologie bei den Kirchenvätern des 3. Jahrhundert, 1950
L'homme et son destin après les penseurs du moyen âge (Actes du Premier Congrès international de Philosophie médiévale, Louvain-Bruxelles 1958), 1960
Marrou, H.: Saint Augustin et la fin de la culture antique, 1938
Metz, J. B.: Christliche Anthropologie. Über die Denkformen des Thomas von Aquin, 1962
Pieper, J.: Wahrheit der Dinge. Eine Untersuchung zur Anthropologie des Hochmittelalters, 1966
Rüfner, V.: Homo secundus deus. Eine geistesgeschichtliche Studie zum menschlichen Schöpfertum, in: Philos. Jahrbuch 63, 1954
Steinbüchel, Th.: Vom Menschenbild des christlichen Mittelalters, (1951) 1965

3. *Neuzeit*

3.0. *Übersicht*
Blumenberg, H.: Die Legitimität der Neuzeit, 1977
Dilthey, W.: Weltanschauung und Analyse des Menschen seit Renaissance und Reformation (= Gesammelte Schriften, Bd. 2) 1968
darin u. a.: Die Funktion der Anthropologie in der Kultur des 16. und 17. Jahrhunderts
Löwith, K.: Gott, Mensch und die Welt in der Metaphysik von Descartes bis zu Nietzsche, 1967
Müller, M.: Das christliche Menschenbild und die Weltanschauungen der Neuzeit, 1945

3.1. *Anthropologismus*
Adler, A.: Die philosophische Anthropologie des Descartes, in: Philos. Jahrbuch Bd. 59 (1949)
Althaus, P.: Paulus und Luther über den Menschen, 1951

Benz, Th.: Die Anthropologie in der Geschichtsschreibung des 18. Jahrhunderts, 1932
Berger, F.: Menschenbild und Menschenbildung. Die philosophisch-pädagogische Anthropologie J. G. Herders, 1933
Burckhardt, J.: Die Kultur der Renaissance in Italien, bes. IV. Die Entdeckung der Welt und des Menschen (1860), u. ö.
Cassirer, E. (ed): The Renaissance Philosophy of Man, 1956
Dessauer, F.: Was ist der Mensch? Die vier Fragen des I. Kant, 1959
Flemming, W.: Die Auffassung des Menschen im 17. Jahrhundert, 1928
Funke, G.: Die Aufklärung in ausgewählten Texten dargestellt, 1963 (Kap. II, Was ist der Mensch? La Mettrie, Lessing, Smith, Riem, v. Humboldt, Herder, Voltaire)
Grawe, Ch.: Herders Kulturanthropologie, 1967
Günther, F.: Die Wissenschaft vom Menschen. Ein Beitrag zum deutschen Geistesleben im Zeitalter des Rationalismus, 1906
Hinske, N.: Kants Idee der Anthropologie, in: Rombach H., o. a.
Kirkinen, H.: Les origines de la conception moderne de l'Homme-Machine, 1960
Linden, M.: Untersuchungen zum Anthropologiebegriff des 18. Jahrhunderts, 1976 (B!)
Lohde, D.: Die Anthropologie Pascals, 1936
Monnerjahn, E.: Giovanni Pico della Mirandola. Ein Beitrag zur philosophischen Theorie des italienischen Humanismus, 1960
Moravia, S.: Beobachtende Vernunft: Philosophie und Anthropologie in der Aufklärung, 1973
Oesterle, F.: Die Anthropologie des Paracelsus, 1937
Pitte, F. P. van de: Kant as Philosophical Anthropologist, 1971
Rang, M.: Rousseaus Lehre vom Menschen, 1959
Rich, A.: Pascals Bild vom Menschen, 1953
Schmidt, G.: Der Begriff des Menschen in der Geschichts- und Sprachphilosophie Herders, in: Zeitschrift f. philos. Forschung, Bd. 8 (1954)
Schwardtländer, J.: Der Mensch ist Person. Kants Lehre vom Menschen, 1968
Stomps, M. A.: Die Anthropologie Martin Luthers, 1935
Wein, H.: Von Descartes zur heutigen Anthropologie, in: Zeitschrift f. philos. Forschung, Bd. 2 (1947)

3.2. *Klassischer Idealismus*

Hegel
Drue, H.: Hegels Persönlichkeitstheorie. Psychologie aus dem Begriff, 1976
Fetscher, I.: Hegels Lehre vom Menschen, 1970
Juszezak, H.: L'anthropologie de Hegel á travers la pensée moderne. Marx, Nietzsche, Kojève, Weil, 1977
Wein, H.: Realdialektik. Von Hegelscher Dialektik zu dialektischer Anthropologie, 1957

Fichte
Claesges, U.: Geschichte des Selbstbewußtseins. Der Ursprung des spekulativen Problems in Fichtes Wissenschaftslehre von 1794–95, 1974
Janke, W.: Das empirische Bild des Ich – zu Fichtes Bestimmung des Menschen, in: Philos. Perspektiven, Bd. 1 (1969)
Schrader, W.: Empirisches und absolutes Ich, 1972
Steinbeck, W.: Das Bild des Menschen in der Philosophie J. G. Fichtes, 1939

Goethe
Kluckhohn, P.: Goethes Bild vom Menschen, in: Studium Generale Jg/2 (1949)
Spranger, E.: Goethes Bild vom Menschen, in: Studium Generale Jg/2 (1949)
Vietor, K.: Goethes Anschauung vom Menschen, in: Geist und Form, 1952

W. v. Humboldt
Heinemann, F.: W. v. Humboldts Philosophische Anthropologie und Theorie der Menschenkenntnis, 1929
Menze, C.: W. v. Humboldts Lehre und Bild vom Menschen, 1965

Schelling
Tautz, J.: Schellings philosophische Anthropologie, o. J.

3.3 *Romantik*
Carus, C. G.: Psyche. Zur Entwicklungsgeschichte der Seele (1846) u. ö.

Kautz, H.: Das Menschenbild in der Romantik, 1948
Landmann, M.: Das Menschenbild bei Schopenhauer, in: Zeitschrift f. philos. Forschung, Bd. 14 (1969)
Müller, G. F.: Die Anthropologie des C. G. Carus, 1937

3.4. 19. Jahrhundert
Dacqué, E.: Der Deszendenzgedanke und seine Geschichte, 1903
Guthmann, J.: Entwicklung und Selbstentfaltung bei H. Spencer, 1930
Harms, F.: Der Anthropologismus in der Entwicklung der Philosophie seit Kant, 1845
Huxley, Th.: Man's Place in Nature, 1863
Löwith, K.: Von Hegel zu Nietzsche, 1939 u. ö.
v. Wiesner, J.: Erschaffung, Entstehung, Entwicklung und über die Grenzen der Berechtigung des Entwicklungsgedankens, 1916

Darwin
Eisely, L.: Darwin's Century, Evolution und the Men who discovered it, 1958
Gruber, H. E.: Darwin on Man, 1974

Feuerbach
Aengeneyndt, H.: Der Begriff der Anthropologie bei Ludwig Feuerbach, 1923
Braun, H., J.: Ludwig Feuerbachs Lehre vom Menschen, 1971
Löwith, K.: Das Individuum in der Rolle des Mitmenschen – ein Beitrag zur anthropologischen Grundlegung der ethischen Probleme, 1928 u. ö.
Schmidt, A.: Emanzipatorische Sinnlichkeit. Ludwig Feuerbachs anthropologischer Materialismus, 1973

Kierkegaard
Slok, J.: Die Anthropologie Kierkegaards, 1954

Marx
Fromm, E.: Das Menschenbild bei Marx, 1972
Krader, L.: Ethnologie und Anthropologie bei Marx, 1973
Thier, H.: Das Menschenbild des jungen Marx, 1957

Nietzsche
Heimsoeth, H.: Zur Anthropologie Friedrich Nietzsches, in: Blätter f. deutsche Philosophie, Bd. 17 (1943)
Jaspers, K.: Nietzsche. Einführung in das Verständnis seines Philosophierens, 1936

Freud
Bally, G.: Mensch und Welt in der Auffassung Sigmund Freuds, in: Freud in der Gegenwart, 1957
Holt, R. R.: Freuds mechanistic and humanistic images of man, in: Holt, R. R./Peterfreund (ed): Psychoanalysis and Science today, Bd. 1 (1972)
Kunz, H.: Die Erweiterung des Menschenbildes in der Psychoanalyse Sigmund Freuds, in: Gadamer/Vogler VI, o. a.

4. Die Anthropologie des 20. Jahrhunderts

4.0. *Allgemeines*
Binswanger, L.: Zur phaenomenologischen Anthropologie (1947), 1961
Brüning, W.: Philosophische Anthropologie. Historische Voraussetzungen und gegenwärtiger Stand, 1960
Buber, M.: Das Problem des Menschen, 1954 (wieder in: Werke Bd. I., Schriften zur Philosophie, 1962)
Kamlah, W.: Philosophische Anthropologie: sprachkritische Grundlegung und Ethik, 1973
(Kindler) – Die Psychologie des 20. Jahrhunderts
  Bd. 1 Die europäische Tradition
  Bd. 2/3 Freud und die Folgen
  Bd. 4 Pawlow und die Folgen
  Bd. 5 Binet und die Folgen
  Bd. 6 Lorenz und die Folgen
  Bd. 7 Piaget und die Folgen
  Bd. 8 Lewin und die Folgen
  Bd. 15 Transzendenz, Imagination und Kreativität
Krieck, E.: Völkisch-politische Anthropologie, 3 Bde. 1934ff.
Lersch, Ph.: Der Mensch in der Gegenwart, 1955
Nye, R. D.: Three Views of Man (Freud, Skinner, Rogers), 1975
Probleme der philosophischen Anthropologie, in: Herder-Korrespondenz, Beihefte 2,6, 1962

Probst, P.: Politik und Anthropologie, Untersuchungen zur Theorie und Genese der philosophischen Anthropologie der Gegenwart in Deutschland, 1974
Schoeps, H. J.: Was ist der Mensch? Philosophische Anthropologie als Geistesgeschichte der neuesten Zeit, 1960
Ströker, E.: Zur gegenwärtigen Situation der Anthropologie, Kantstudien Bd. 51 (1959/60)
Volland, E.: Die Stellung des Menschen in der naturwissenschaftlichen und in der philosophischen Anthropologie der Gegenwart, 1936
Vossenkuhl, W.: Buchbesprechungen: Anthropologische Neuerscheinungen, in: Philosophisches Jahrbuch 1974
Zimmermann, A.: Der Mensch in der modernen Philosophie, 1975 (Scheler, Plessner, Gehlen, Jaspers, Heidegger, Marxismus, Strukturalismus)

4.1. *Die philosophische Anthropologie*
Buber, M.: The Philosophical Anthropology of Max Scheler, in: Philosophy and Phenomenological Research 6/1945
Gehlen, A.: Der Mensch, 1. Aufl. 1940, 10. Aufl. 1974
Gehlen, A.: Anthropologische Forschung, 1961
Gehlen, A.: Das Bild des Menschen im Lichte der modernen Anthropologie, in: Merkur 1952
Gehlen, A.: Zur Systematik der Anthropologie, 1942
Habermas, J.: Philosophische Anthropologie, in: Fischer-Lexikon Philosophie, 1. Aufl. 1958
Hammer, F.: Die exzentrische Position des Menschen. H. Plessners philosophische Anthropologie, 1967
Hagemann-White, C.: Legitimation der Anthropologie. Eine Kritik der Philosophie A. Gehlens, 1973
Hergasser, F.: Mensch und Kultur. Die pädagogische Dimension der Anthropologie Arnold Gehlens, 1976
Jansen, P.: Arnold Gehlen: Die anthropologische Kategorienlehre, 1975
Landgrebe, L.: Philosophie der Gegenwart, 1957
Landmann, M.: Philosophische Anthropologie. Menschliche Selbstdeutung in Geschichte und Gegenwart (1955), 1976
Landmann, M.: Der Mensch als Schöpfer und Geschöpf der Kultur. Geschichts- und Sozialanthropologie, 1961
Landmann, M.: Das Ende des Individuums. Anthropologische Skizzen, 1975

Litt, Th.: Die Sonderstellung des Menschen im Bereich des Lebendigen, 1948
Litt, Th.: Mensch und Welt. Grundlinien einer Philosophie des Geistes, 1961
Löwith, K.: Max Scheler und das Problem einer philosophischen Anthropologie, in: Theologische Rundschau, NF 7/1935
Merleau-Ponty, M.: Les sciences de l'homme et la phénoménologie. Introduction et 1re partie: Le problème des sciences de l'homme selon Husserl, 1953
Moschko, V.: Die anthropologische Frage in der Philosophie Max Schelers, 1948
Plessner, H.: Philosophische Anthropologie, 1970
Plessner, H.: Die Stufen des Organischen und der Mensch, 1975
Portmann, A.: Biologie und Geist, 1956
Portmann, A.: Zoologie und das neue Bild vom Menschen, 1956
Scheler, M.: Philosophische Anthropologie (= Ges. Werke Bd. 12 in Vorb.)
Scheler, M.: Die Stellung des Menschen im Kosmos, 1928 15. Aufl. 1947
Steinbüchel, Th.: Mensch und Wirklichkeit, in: Philosophie und Dichtung des 20. Jahrhunderts, 1949
Ströker, E.: Zur gegenwärtigen Situation der Anthropologie, in: Kant-Studien 51 (1959/60)
Volland, E.: Die Stellung des Menschen in der naturwissenschaftlichen und in der philosophischen Anthropologie der Gegenwart, 1936
Wilhelm, S.: Das Bild des Menschen in der Philosophie Schelers, 1937

4.2. *Die christliche Anthropologie*
Benz, E.: Der Mensch in christlicher Sicht, in: Gadamer-Vogler VI o. a.
Bornkamm, H. (Hrsg.): Imago Dei. Beitrag zur theologischen Anthropologie,1932
Brunner, E.: Gott und sein Rebell. Eine theologische Anthropologie, 1958
Brunner, E.: Imago Dei. Zur theologischen Anthropologie, in: Neue Schweizer Rundschau 2/1934
Galling, K.: Das Bild vom Menschen in biblischer Sicht,1947
Gogarten, F.: Das Problem einer theologischen Anthropologie, 1929 (vgl. Diem, Religiöse Anthropologie o. a.)

Guardini, R.: Welt und Person. Versuche zur christlichen Lehre vom Menschen, 1939
Jüngel, E.: Der Gott entsprechende Mensch. Bemerkungen zur Gottebenbildlichkeit des Menschen als Grundfigur theologischer Anthropologie, in: Gadamer-Vogler VI o. a.
Lotz, J. B.: Christliche Anthropologie, in: Rombach o. a.
Pannenberg, W.: Was ist der Mensch? Die Anthropologie der Gegenwart im Lichte der Theologie, 1962
Thielicke, H.: Christliche Anthropologie, 1976
Tillich, P.: Das christliche Menschenbild im 20. Jahrhundert, in: Universitas, 1952
Scheffczyk, L. (Hrsg.): Der Mensch als Bild Gottes, 1959 (B!)
Scheffczyk, L., Schreiner, J., Zimmermann, H., in: Speck, J. (Hrsg.): Das Personenverständnis II (vgl. Person)
Schlüter, D.: Art.: Gottesebenbildlichkeit, in: Ritter, J. o. a.
Wolff, H. W.: Anthropologie des Alten Testamentes, 1973

4.3. Die bürgerliche Anthropologie
Plessner, H.: Die verspätete Nation. Über die politische Verführbarkeit des bürgerlichen Geistes, 1935
Schwenger, R.: Der Begriff der bürgerlichen Gesellschaft bei Kant und Fichte, 1929

4.4. Existenzorientierte Anthropologie
Bense, M.: Philosophische Anthropologie und Existenzphilosophie in: Zwischen den beiden Kriegen, Bd. I: Die Philosophie, 1951
Binswanger, L.: Grundformen und Erkenntnis menschlichen Daseins, 1974
Boss, M.: Psychoanalyse und Daseinsanalytik, 1957
Earle, W. A.: Die Anthropologie in der Philosophie bei Karl Jaspers, in: Karl Jaspers. Philosophen des 20. Jahrhunderts, hrsg. von P. A. Schilpp, 1956
Hommes, J.: Zwiespältiges Dasein. Die existenziale Ontologie von Hegel bis Heidegger, 1953
Köchler, H.: Der innere Bezug von Anthropologie und Ontologie. Das Problem der Anthropologie im Denken Martin Heideggers, 1974
Kunz, H.: Die Bedeutung der Daseinsanalytik Martin Heideggers für die Psychologie und die philosophische Anthropologie, in: Martin Heideggers Einfluß auf die Wissenschaften, 1949

Tillich, P.: The Conception of Man in Existential Philosophy, in: The Journal of Religion 19/1939
Vietta, E.: Versuch über die menschliche Existenz in der modernen französischen Philosophie, 1948

4.5. *Marxistische Anthropologie*
Balakina, I. F.: Theoretische Probleme des Menschen in der UDSSR, in: Schwarz, R. o. a.
Eichhorn, W., Ley, H., Löther, R.: Das Menschenbild der marxistisch-leninistischen Philosophie, 1969
Gobdelier, M.: Horizon, trajets marxistes en anthropologie, 1973
Gulian, C. I.: Versuch einer Marxistischen philosophischen Anthropologie, 1974
Heller, A.: Instinkt, Aggression, Charakter; Einleitung zu einer marxistischen Sozialanthropologie, 1977
Klaus, G., Buhr, M.: Art.: Anthropologie, in: Philosophisches Wörterbuch 1. Aufl. 1964, 10. Aufl. 1974
von Kultschytskyi, A.: Die marxistisch-sowjetische Konzeption des Menschen im Lichte der westlichen Psychologie, 1956
Lepenies, W., Nolte, H.: Experimentelle Anthropologie und emanzipatorische Praxis. Überlegungen zu Marx und Freud, in: Lepenies, W./Nolte, H., Kritik der Anthropologie, 1971
Löther, R.: Die marxistische Auffassung vom Menschen, in: Eichhorn, W./Ley, H./Löther, R., Das Menschenbild der marxistisch-leninistischen Philosophie, 1969
Machovec, M.: Vom Sinn menschlichen Lebens, 1971
Marcuse, H.: Der eindimensionale Mensch. Studien zur Ideologie der fortgeschrittenen Industriegesellschaft, 1976
Schaff, A.: Marx oder Sartre. Versuch einer Philosophie des Menschen, 1966
Schaff, A.: Marxismus und das menschliche Individuum, 1965

4.6. *Tiefenpsychologische Anthropologie*
Arlow, J. A. / Brenner, Ch.: Grundbegriffe der Psychoanalyse. Die Entwicklung von der topographischen zur strukturellen Theorie der psychischen Systeme, (1964) 1976
Bitter, W.: Freud, Adler, Jung, 1977
Dienelt, K.: Von der Psychoanalyse zur Logotherapie, 1973
Fromm, E.: Anatomie der menschlichen Destruktivität, 1974
Kunz, H.: Grundfragen der psychoanalytischen Anthropologie, 1975

Nagera, H.: Psychoanalytische Grundbegriffe, 1976
Wyss, D.: Die tiefenpsychologischen Schulen von den Anfängen bis zur Gegenwart, 1977

4.7. Kritische Anthropologie
Horkheimer, M.: Bemerkungen zur philosophischen Anthropologie, in: Kritische Theorie I, 1968
Sonnemann, U.: Negative Anthropologie, 1969

4.8. Die struktural(istisch)e Anthropologie
Althusser, L.: Bemerkungen zu einer Kategorie: Progreß ohne Subjekt und ohne Ende/Ziel, in: Arens, H. u. a. (Hrsg.): Was ist revolutionärer Marxismus? 1973
Dagenais, J. J.: Models of man (»The structuralist Model«), 1972
Dumasy, A.: Restloses Erkennen: Die Diskussion über den Strukturalismus des C. Lévi-Strauss in Frankreich, 1972
De George, R. u. F.: The structuralistes, From Marx to Lévi-Strauss (Anthologie) 1972
Lévi-Strauss, C.: Trauriges Denken, 1968
Lévi-Strauss, C.: Strukturale Anthropologie, 1973
Marc-Lipiansky, M.: Le structuralisme de Lévi-Strauss, 1973
Schiwy, G.: Der Französische Strukturalismus, 1969
Sperber, D.: Der Strukturalismus in der Anthropologie, in: Wahl, (Hrsg.): Einführung in den Strukturalismus, 1973

4.9. Behavioristische Anthropologie
Barker, R. G.: The stream of behavior, 1963
Chomsky, N.: Review of Skinner's »Verbal Behavior«, in: Language 35/1959
Mackenzie, B. D.: Behaviorism and the Limits of Scientific Method, 1977
Skinner, B. F.: Beyond Freedom and Dignity, 1971
Skinner, B. F.: Wissenschaft und menschliches Verhalten, 1973
Wann, T. W. (ed): Behaviorism and Phenomenology, 1964
Watson, J. B.: Behaviorismus, 1968
Whiteley, C. H.: Behaviorism, in: Mind 70/1961

4.10. Analytische Anthropologie
Bernstein, Richard J.: Praxis and Action, 1971 (B!), dtsch. 1975
Danton, A. C.: Analytische Handlungstheorie, 1978
Gustafson, D. F. (ed): Essays in Philosophical Psychology, 1964

Meggle, G., und Beckmann, A. (Hrsg.): Analytische Handlungstheorie, 1977 (B!)
Ryle, G.: Der Begriff des Geistes, 1969

4.11. Historische Anthropologie
von den Berg, H.: Metabletica. Über die Wandlung des Menschen. Grundlinien einer historischen Psychologie, 1960
Elias, N.: Über den Prozeß der Zivilisation, 1976
Erikson, E. H.: Identität und Lebenszyklus, 1966
Lepenies, W.: Probleme einer Historischen Anthropologie, in: Rürup, R. (Hrsg.): Historische Sozialwissenschaft, 1977 (B!)
Meier, E.: Geschichte des Altertums Bd. I/1, Einleitung: Elemente der Anthropologie, (1884) 1907
Nipperdey, Th.: Die anthropologische Dimension der Geschichtswissenschaft, in: Schulz, G. (Hrsg.): Geschichte heute, 1973
Nitschke, A.: Plädoyer für eine alternative Anthropologie, in: Geschichte und Gesellschaft 2 (1976)

4.13. Anthropologiekritik
Hartmann, N.: Naturphilosophie und Anthropologie (1944), in: Kleinere Schriften I (1955)
Kamper, D.: Geschichte und menschliche Natur. Die Tragweite gegenwärtiger Anthropologiekritik, 1973
Kasper, W. (Hrsg.): Unser Wissen vom Menschen, Möglichkeiten und Grenzen anthropologischer Erkenntnis, 1977
Lepenies, W./Nolte, H.: Kritik der Anthropologie, 1971
Marquard, O.: Marx und Freud, Gehlen und Habermas, 1971
Marquard, O.: o. a.
Ritter, J.: Über den Sinn und die Grenze der Lehre vom Menschen, 1933

Anhang zur historischen Übersicht
Nichteuropäische Anthropologien
Bannerth, E.: der Mensch im Islam, in: Gadamer-Vogler VI, a. o.
Bongilo Muana Passy: La conception senghorienne de l'homme négro-africaine, 1975
Boumann, J.: Gott und Mensch im Koran: Eine Strukturform religiöser Anthropologie anhand des Beispiels Allah und Muhammed, 1977
Hoffmann, H.: Das Menschenbild des indischen religiösen Genies, in: Gadamer-Vogler VI, a. o.

Morton, W. S.: The Confucian concept of Man, in: Philosophy East and West 21 (1971)
Munro, D. J.: The concept of Man in early China, 1969
Radhakrishnan, S.: The Concept of Man: A Study in Comparative Philosophy, 1976
Schinzinger, R.: Das Bild des Menschen in der japanischen Tradition und Vorkriegsphilosophie, in: Gadamer-Vogler VI, o. a.
Steininger, H.: Die Stellung des Menschen im Konfuzianismus und im Taoismus, in: Gadamer-Vogler VI, o. a.
Sumner, C.: Philosophy of Man, (Adis Abeba) 1973 ff.
Tshiamalenga Ntumba: La vision Ntu de l'homme. Essay linguistique et anthropologique, in: Cahiers des Religions Africaines 14 (1973)
Wolff, O.: Indiens Beitrag zum neuen Menschenbild, 1957

Systematische Anthropologie

1. *Phänomen Mensch*
Bergson, H.: Das Lachen, 1914
Brun, J.: La main et l'esprit, 1963
Buytendijk, F. J. J.: Das Menschliche, 1958
Dierauer, U.: Tier und Mensch im Denken der Antike, 1977
Eibl-Eibesfeldt, I.: Grundriß der vergleichenden Verhaltensforschung, 1972, 1978
Gehlen, A.: Der Mensch o. a.
Hofer, H./Altner, G.: Die Sonderstellung des Menschen. Naturwissenschaftliche und geisteswissenschaftliche Aspekte, 1972
Kattmann, U.: Sonderstellung oder Eigenart? Zur Stellung des Menschen innerhalb der Lebewesen. Praxis der naturwissenschaftlichen Biologie 23/1974
Katz, D.: Mensch und Tier, 1948
Lipps, H.: Die Wirklichkeit des Menschen, 1954
Litt, Th.: Die Sonderstellung des Menschen im Bereich des Lebendigen, 1948
Loenen, J. H. (Hrsg.): Mens en dier, 1954
Lorenz, K.: Über tierisches und menschliches Verhalten, 1965
Plessner, H.: Lachen und Weinen. Eine Untersuchung nach den Grenzen des menschlichen Verhaltens, (1949) 1961
Portmann, A.: Biologische Fragmente zu einer Lehre vom Menschen, 1951

Portmann, A.: Der Mensch – ein Mängelwesen? in: Portmann, A., Entläßt die Natur den Menschen? 1970
Schuler, B.: Pflanze, Tier, Mensch: Wesensart und Wesensunterschiede, 1969
Straus, E.: Der aufrechte Gang. Eine anthropologische Studie, in: Gesammelte Schriften, 1960
Strasser, St.: Phaenomenologie und Erfahrungswissenschaft vom Menschen, 1964

2. Phänomenologie des Humanbereichs

2.1. Die »Humanlandschaft«
Leib
Büchner, F.: Von der Leiblichkeit des Menschen, in: Studium Generale 1/1948
Davis, M.: Understanding body movement. An annotated bibliography, 1972
Frostholm, B.: Der Leib und das Unbewußte bei Merleau-Ponty und Freud, 1977
Hammer, F.: Leib und Geschlecht: Philosophische Perspektiven von Nietzsche bis Merleau-Ponty und phänomenologisch-systematischer Aufriß, 1974
Henry, M.: Philosophy and phenomenology of the body, 1975
Lersch, Ph.: Gesicht und Seele, 1971
Merleau-Ponty, M.: Le Corps, in: Phénoménologie de la perception, 1945 u. ö.
van Peursen, C. A.: Leib – Seele – Geist. Einführung in die phänomenologische Anthropologie, 1959
Plügge, H.: Der Mensch und sein Leib, 1967
Podlech, A.: Der Leib als Weise des In-der-Welt-Seins, 1956
Schilder, P.: Das Körperschema, 1923

Leib-Seele-Problem
Bain, A.: Mind and Body, 1873
Berthold, G.: Leibniz und das Uhrengleichnis, 1874
Black, S.: Mind and Body, 1969
Busse, L.: Geist und Körper, Seele und Leib, 1903
Driesch, H.: Leib und Seele, 1923
von Eickstedt, E.: Atom und Psyche, 1954
Engelhardt, Jr. H. T.: Mind – Body. A Categorical Relation, 1973
Feigl, H.: The »mental« and the »physical«, (1958) 1967 (B!)

Grünthal, E.: Psyche und Nervensystem. Geschichte eines Problems, 1968
Häberlin, P.: Der Leib und die Seele, 1923
Kuhlenbeck, H.: Gehirn und Bewußtsein, 1973
Ornstein, J. H.: The Mind and the Brain, 1972
Pfleiderer, E.: Leibniz und Geulincx mit besonderer Beziehung auf ihr beiderseitiges Uhrengleichnis,1883
Plessner, H.: Die Stufen des Organischen und der Mensch, 1965
Prinzhorn, H.: Leib – Seele – Einheit, 1927
Rosenblueth, A.: Mind and Brain, 1970
Rosenthal, D. M.: Materialism and the mind-body-problem, 1971
Schroeder v. d. Kolk, J. L. C.: Seele und Leib in Wechselbeziehung zueinander, (1865) 1966
Seifert, J.: Leib und Seele. Ein Beitrag zur philosophischen Anthropologie, 1973 (B!)
Shafter, J. A.: Recent work on the mind-body-problem in American Philosophy, 1965
Sherrington, C.: Körper und Geist. Der Mensch über seine Natur, 1964
Vesey, G. N. A.: Body and mind. Readings in Philosophy, 1970
Wenzl, A.: Das Leib-Seele-Problem, 1933

Psychosomatik
Booij, J. (ed): Psychosomatics,1957
Bräutigam, W./Christian, P.: Psychosomatische Medizin, 1975
Luther, E.: Historische und erkenntnistheoretische Wurzeln der medizinischen Anthropologie V. v. Weizsäckers, 1967
Schwöbel, G.: Psychosomatische Medizin, 1960
v. Weizsäcker, V.: Der kranke Mensch. Eine Einführung in die medizinische Anthropologie, 1951
Wyss, D.: V. v. Weizsäckers Stellung in Philosophie und Anthropologie der Neuzeit, in: von Weizsäcker, V./Wyss, D.: Zwischen Medizin und Philosophie, 1957

Seele
Bally, G.: Der Psychebegriff in der modernen medizinischen Psychologie, in: Schweizer Archiv Neurologische Psychologie 57/1946
Bier, A.: Die Seele, 1942
Bogner, H.: Der Seelenbegriff in der griechischen Frühzeit, 1939
Bumke, O.: Gedanken über die Seele, 1942

Carus, C. G.: Psyche. Zur Entwicklungsgeschichte der Seele, 1846 u. ö.
Clarke, E./Dewhurst, K.: Die Funktionen des Gehirns. Lokalisationstheorien von der Antike bis zur Gegenwart, 1973
Pfänder, A.: Die Seele des Menschen, 1933
Révész, B.: Geschichte des Seelenbegriffs und der Seelenlokalisation, 1917
Stcherbatsky, I.: The soul theory of the Buddhists, 1976
Strasser, St.: Seele und Beseeltes, 1955

Bewußtsein
Cancini, A.: Syneidesis. Il tema semantico della »conscientia« nelle grecia antica, 1970
Diemer, A.: Art.: Bewußtsein, in: Ritter, o. a. (B!)
Ey, H.: Das Bewußtsein, 1967
Funke, G.: Bewußtsein und Gewissen, in: Zeitschr. f. experiment. u. angewandte Psychologie, 1959
Globus, G. G. u. a. (ed).: Consciousness and the Brain, 1976 (B!)
Grau, K. J.: Die Entwicklung des Bewußtseinsbegriffes im 17. und 18. Jahrhundert, 1916
Gurwitsch, A.: Das Bewußtseinsfeld, 1975
James, W.: Der Strom des Bewußtseins, in: Psychologie, 1909
Jung, G.: Syneidesis, Conscientia, Bewußtsein, in: Archiv für die ges. Psychologie 89 (1933)
Klages, L.: Vom Wesen des Bewußtseins (1921), 1955
Leont'ew, A. N.: Tätigkeit, Bewußtsein, Persönlichkeit, 1977
Rehmke, J.: Das Bewußtsein, 1910
Rubinstein, S. L.: Sein und Bewußtsein. Die Stellung des Psychischen im allgem. Zusammenhang der Erscheinungen der materiellen Welt, 1970
Sayre, K. M.: Consciousness. A philosophical study of Minds and Machines, 1969
Stelzenberger: Syneidesis, Conscientia, Gewissen, 1963
Thomae, H.: Bewußtsein und Leben: Versuch einer Systematisierung des Bewußtseinsproblems, 1939
Weinschenk, C.: Über die Natur und die Leistung des Bewußtseins, 1955
Zuchner, F.: Syneidesis – conscientia, 1928

Das Unbewußte
Diemer, A.: Das Problem des Unbewußten in seiner geschichtlichen Entwicklung (Diss. Mainz 1959)

Ellenberger, H.: The Discovery of the Unconsciousness, 1970
Jung, C. G.: Bewußtes und Unbewußtes, Werke 1968
Macentry, A. C.: Das Unbewußte. Eine Begriffsanalyse, 1968
Rothacker, E.: Zur Genealogie des menschlichen Bewußtseins, 1966
Schmidbauer, W.: Vom Es zum Ich. Evolution und Psychoanalyse, 1975
Wyss, D.: Die tiefenpsychologischen Schulen von den Anfängen bis zur Gegenwart, 1977, 5. Aufl.

Leben – Erleben
Gigon, O. (Hrsg.): Seele, Entwicklung, Leben, 1966
Koelsch, A.: Das Erleben, 1919
Rothacker, E.: Erlebnis und Bewußtheit, in: Die Schichten der Persönlichkeit (1938), 1969
Schmitt, A.: Das Erlebnis in der Philosophie W. Diltheys, 1917
Zucker, K.: Vom Wandel des Erlebens, eine Seelengeschichte des Abendlandes, 1950

Geist
Barth, H.: Die Geistfrage im deutschen Idealismus, in: K. Barth u. H. Barth, Zur Lehre vom Heiligen Geist, 1930
Borst, C. V.: The Mind – Brain Identity, 1970
Chappell, V. C. (ed): The Philosophy of Mind, 1962
Cramer, Ph.: Grundlegung einer Theorie des Geistes, 1965
Deussen, J.: Klages' Kritik des Geistes, 1934 (B!)
Eucken, R.: Die Einheit des Geisteslebens in Bewußtsein und Tat der Menschen, 1888
Freyer, H.: Der Begriff des Geistes in der deutschen Philosophie von Kant bis Hegel, 1908
Freyer, H.: Theorie des objektiven Geistes, 1935
Geach, P.: Mental Acts, 1967
Girndt, I.: Seele und Geist. Versuch einer Unterscheidung, 1955
Hallwass, K.: Zur philosophischen Spiegelung des Begriffskomplexes »Geist« in der deutschen Philosophie zwischen 1760 und 1830, 1952
Hartmann, N.: Das Problem des geistigen Seins, 1948
Herzfeld, H.: Begriff und Theorie vom Geist bei Max Scheler, 1930
Hildebrand, A.: Art.: Geist, in: Grimms Wörterbuch, 1970
Hoffmeister, J.: Zum Geistbegriff des deutschen Idealismus bei Hölderlin und Hegel, in: Viertelj. Schrift f. Lit. Wiss. Bd. 10 (1932)

Klages, L.: Der Geist als Widersacher der Seele, 1939
Kunz, H.: Das Problem des Geistes in der Tiefenpsychologie, in: Psyche 5, 1951/52
Lewin, J.: Geist und Seele. Ludwig Klages' Philosophie, 1931
Lutze, E. P.: Die germanischen Übersetzungen von spiritus und pneuma. Ein Beitrag zur Frühgeschichte des Wortes »Geist«, 1950
Morris, C. W.: Six Theories of Mind, 1932
Oeing-Hanhoff u. a.: Art.: Geist, in: Ritter, o. a.
Presley, C. F. (ed): The Identity Theory of Mind, 1967
Putscher, M.: Pneuma, Spiritus, Geist, 1974
Ryle, G.: Der Begriff des Geistes, 1969
Scher, J. (Hrsg.): Theories of the Mind, 1962
Snell, B.: Die Entdeckung des Geistes, 1948
Wechssler, E.: Esprit und Geist, 1927

Vernunft – Verstand – Rationalität
Bartley, W. W.: Wissenschaft und Glaube, in: Gadamer/Vogler VII, o. a.
Demers, G. E.: Les divers sens du mot »ratio« au moyen age, in: Publ. del'Inst. d'Etudes Méd. d'Ottawa, o. J.
Flasche, H.: Die begriffliche Entwicklung des Wortes ratio und seiner Ableitungen im Französischen bis 1500, 1936
Horkheimer, M.: Zum Begriff der Vernunft, 1952
Katner, W.: Verstand und Vernunft, 1931
Laporte, J.: Le cœur et la raison selon Pascal, 1950
Loenen, I. H. M. M.: De nous in het system van Plato's philosophy, 1951
Shils, E.: The Intellectual as Participant in and Critic of Society, in: Udin, S. (ed.): Spectrum, Festschrift S. T. Alisjahbama 1978
Vernay, H.: Les divers sens du mot »raison« autour de Marguerite d'Angoulême Reine de Navarra (1492–1549), 1962
Well, J. von: Über das Verhältnis des intellectus speculativus und des intellectus practicus zueinander bei Thomas von Aquino, 1933

Selbst
Berger, F. (Hrsg.): Vom menschlichen Selbst, 1965, darin u. a.:
Keller, W.: Selbstsein und Selbststreben im Lichte der philosophischen Anthropologie
Bronowski, H.: The Identity of Man, 1965

Johnstone, H. W.: The Problem of the Self, 1970
De Levita, D. J.: Der Begriff der Identität, 1971
Litt, Th.: Die Selbsterkenntnis des Menschen, 1948
Popper, K. R., Eccles, J. C.: The Self and Its Brain, 1977
Williams, B. A. O.: Probleme des Selbst 1978

Individualität
Straus, E.: Das Problem der Individualität, in: Brugsch, Th. (Hrsg.): Die Biologie der Person, 1926
Volkelt, J.: Das Problem der Individualität, 1928

Ich
Beirnaet, L.: Le »moi« dans la tradition spirituelle et dans la psychoanalyse Freudienne, in: Jahrbuch für Psychoanalyse und Psychotherapie 3/1955
Blanchet, L.: Les antécedents historiques du »Je pense donc je suis«, 1920
Drews, S./Brecht, K.: Psychoanalytische Ichpsychologie, 1975
Ferrater-Mora, J.: Art.: Cogito, ergo sum, in: Diccionario Filosofico I, 5. Aufl. 1965 (B!)
Gilson, E.: Le cogito et la tradition Augustinienne, in: Etudes sur le rôle de la pensée médiévale dans la formation du systême Cartésien, 1930 u. ö.
Kutter, P./Roskamp, H. (Hrsg.): Ichpsychologie. Psychoanalytische Ich-Psychologie und ihre Anwendungen, 1974
Mead, G. H.: Geist, Identität und Gesellschaft, 1973
Parsons, T.: The Superego and the theory of social systems, 1952
Pothast, U.: Über einige Fragen der Selbstbeziehung, 1971
Reisinger, P.: Reflexion und Ichbegriff, in: Hegelstudien 6 (1971)
Rothschild, F. S.: Das Ich und die Regulation des Erlebnisvorganges, 1950
Sannwald, A.: Der Begriff der Dialektik und die Anthropologie. Eine Untersuchung über das Ich-Verständnis in der Philosophie des Idealismus und seiner Antipoden, 1931
Sartre, J. P.: Die Transzendenz des Ego (darin: das Ich (Le je) und das ICH (Le Moi)) (1936), 1964
Schelling, F. W.: Vom Ich als Prinzip aller Philosophie, 1795
Scholz, H.: Über das Cogito ergo sum (1931), in: Mathesis universalis, 1961

Person
Allport, G. W.: Persönlichkeit, 1959
Binder, H.: Die menschliche Person. Ihr Wesen, ihre Gestalt und ihre Störungen. Eine Einführung in die medizinische Anthropologie, 1964
Bovet, Th.: Psychosomatik und der Begriff der Person, in: Vorträge der 2. Lindauer Psychotherapie-Woche, 1957
Christian, P.: Das Personverständnis im modernen medizinischen Denken, 1952
Diemer, A.: Grundriß der Philosophie I, 1962, S. 305 ff.
Häring, B.: Personalismus in der Philosophie und Theologie, 1968
Hiltmann H./Vonessen, P. (Hrsg.): Dialektik und Dynamik der Person. Festschrift für Robert Heiss, 1963
Kapp, F.: Zum Begriff und zur etymologischen Ableitung des Wortes Person, in: Jahrbuch für Psychologie und Psychotherapie 3/1955
Lersch, Ph.: Aufbau der Person, 1970
Lindzey, G./Hall, C.S.: Theories of Personality, 1966
Linton, R.: The Cultural Background of Personality, 1952
Pannenberg, W.: Art.: Person, in: Galling, K. (Hrsg.): Die Religion in Geschichte und Gegenwart, Bd. 5, (1959)
Remplein, H.: Psychologie der Persönlichkeit, 1975
Rheinfelder, H.: Das Wort »Persona«. Geschichte der Bedeutung..., 1928
Sandt, W. B.: Theories of Personality, 1974
Schutz, D.: Theories of Personality, 1976
Speck, J. (Hrsg.): Das Personenverständnis in der Pädagogik und ihren Nachbarwissenschaften, 1966
Stavenhagen, K.: Person und Persönlichkeit, 1957
Vetter, A.: Personale Anthropologie, 1966
Wehle, B.: Der Begriff der Person, in: Rombach o. a.

Existenz
Bollnow, O. F.: Existenzphilosophie, 1969
Diemer, A.: Art: Existenzphilosophie, in: Fischer-Lexikon-Philosophie 1958
Müller, M.: Existenzphilosophie im geistigen Leben der Gegenwart, 1949

Freiheit
Adler, J.: The Idea of Freedom, 1958/61
Alexander, A.: Theories of the Will in the History of Philosophy, 1898
Berlin, J.: Two Concepts of Liberty, 1961
Bury, J. B.: Geschichte der Gedankenfreiheit, 1949
Cranston, M.: Freedom, A New Analysis, 1953
Eckardt, H. v. (Hrsg.): Freiheit und Würde des Menschen. Stimmen aus drei Jahrtausenden, 1947
Fetscher, I.: Die Freiheit im Lichte des Marxismus-Leninismus, 1960
Garaudy, R.: Freiheit als philosophische und historische Kategorie, 1959
Gurvitch, G.: Determinismes sociaux et liberté humaine 1955
Hare, R. M.: Freedom and Reason, 1963
Hook, S. (Hrsg.): Determinism and Freedom in the Age of modern Science, 1958
Lewis, C. S.: Studies in Words, 1961
Mill, J. St.: Über die Freiheit, 1948
O'Rourke, J.: The problem of freedom, in: Marxist thoughts, 1974
Philonenko, A.: La liberté humaine dans la philosophie de Fichte, 1966
Planck, M.: Kausalgesetz und Willensfreiheit, 1923
Pohlenz, M.: Griechische Freiheit, 1955
Schröder, K.: Das Freiheitsproblem bei Leibniz und in der Geschichte des Wolffianismus, 1938
Simon, J. (Hrsg.): Freiheit. Theoretische und praktische Aspekte des Problems, 1977
Wenzl, A.: Philosophie der Freiheit, 1955

Transzendenz
Belzer, G.: Das Problem der Transzendenz in der Geschichte der neueren Philosophie, 1952
Benz, E.: Der christliche »Übermensch«, in: Konkrete Vernunft. Festschrift für E. Rothacker, 1958
Benz, E. u. a.: Der Übermensch – Eine Diskussion, 1961
Chaix-Ruy, J.: Le surhomme de Nietzsche et Teilhard de Chardin, 1965
Ciba-Symposium: Civilization and Science in Conflict and Collaboration, 1972

Ferrater-Mora, J.: Art: Transcendencia u. a. in: o. a. (B!)
Passmore, J.: Der vollkommene Mensch. Eine Idee im Wandel von drei Jahrtausenden, 1975
Sawicki, Fr.: Das Problem der Persönlichkeit und des Übermenschen, 1909
Schenke, H. M.: Der Gott »Mensch« in der Gnosis, 1962
Wahl, J.: Existence humaine et transcendence, 1944

2.2. *Die anthropologische Schichtung*

Allgemein
Döhl, I.: Bewußtseinsschichtung. Ein Beitrag zur Entwicklungsgeschichte ihrer Theorie, 1934
Hoffmann, C.: Die Schichttheorie, 1935
Lersch, Ph.: Schichten der Seele, in: Universitas VIII, 1953
Lersch, Ph.: Aufbau der Person, (1938) 1952
Revers, J.: Anthropologische Problematik der Schichttheorien, in: Schweiz. Zeitschr. für Psychologie, Bd. 17 (1958)
Rothacker, E.: Die Schichten der Persönlichkeit, (1938) 1969

Phantasie
Dilthey, W.: Die Einbildungskraft des Dichters, Ges. Schriften Bd. VI, 1924
Inciarte, F.: Transzendentale Einbildungskraft. Zu Fichtes Frühphilosophie im Zusammenhang des Transzendentalen Idealismus, 1970
Kunz, H.: Die anthropologische Bedeutung der Phantasie, 1946
Liebermann, M.; Die Phantasie in der Malerei, 1922
Mörchen, H.: Die Einbildungskraft bei Kant, 1930 u. ö.
Sartre, J. P.: Über die Einbildungskraft (Imagination), in: Die Transzendenz des Ego, 1964
Sartre, J. P.: L'Imaginaire, Psychologie phénoménologique de l'imagination, 1940
Vetter, A.: Die Erlebnisbedeutung der Phantasie, 1950

Sinnlichkeit
Merleau-Ponty, M.: Phänomenologie der Wahrnehmung, 1966
Plessner, H.: Anthropologie der Sinne, in: Gadamer-Vogler VII, o. a.
Plessner, H. : Die Einheit der Sinne. Grundlinien einer Aesthesiologie des Geistes, 1923

Straus, E.: Vom Sinn der Sinne. Ein Beitrag zur Grundlegung der Psychologie, (1935) 1965
Urmson, J. O.: The objects of the five senses, 1968
Weizsäcker, V. von: Der »Gestaltkreis«, (1949) 1968

Geist – Bios
Bassenge, F.: Drang und Geist. Eine Auseinandersetzung mit Schelers Anthropologie. Zeitschr. f. philos. Forschung, Bd. 17 (1963)
Heckhausen, H.: Biologische und kulturelle Grundlagen des Verhaltens, 1965
Hoche, H. H.: Handlung, Bewußtsein und Leib, 1973
Legewie, H.: Organismus und Umwelt. Die Bedeutung der Tiersoziologie für die Gesellschaftswissenschaft. Die Grundlagen der Leib-Seelenkunde, 1931
von Uexküll, J.: Umwelt und Innenwelt der Tiere, 1913

Dispositions-/Habitualitätsbereich
Allport, G. W.: Attitudes, in: Murchison, C. M.: Handbook of Social Psychology, 1935
Brands, H.: Untersuchungen zur Lehre von den angeborenen Ideen, 1977 (B!)
Catten, R. B.: Abilities: their structure, growth and action, 1971
Funke, G.: Gewohnheit, 1961^2
Jahoda, M. & Warren, N. (ed): Attitudes, 1966
Mierke, K.: Begabung, Bildung, Bildsamkeit, 1963
Mucchielli, R.: Einstellung und Manipulation, 1976
Münch, R.: Mentales System und Verhalten. Grundlagen einer allgemeinen Verhaltenstheorie, 1972
Pfänder, A.: Zur Psychologie der Gesinnungen, 1922
Rokeach, M.: Beliefs, attitudes and values, 1968
Roth, H. (Hrsg.): Begabung und Lernen, 1968
Stich, St. P. (ed): Innate ideas, 1977
Tinbergen, N.: Instinktlehre. Vergleichende Forschung angeborenen Verhaltens, 1952
Triandis, H. C.: Einstellungen und Einstellungsänderungen, 1975

Zeit-, Geschicht-, Räumlichkeit
Bauer, G.: Geschichtlichkeit, Wege und Irrwege eines Begriffs, 1963
Campbell, J. (ed): Man and Time, 1958

Gale, R. M.: The Philosophy of time, 1967 (B!)
Gosztonyi, A.: Der Raum. Geschichte seiner Probleme in Philosophie und Wissenschaften, 2 Bde, 1976
Kruse, L.: Räumliche Umwelt. Die Phänomenologie des räumlichen Verhaltens, 1974
Meyer, R.: Das Zeitproblem im 20. Jahrhundert, 1964, darin u. a.: Keller, W., Die Zeit des Bewußtseins
Renthe-Fink, L. v.: Geschichtlichkeit. Ihr terminologischer und begrifflicher Ursprung bei Hegel, Haym, Dilthey und York, 1968
Renthe-Fink, L. v.: Art, Geschichtlichkeit, in: Ritter, o. a.
Smart, J. J. C. (ed): Problems of Space and Time, 1964
Straus, E.: Die Formen des Räumlichen, in: Gesammelte Schriften, 1960

3. Die Dynamik des Humanbereiches

Handlung allgemein
Achelis, J. D./v. Ditfurth, H.: Befinden und Verhalten, 1961
Altschule, M. D.: Origins of concepts in human behavior, 1977
Arendt, H.: Vita activa oder vom tätigen Leben, 1967
Berelson, B., u. a.: Menschliches Verhalten, 1972/1974
Diemer, A.: Der Mensch, sein Tun und die menschliche Grundsituation. Kritische Betrachtungen zu H. Arendts »Vita activa«, in: Zeitschrift f. philos. Forschung Bd. XVI (1962)
Gross, P.: Reflexion, Spontaneität und Interaktion. Zur Diskussion soziologischer Handlungstheorien, 1972
Hartnack, J.: The Concept of Act and Behavior, in: Man and World I, 1968
Laucken, U.: Naive Verhaltenstheorie, 1974
Lenk, H. (Hrsg.): Handlung – interdisziplinär, 4 Bde. 1978 ff.
Meggle, Gg. / Beckermann, A. (Hrsg.): Analytische Handlungstheorie I. u. II. 1977, darin u. a. Rescher, N.: Handlungsaspekte
Nitschke, A.: Die Bedrohung: Ansatz einer historischen Verhaltensforschung, 1972
Pawlik, K.: Dimension des Verhaltens, 1971
Rayfield, D.: Action. An Analysis of the Concept, 1972
White, A. R. (ed): The Philosophy of Action, 1968

Praktische Aktualisierung
Erikson, E. H.: Einsicht und Verantwortung, 1971
Gruhle, H. W.: Ursache, Grund, Motiv, Auslösung, 1932

Höffe, O.: Rationalität, Dezision oder praktische Vernunft, in: Philosophisches Jahrbuch 80 (1973)
Keller, W.: Psychologie und Philosophie des Wollens, 1954
v. Krockow, C.: Die Entscheidung, 1958
Lehr/Weinert (Hrsg.): Entwicklung und Persönlichkeit, 1975
Lindworsky, J.: Der Wille, 1921
Malewski, A.: Verhalten und Interaktion, 1967
Miller, G. A./Galanter, E./Primbran, K. H.: Strategien des Handelns, 1974
Peters, R.: The concept of motivation, 1967
Pfänder, A.: Phänomenologie des Wollens, 1930
Platzgummer, W.: Die Bewußtseinsform des Vorsatzes, 1964
Ricoeur, P.: Philosophie de la volonté, 1950
Schütz, A.: Um-zu-Motive (finale) / Weil-Motive (kausale), in: Schütz, A./Parsons, T.: Zur Theorie sozialen Handelns. Ein Briefwechsel, 1977
Taylor, R.: Action and Purpose, 1960
Thomae, H.: Die Motivation des Handelns, 1971
Thomae, H.: Konflikte, Entscheidung, Verantwortung, 1974
Todt, E. (Hrsg.): Motivation. Eine Einführung in Probleme, Ergebnisse, 1977
Weiner, B.: Theorien der Motivation, 1976
Wentscher, E.: Der Wille, 1910
v. Wright, G. H.: Handlung, Norm und Intention, 1977

Handeln – Basis
Jokl, E.: Neurologische Grundlagen des Handelns, in: Lenk, o. a.
Remane, A.: Die biologischen Grundlagen des Handelns, 1950, jetzt in: Lenk, o. a.

Antriebsstruktur
Claessens, D.: Instinkt, Psyche, Geltung. Bestimmungsfaktoren menschlichen Verhaltens. Eine soziologische Anthropologie, (1968) 1970
McDougall, W.: Aufbaukräfte der Seele, 1937 (Triebkatalog)
Jaspers, K.: Allgemeine Psychopathologie (1913) u. ö.
Lorenz, K./Leyhausen, P.: Antriebe tierischen und menschlichen Verhaltens, 1973
Marcuse, H.: Triebstruktur und Gesellschaft. Ein philosophischer Beitrag zu Sigmund Freud, 1973
Scheler, M.: Die Stellung des Menschen im Kosmos, (1928) u. ö.

Steiff, U.: Friedrich Nietzsches Philosophie des Triebes, 1940
Tinbergen, N.: Instinktlehre, 1972

Bedürfnisse
Herrmann, Th.: Psychologie und die »wahren Bedürfnisse«, in: Lenk, o. a.
Kranich, H.: Bedürfnisse und Handeln, in: Lenk, o. a.
Scherhorn, G.: Bedürfnis und Bedarf, 1959

Interesse
Esser, A.: Art.: Interesse, in: Krings, H. u. a. (Hrsg.): Handbuch philosophischer Grundbegriffe Bd. 3 (1973)
Habermas, J.: Erkenntnis und Interesse, 1968
Lunk, G.: Das Interesse, 2 Bde., 1926/27
Ostermann, W.: Das Interesse, 1912

Gewissen
Blühdorn, J. (Hrsg.): Das Gewissen in der Diskussion, 1976
Blum, E., u. a.: Das Gewissen, Studien aus dem C. G. Jung-Institut, 1958
Chadrick, H.: Betrachtungen über das Gewissen in der griechischen, jüdischen, christlichen Tradition, 1974
Holzey, H., (Hrsg.): Gewissen? 1975
Reiner, H.: Art.: Gewissen (Geschichte und Systematik), in: Ritter, o. a. (B!)

Tugend
Betz, O., (Hrsg.): Tugenden für heute, 1973
Bollnow, O. F.: Wesen und Wandel der Tugenden, 1958
Pieper, J.: Das Viergespann. Klugheit, Gerechtigkeit, Tapferkeit, Maß, 1964
Scheler, M.: Zur Rehabilitierung der Tugend (1915) in: Vom Umsturz der Werte, 1955

Aggression
Denker, R.: Aufklärung über Aggression: Kant – Darwin – Freud – Lorenz, 1968
Lorenz, K.: Das sogenannte Böse, Zur Naturgeschichte der Aggression, 1964
Mantagu, A. (Hrsg.): Mensch und Aggression, 1974
Plack, A. (Hrsg.): Der Mythos vom Aggressionstrieb, 1973

Wieser, W.: Konrad Lorenz und seine Kritiker. Zur Lage der Verhaltensforschung, 1976

Theoretische Aktualisierung
Asemissen, H. U.: Strukturanalytische Probleme der Wahrnehmung in der Phänomenologie Husserls, 1957
Graumann, C. (Hrsg.): Denken, 1971
Gregory, R. L.: Concepts and mechanism of perception, 1974
Handbuch der Psychologie Bd. 1, Aufbau des Erkennens 1974/1969
Harman, G.: Thought, 1973
Katz, D.: Der Aufbau der Farbwelt, 1930
Merleau-Ponty, M.: Phänomenologie der Wahrnehmung, 1966
Pokorny, R. R.: Über das Wesen und den Sinn der Intuition, in: Acta Psychologie vol. X 1954
Raphael, M.: Theorie des geistigen Schaffens auf marxistischer Grundlage, 1974
Swartz, R. J. (Hrsg.): Perceiving, Sensing and Knowing, 1965
Vernon, M. D.: Wahrnehmung und Erfahrung, 1974
Weizsäcker, V. v.: Der Gestaltkreis. Theorie der Einheit von Wahrnehmung und Bewegungen, (1940) 1968

Das Emotionale
Arnold, M.: Feelings and Emotions, 1970
Bollnow, O. F.: Das Wesen der Stimmungen, 1941 u. ö.
Ditfurth, H. v. (Hrsg.): Aspekte der Angst, 1977
Gardner/Metcalfe/Beebe-Center: Feeling and emotions, 1937
Huber, Gg.: Über das Gemüt. Eine daseinsanalytische Studie, 1975
Kenny, A.: Action, Emotion and Will, 1963
Krueger, F.: Das Wesen der Gefühle, 1928
Lasslop, P.: Art.: Gemüt, in: Ritter, o. a.
Mensching, G.: Die Bedeutung des Leidens im Buddhismus und Christentum, 1930
Riemann, F.: Grundform der Angst, 1977
Sartre, J. P.: Entwurf einer Theorie der Emotionen, (1939) 1964
Shibles, W.: Emotion, 1974
Strasser, S.: Das Gemüt, 1956
Vetter, A.: Kritik der Gefühle, 1923

4. *Anthropologische Kosmologie*
Berger, P. L./Luckmann, P.: Die gesellschaftliche Konstruktion der Wirklichkeit, 1969
Brand, G.: Die Lebenswelt. Eine Philosophie des konkreten Apriori, 1970
Cassirer, E.: Individuum und Kosmos in der Philosophie der Renaissance, (1927) 1963
Conger, G. P.: Theories of Macrocosmos and Microcosmos in the History of Philosophy, 1922
Diem, G.: o. a. (B!)
Diemer, A.: Einführung in die Ontologie, 1959
Dilthey, W.: Weltanschauungslehre (= Ges. Schriften, Bd. 8), 1968
Jansen, P.: Geschichte und Lebenswelt. Ein Beitrag zur Diskussion von Husserls Spätwerk, 1976
Kerschensteiner, J.: Kosmos. Quellenkritische Untersuchungen zu den Vorsokratikern, 1962
Koyré, A.: Von der geschlossenen Welt zum unendlichen Universum, 1969
Kranz, W.: Art.: Kosmos, in: Archiv für Begriffsgeschichte Bd. 2/2, 1957
Kunz, H.: Die eine Welt und die Weisen des In-der-Welt-Seins, in: Psyche 16/1962/3
Levy, D.: Art.: Macrocosmos and Microcosmos, in: Edwards, o. a.
Lickint, K.: Die menschlichen Lebensbedingungen (d. i. Mensch und Umwelt/Medizinische Environtologie I, hrsg. v. Graul, E. H.), 1975
Litt, Th.: Mensch und Welt, 1948
Löwith, K.: Der Weltbegriff der neuzeitlichen Philosophie, 1968
Meyer, A.: Wesen und Geschichte der Theorie von Makro- und Mikrokosmos, 1900
Thomae, H.: Das Individuum und seine Welt, 1969
Tinbergen, N.: Das Tier in seiner Welt, 1976
Wickler, W.: Verhalten und Umwelt, 1972

Kultur
Baur, I.: Die Geschichte des Wortes »Kultur« und seiner Zusammensetzungen, 1951
Cassirer, E.: Was ist der Mensch? Versuch einer Philosophie der menschlichen Kultur, 1960
Gehlen, A.: Urmensch und Spätkultur, 1956

Gehlen, A.: Über Kultur, Natur und Natürlichkeit, in: Konkrete Vernunft, Festschrift für E. Rothacker, 1958
Glaser, W. R.: Soziales und instrumentales Handeln. Probleme der Technologie bei A. Gehlen und J. Habermas, 1972
Grawe, Ch.: Herders Kulturanthropologie, 1967
Greverus, I. M.: Kulturanthropologie und Kulturethologie: »Wende zur Lebenswelt« und »Wende zur Natur«, in: Zeitschrift f. Volkskunde 67 (1971)
Kluckhohn, C.: Spiegel der Menschheit, 1951
Kopp, B.: Beiträge zur Kulturphilosophie der deutschen Klassik. Eine Untersuchung im Zusammenhang mit dem Bedeutungswandel des Wortes »Kultur«, 1974
Kroeber, A.: The Nature of Culture, 1952
Kroeber, A. L.: Kluckhohn, Culture, a critical review of concepts and definitions, 1952
Mühlmann, W. E.: Umrisse und Probleme einer Kulturanthropologie, in: Homo 7 (1956)
Mühlmann, W. E., u. Müller, E. W. (Hrsg.): Kulturanthropologie, 1966
Niedermann, J.: Kultur, Werden und Wandlungen des Begriffs und seiner Ersatzbegriffe von Cicero bis Herder, 1941
Perpeet, W./Rudolph, W. u. a.: Art.: Kultur, Kulturphilosophie, -anthropologie, in: Ritter o. a.
Ribeiro, D.: Der zivilisatorische Prozeß, 1971
Rothacker, E.: Probleme der Kulturanthropologie, (1942) 1948
Schelsky, H.: Der Mensch in der wissenschaftlichen Zivilisation, 1961
Spranger, E.: Kulturpathologie, 1947

6. Das Ganze des Menschseins

Das Sinnproblem
Cicero: Über das Fatum, 1976
Habermas, J./Luhmann, N.: Theorie der Gesellschaft oder Sozialtechnologie. Was leistet die Systemforschung? 1971
Lauth, R.: Die Frage nach dem Sinn des Daseins, 1953 (B!)
Petrilowitsch, N. (Hrsg.): Die Sinnfrage in der Psychotherapie, 1972

Der Tod
Ariès, Ph.: Studien zur Geschichte des Todes im Abendland, 1976

Choron, J.: Der Tod im abendländischen Denken, 1967
Emmrich, R.: Zwischen Leben und Tod: Ärztliche Probleme der Thanatologie, 1974
Hiersche, H. D. (Hrsg.): Euthanasie. Probleme der Sterbehilfe. Eine interdisziplinäre Stellungnahme, 1975
Huonder, Q.: Das Unsterblichkeitsproblem in der abendländischen Philosophie, 1970
Lüth, P. (Hrsg.): Sterben heute – ein menschlicher Vorgang? 1976
Luyten, N. M./Portmann, R./Jaspers, K./Barth, K.: Unsterblichkeit, 1957
Menninger, K.: Selbstzerstörung. Psychoanalyse des Selbstmordes, (1938) 1977
Paus, A. (Hrsg.): Grenzerfahrung Tod, 1976
Reisinger, F.: Der Tod im marxistischen Denken heute, 1977
Shibles, W.: Death. An interdisciplinary analysis, 1974 (B!)
Sternberger, D.: Über den Tod, Schriften I, 1977
Stüber, K.: Commendatio animae. Sterben im Mittelalter, 1976
Thielicke, H.: Tod und Leben. Studien zur christlichen Anthropologie, 1946
Wenzl, A.: Unsterblichkeit – ihre metaphysische und anthropologische Bedeutung, 1957
Wiplinger, F.: Der personal verstandene Tod, 1970
Wittkowski, J.: Tod und Sterben. Ergebnisse der Thanatopsychologie, 1978
Ziegler, J.: Die Lebenden und der Tod, 1977

7. Reflexivität und Selbstsein

Allgemein
Erikson, E. H.: Identität und Lebenszyklus, 1966
Munitz, M. (ed): Identity and Individuation, 1972
Perry, J. (ed): Personal Identity, 1975
Vogt, A.: Das Problem des Selbstseins bei Heidegger und Kierkegaard, phil. Diss. Gießen, 1936
Laing, R. D.: Das geteilte Selbst. Eine existenzielle Studie über geistige Gesundheit und Wahnsinn, 1976

Positiv
McGill, V. J.: The idea of happiness, 1968
Himmerich, W.: Eudaimonia. Die Lehre des Plotin von der Selbstverwirklichung des Menschen, 1959

Holte, R.: Béatitude et sagesse. Saint Augustin et le problème de la fin de l'homme dans la philosophie ancienne, 1962
Marcuse, L.: Die Philosophie des Glücks, 1949
Mewaldt, J.: Epikur: Philosophie der Freude, 1949
Pichler, H.: Persönlichkeit, Glück, Schicksal, 1947
Seneca: Vom glückseligen Leben, 1953
Wissenschaftliche Tagung des Engeren Kreises der Allgemeinen Gesellschaft für Philosophie in Deutschland: Das Glück, 1977

Negativ
Bell, D.: The Debate on Alienation in Revisionism, Essays on the history of Marxist ideas, 1962
Berger, P. L. u. Pullberg, St.: Verdinglichung und soziologische Kritik des Bewußtseins (1965), in: Lieber, H. J.: Ideologie – Wissenschaft – Gesellschaft, 1976
Fromm, E.: Entfremdung. Vom Alten Testament bis zur Gegenwart, 1960
Gehlen, A.: Geburt der Freiheit aus der Entfremdung, in: ARSP X/3, 1952
Kaplan, A.: Alienation and identification, 1977
Nolte, E.: Selbstentfremdung und Dialektik im deutschen Idealismus und bei Marx, 1952
Plessner, H.: Das Problem der Öffentlichkeit und die Idee der Entfremdung, 1960
Schatz, O.: Entfremdung als anthropologisches Problem, in:
Popitz, H.: Der entfremdete Mensch. Zeitkritik und Geschichtsphilosophie des jungen Marx, 1973
Schrey, H. H. (Hrsg.): Entfremdung, 1975

8. Variationen des Menschseins

Canguilhem, G.: Das Normale und das Pathologische, 1974
Derieux, Gg.: Normal und anormal. Aufsätze zur allgemeinen Ethnopsychiatrie, 1974
Eysenck, H. J.: Die Ungleichheit des Menschen, 1975
Jaspers, K.: Allgemeine Psychopathologie (1913), u. ö.
Wilson, C.: Der Outsider. Eine Diagnose des Menschen unserer Zeit, 1957

Mann – Frau
Bering, L.: Die Frau bei den großen Sozialisten, 1926

Buytendijk, F. I. I.: Die Frau, Natur – Erscheinung – Dasein, 1953
Fransella, F./Frost, K.: On being a woman. A review of research on how women see themselves, 1977
Hippel, Th. G. v.: Über die bürgerliche Verbesserung der Weiber, 1793/1977
Kellner, E.: Mann und Frau im deutschen Idealismus, 1937
Leipoldt, J.: Die Frau in der antiken Welt und im Urchristentum, 1962
Lersch, Ph.: Vom Wesen der Geschlechter, 1959
Metzke, E.: Anthropologie der Geschlechter. Philosophische Bemerkungen zum Stand der Diskussion, in: Theologische Rundschau 22, 1954
Michel, E.: Ehe. Eine Anthropologie der Geschlechtsgemeinschaft, 1948
Rengstorf, K. H.: Mann und Frau im Christentum, 1953

Gesund – krank
Bally, G.: Der normale Mensch. Ein Beitrag zur Frage der Idealnorm, 1952
Binswanger, L.: Der Mensch in der Psychiatrie, 1957
Binswanger, L.: Drei Formen mißglückten Daseins, 1956
Blankenburg, W.: Die anthropologische und daseinsanalytische Sicht des Wahns, in: Studium Generale 20 (1967)
Jores, A.: Der Mensch und seine Krankheit. Grundlage einer anthropologischen Medizin, 1970
Kisker, K. P.: Der Erlebniswandel des Schizophrenen. Ein psychopathologischer Beitrag zur Psychonomie schizophrener Grundsituationen, 1960
Kunz, H.: Zur Frage nach dem Wesen der Norm, in: Psyche 8/1954
Lenz, H.: Wahn-Sinn – Das Irrationale im Wahngeschehen, 1976
Straus, E.: Phänomenologische Psychiatrie, 1966
Weizsäcker, V. v.: Pathosophie, 1956
Wyss, D.: Beziehung und Gestalt. Entwurf einer anthropologischen Psychologie und Psychopathologie, 1973

Unreif – reif
Gehlen, A.: Urmensch und Spätkultur, 1956
Laiblin, W.: Wachstum und Wandlung. Zur Phänomenologie und Symbolik menschlicher Reifung, 1974

Leiderman, P. H./Tülkin, St. R. e. a. (ed) : Culture and Infancy. Variations in the human experience, 1977
Lévi-Strauss, C.: »Primitive« und »Zivilisierte«, 1972
Piaget, J.: Gesammelte Werke (10 Bde.)
Pulaski, M.A.S.: Piaget. Eine Einführung in seine Theorien, 1975

Konform – Abweichung (gut – böse)
Doekest, L.: Der Heilige, 1960
Landmann, M.: Pluralität und Antinomie. Kulturelle Grundlagen seelischer Konflikte, 1963
Lorenz, K.: Vom Ursprung des Bösen, o. a.
Opp, K. D.: Abweichendes Verhalten und Gesellschaftsstruktur, 1974
Radzinowicz, L.: Ideology and Crime. A Study of Crime in its Social and Historical Context, 1966

Das Wesen des Menschen

Eine Bibliographie zu den einzelnen Formen erübrigt sich, da sie sich bei den zuvor behandelten Einzelthematiken findet. Ein besonderes Thema gibt nur der Humanismus ab.

Kunz, H.: Zur Frage nach der Natur des Menschen, in: Psyche 17/1963
Ritter, J.: Über den Sinn und die Grenzen der Lehre vom Menschen, 1933
Topitsch, E.: Grundformen menschlicher Welt- und Selbstinterpretation, 1958
Wach, J.: Das Selbstverständnis des modernen Menschen, in: Universitas 10/1955
Weber, A.: Der dritte oder der vierte Mensch. Vom Sinn des geschichtlichen Daseins, 1953
Weber, A.: Der Mensch und seine Wandlungen, in: Offener Horizont, Festschrift für K. Jaspers, 1953
Weischedel, W.: Der Mensch im Widerstreit der Menschenbilder, 1960

Humanismus
Badawi, A.: L'Humanisme dans la pensée arabe, in: Studia Islamica VI (1956)

Bultmann, R.: Humanismus und Christentum, in: Studium Generale 1/2 (1947)
Drexler, H.: Der dritte Humanismus, 1942
Fromm, E. (ed): Socialist Humanism, 1965
Heer, F.: Offener Humanismus, 1962
Heidegger, M.: Über den Humanismus, 1949
Helbing, L.: Der dritte Humanismus, 1935
Jones, H. M.: »American Humanism«, 1957
Kraemer, J.: Das Problem der islamischen Kulturgeschichte, 1959
Maritain, J.: Christlicher Humanismus, 1950
Rehm, W.: Neuhumanismus einst und jetzt, 1931
Rüdiger, H.: Wesen und Wandlungen des Humanismus, 1937
Rüegg, W.: Cicero und der Humanismus, 1946
Rüegg, W.: Humanismus, Studium generale und Studia humanitatis in Deutschland, 1954
Sartre, J. P.: Der Existenzialismus ist ein Humanismus, 1967
Schlette, H. R.: Sowjethumanismus. Prämissen und Maximen kommunistischer Pädagogik, 1960
Sellmair, J.: Humanitas christiana. Geschichte des christlichen Humanismus, 1949
Senghor, L. S.: Negritude et humanisme, 1964
Spranger, E.: Christliche und humanistische Persönlichkeit, 1947
Walsh, G. G.: Medieval Humanism, 1942
Weinstock, H.: Die Tragödie des Humanismus: Wahrheit und Trug im abendländischen Menschenbild, 1967
Wilpert, P.: Christlicher Humanismus, 1948

»Homo«-Titel
Cassirer, E.: Was ist der Mensch? Versuch einer Philosophie der menschlichen Kultur, 1960
Dahrendorf, R.: Homo Sociologicus. Ein Versuch zur Geschichte, Bedeutung und Kritik der Kategorie der sozialen Rolle, 1969
Danzel, Th. W.: Kultur und Religion des primitiven Menschen (»Homo divinans-Homo faber«) 1924
Frisch, M.: Homo faber, 1957
Fry, D.: Homo loquens. Man as a talking animal, 1978
Henderson, E. H.: Homo symbolicus. A Definition of Man, in: Man and World, Bd. 4, (1971)
Hertzler, J. O.: A Sociology of Language (»Homo loquens«), 1965
Huizinga, J.: Homo ludens. Vom Ursprung der Kultur im Spiel, 1956

Jonas, H.: Homo pictor und die Differenzia des Menschen, in: Zeitschrift f. philos. Forschung, Bd. 15 (1961)
Landmann, M.: Der Mensch als Schöpfer und Geschöpf der Kultur (»Homo creator«), 1961
Loch, W.: Homo discens, in: Festschrift f. W. Löbner, 1967
Marcel, G.: Homo viator, (1945) 1949
Mühlmann, W.: Homo creator, 1962
Plessner, H.: Conditio humana, 1964
Rösel, M.: Conditio humana. Idealtypisierende Antworten der Kulturwissenschaften auf die Frage nach der »Befindlichkeit« des Menschen, 1975
Wolff, H.: Der homo economicus. Eine national-ökonomische Fiktion, 1926

INFORMATIONS-INDEX

Erläuterungen
Am Philosophischen Institut der Universität Düsseldorf entsteht eine computergesteuerte und mikrofilmunterstützte Informationsbank für Internationale philosophische Zeitschriftenliteratur. Das jedermann zugängliche System beantwortet im Mensch-Rechner-Dialog Literaturanfragen zu historischen wie systematischen Themenstellungen, ist aber auch in der Lage, spezielle Bibliographien und Register zu erstellen.
Auf den folgenden Seiten wird ein kleiner Ausschnitt aus einer solchen Bibliographie zum Thema dieses Bandes wiedergegeben.
Vorausgeschickt wird ein Wortfeld, das dem gegenwärtigen Speicherstand entsprechend alle vom Leitdeskripter »Anthropologie« abhängigen Derivate – Komposita, attributivische u. stehende Wendungen sowie fremdsprachliche Äquivalente enthält, die als Sucheingänge zur Literatur zum Thema »Anthropologie« benutzt werden können. Mit wachsendem Speicherstand ergänzt sich diese Liste.
Es folgen dann Ausschnitte aus dem Sachregister »Anthropologie«, das durch Einrückung gekennzeichnete thematische Bezüge erkennen läßt. Die den Zeilen vorangestellten Nummern verweisen auf die zugehörigen bibliographischen Einheiten (Zeitschriftenaufsätze).
Exemplarisch werden die Artikel der besonders markierten Nummern im Anschluß an das Register wiedergegeben, und zwar in folgender Form:
Laufende Nummer
Zeitschriftentitel (mit Mikrofilmleit-Nr.)
Band-Nr.
Jahrgang
Verfassername, -vornamen
Titel und Seitenangaben
Namen der im Text zitierten/behandelten Autoren, Schulen etc. inhaltsmarkierende Sachwörter (sie entstammen ausschließlich dem Text).
Namen und/oder Sachwörter mit wenigstens einer in Klammern beigefügten gemeinsamen Indexzahl stehen im jeweiligen Artikel in einem unmittelbaren kontextuellen Zusammenhang.

ANTHROPOLOGIE
ANTHROPOLOGIE-DE-L'IMAGINATION
ANTHROPOLOGIE, AMERICAINE
ANTHROPOLOGIE, BIOLOGISCHE
ANTHROPOLOGIE, CHRISTLICHE
ANTHROPOLOGIE, EMPIRISCHE
ANTHROPOLOGIE, ETHISCHE
ANTHROPOLOGIE, EXPERIMENTELLE
ANTHROPOLOGIE, GEOLOGISCHE
ANTHROPOLOGIE, JURISTISCHE
ANTHROPOLOGIE, MARXISTE
ANTHROPOLOGIE, MECHANISTISCHE
ANTHROPOLOGIE, METAPHYSISCHE
ANTHROPOLOGIE, NATURALISTISCHE
ANTHROPOLOGIE, NATURWISSENSCHAFTLICHE
ANTHROPOLOGIE, NEGATIVE
ANTHROPOLOGIE, OEKONOMISCHE
ANTHROPOLOGIE, ONTOLOGISCHE
ANTHROPOLOGIE, PESSIMISTISCHE
ANTHROPOLOGIE, PHENOMENOLOGIOUE
ANTHROPOLOGIE, PHILOSOPHISCHE
ANTHROPOLOGIE, PHYSIOLOGISCHE
ANTHROPOLOGIE, PRAGMATISCHE
ANTHROPOLOGIE, PSYCHOLOGISCHE
ANTHROPOLOGIE, SCIENTIFIOUE
ANTHROPOLOGIE, SOZIOLOGISCHE
ANTHROPOLOGIE, STRUKTURALE
ANTHROPOLOGIE, THOMISTE
ANTHROPOLOGIE, TRANSZENDENTALE
ANTHROPOLOGIE, TRANSZENDENTE
ANTHROPOLOGIE, WISSENSCHAFTLICHE
ANTHROPOLOGISMUS
ANTHROPOLOGOS
ANTHROPOLOGY
ANTHROPOLOGY, PHILOSOPHICAL
APELS-ERKENNTNISANTHROPOLOGIE
ASPEKT, ANTHROPOLOGISCH KYBERNETISCHER
BETRACHTUNGSWEISE, ANTHROPOLOGISCHE
BEWUSSTWERDEN, ANTHROPOLOGISCHES
BIOANTHROPOLOGIE
DENKFORM, ANTHROPOLOGISCHE
ERKENNTNIS, BIOLOGISCH-ANTHROPOLOGISCHE
ERKENNTNISANTHROPOLOGIE
ERKENNTNISANTHROPOLOGIE, KYBERNETISCHE
ETHIK, ANTHROPOLOGISCHE
GRUNDLEGUNG-DER-PHILOSOPHIE, ANTHROPOLOGISCHE
GRUNDLEGUNG, ANTHROPOLOGISCHE
GRUNDVOLLZUG, ANTHROPOLOGISCHER
INDIVIDUALANTHROPOLOGIE
KULTURANTHROPOLOGIE
ONTOLOGIE, ANTHROPOLOGISCHE
PHILOSOPHIE, ANTHROPOLOGISCHE
PRIMAT-DER-PRAXIS, ANTHROPOLOGISCHER
RAUM, ANTHROPOLOGISCH-OBJEKTIVER
REALANTHROPOLOGIE, PAEDAGOGISCHE
REDUKTION, ANTHROPOLOGISCHE
RICHTUNG, ANTHROPOLOGISCHE
SOZIALANTHROPOLOGIE
STRUCTURE, ANTHROPOLOGIOUE
THEOLOGIE, ANTHROPOLOGISCHE
WESENSANTHROPOLOGIE
WISSENSCHAFTSBEGRIFF, ANTHROPOLOGISCHER
ZIRKEL, ANTHROPOLOGISCHER

SACHWORT-VERZEICHNIS

	ANTHROPOLOGIE
00064	BEWUSSTSEIN,TRANSZENDENTALES
00035	BILDUNGSPHILOSOPHIE
00108	BINDER,JOHANNES
00093	BINSWANGER,LUDWIG
● 00052	BIOANTHROPOLOGIE
00043	BIOLOGIE
● 00052	
00064	
00113	BIOLOGISMUS
00112	BLOCH,ERNST
00086	BOCHENSKI,JOSEPH M.
● 00052	BOLLNOW,OTTO FRIEDRICH
00069	
00176	
00046	BRADLEY,FRANCIS HERBERT
00104	BUBER,MARTIN
● 00052	BUYTENDIJK,FREDERIK JACOBUS JOHANNES
00027	CAUSALITE
00144	CHRISTIANISME
00087	CLARE-ET-DISTINCTE
00087	COGITATIO
00087	COGITO-ERGO-SUM
00037	COMMON-SENSE
00028	CONGRES,RAPPORT
00144	CONNAISSANCE-DE-SOI
00027	CONSCIENCE,INTENTIONNELLE
00032	CORETH,EMERICH
00140	COSMOLOGIE
00144	COSMOS
00138	CULPABILITE
00072	DASEIN
00091	
00143	DECISION,INITIALE
00103	DEMPF,ALOIS
00060	DENKEN
00087	
00094	
● 00114	DENKWEISE
00176	DERBOLAV,JOSEF
00078	DESCARTES,RENE
00087	
00134	
00144	DESIDERIUS ERASMUS ROTERODAMUS
00033	DESTRUKTIONSTENDENZ
00092	DEUTSCHE PHILOSOPHIE
00078	DIALEKTIK
00154	DIALEKTIK,NEGATIVE
00181	DIALOG
00176	DIENELT,KARL
00144	DIEU
00134	DOUTE
00072	DRANG
00091	
00032	DU,PERSONALES
● 00052	DUALISMUS
00087	
00179	DYNAMIK,ABSOLUTSETZUNG
00033	EIGENTUM
00153	EINHEIT-DES-SEINS

SACHWORT-VERZEICHNIS

```
            ANTHROPOLOGIE
  00112     MENSCH
● 00114
  00132
  00145
  00175
  00181
  00160     MENSCH-ALS-POLITISCHES-LEBEWESEN
  00160     MENSCH-ALS-VERNUNFT-UND-SPRACHBEGABTES-LEBEWESEN
  00179     MENSCHENBILD,NEUES
  00179     MENSCHENENTTHRONUNG
  00181     MENSCHENLEBEN,WESENSGESETZ
  00103     MENSCHENNATUR,EINHEITLICHE
  00178     MENSCHENWESEN
  00100     MENSCHENWORT
  00178     MENSCHSEIN
  00181     MENSCHSEIN,GEMEINSAMES
  00033     MENSCHWERDUNG
  00032     METAPHYSIK
  00063
  00078
  00103
  00134     METAPHYSIQUE
● 00052     METHODE,HERMENEUTISCHE
● 00052     METHODE,SOZIOLOGISCHE
  00085     METHODE,WISSENSCHAFTLICHE
  00103     METHODOLOGIE-DES-WISSENSGEWINNS
  00173     MEYER,EDUARD
  00144     MICROCOSME
  00067     MIKROKOSMOS
  00037     MITSCHERLICH,ALEXANDER
  00085     MITSCHERLICH,WALDEMAR
● 00114     MODELL
  00134     MOI
  00134     MONDE
  00142     MORALE
  00171
  00171     MORALE,SCIENTIFIQUE
  00134     MYTHE
  00033     NATUR
● 00052
  00064
  00072
  00074
  00091
  00098
  00160
  00177
  00154     NATUR-UND-GESCHICHTE
  00072     NATURALISMUS
  00091
  00027     NATURE
  00033     NATURGESCHICHTE
  00046     NATURPHILOSOPHIE
  00074
  00098
● 00052     NEODARWINISMUS
  00064     NEUKANTIANISMUS
  00175     NICHTS
  00142     NIETZSCHE,FRIEDRICH WILHELM
```

SACHWORT-VERZEICHNIS

	ANTHROPOLOGIE
00098	UNIVERSUM
00175	URSACHEN-GOTT
00098	URWILLE
00134	VALEUR
00025	VAN DE WOESTIJNE, ZACHARIAS
00178	VERANTWORTUNG
00153	VERGEISTIGUNG-DES-MENSCHEN
00153	VERHAELTNIS, PSYCHOLOGISCHES
● 00052	VERHALTEN
● 00114	
00064	VERHALTENSFORSCHUNG
00178	
● 00052	VERNUNFT
00181	
00001	VERSCHIEBUNGSTHEORIE-DER-KONTINENTE
00160	VERSTAENDIGUNG
00032	VERTRAUEN
00085	VIAL, FERNAND
00144	VIE-DE-L'AME
● 00114	VITALISMUS
00085	VOCATIONISMUS
00153	VOLLENDUNG-DER-WELT
00055	VOLUNTARISMUS
00056	WAHRHEIT
00060	
00087	
● 00114	
00160	
00181	
00178	WAHRHEITSBEWUSSTSEIN
00073	WAHRNEHMUNG
00135	WAITZ, THEODOR
00001	WEGENER, A.
00104	WEILAND, J. SPERNA
00092	WEIN, HERMANN
00064	WEINEN
● 00114	WEIZSAECKER, CARL FRIEDRICH VON
00060	WELT
00067	
00068	
00073	
00132	WELTANSCHAUUNG
00181	
00060	WELTOFFENHEIT
00064	
00054	WELTSCHAU
00088	WENZL, ALOYS
00085	WERTURTEILSFREIHEIT
00178	WESEN
00160	WESEN-DES-MENSCHEN
00178	WESEN, WESENLOSES
00035	WESTDEUTSCHLAND
00086	WETTER, GUSTAV
● 00114	WIDERSPRUCHSFREIHEIT
00085	WIESE, LEOPOLD VON
00060	WIRKLICHKEIT
00073	
● 00114	
00153	WISSEN, GOETTLICHES

SACHWORT-VERZEICHNIS

```
          PHILOSOPHIE,ANTHROPOLOGISCHE
00191       ENTSCHEIDUNGSFREIHEIT
00191       IDEOLOGIE
00191       INGARDEN,ROMAN
00191       JOURTSCHUCK,MICHAEL
00191       KONGRESSBERICHT
00191       MUELLER,WERNER
00191       OST-WEST-DIALOG
00191       PERSOENLICHKEITSBEGRIFF
00191       PHILOSOPHIE
00191       PHILOSOPHIE,MARXISTISCHE
00191       RINTELEN,FRITZ JOACHIM VON
00191       SITUATIONSETHIK
00191       VERANTWORTUNG
00191       WERTPHILOSOPHIE
          PRIMAT-DER-PRAXIS,ANTHROPOLOGISCHER
00209       BEHAUPTUNGEN,FAKTENTRANSZENDENTE
00209       ERKENNTNIS
00209       ERKENNTNIS-ALS-AKTIV-GEWONNENES-ORIENTIERUNGSMODEL
00209       MOEGLICHKEIT,LOGISCHE
00209       OBJEKTIVITAET-DER-ERKENNTNIS
●         RAUM,ANTHROPOLOGISCH-OBJEKTIVER
00188       BOLLNOW,OTTO FRIEDRICH
00188       HEIDEGGER,MARTIN
00188       MENSCH
00188       RAUM
●         REALANTHROPOLOGIE,PAEDAGOGISCHE
00193       AUFGABENSTRUKTUR-MENSCHLICHEN-DASEINS
00193       BERTALANFFY,LUDWIG VON
00193       BILDUNG
00193       DERBOLAV,JOSEF
00193       EXISTENZANALYSE
00193       FRANKL,VIKTOR ERNST
00193       GEWISSEN
00193       LANGEVELD,M.J
00193       LOGOTHERAPIE
00193       MENSCH
00193       MENSCHWERDUNG,INDIVIDUELLE
00193       PERSONALISMUS,PHILOSOPHISCHER
00193       REDUKTION,ANTHROPOLOGISCHE
00193       ROTH,H
          REDUKTION,ANTHROPOLOGISCHE
00193       BERTALANFFY,LUDWIG VON
00193       DERBOLAV,JOSEF
00193       REALANTHROPOLOGIE,PAEDAGOGISCHE
          RICHTUNG,ANTHROPOLOGISCHE
00204       PSYCHIATRIE
00204       PSYCHOPATHOLOGIE,GEISTESWISSENSCHAFTLICHE
00204       RICHTUNG,DASEINSANALYTISCHE
00204       THEORIENBILDUNG
          SOZIALANTHROPOLOGIE
00050       ANTHROPOLOGIE
00050       KULTURANTHROPOLOGIE
00050       LANDMANN,MICHAEL
00050       MENSCH
          STRUCTURE,ANTHROPOLOGIQUE
00143       DECISION,INITIALE
00143       LIBERTE
          THEOLOGIE,ANTHROPOLOGISCHE
00192       WISSENSCHAFT
```

08.03-000052
(00C2) KANT-STUDIEN
51
1959
STROEKER,ELISABETH
ZUR GEGENWAERTIGEN SITUATION DER ANTHROPOLOGIE.461-479

KANT,IMMANUEL (1)/ PLESSNER,HELMUTH (2)/ ROTHACKER,ERICH (3)/
GEHLEN,ARNOLD (4,15)/ PORTMANN,ADOLF (5-6)/ NEODARWINISMUS (5)/
SIEGMUND,GEORG (7)/ BUYTENDIJK,FREDERIK JACOBUS JOHANNES (9)/
HENGSTENBERG,HANS EDUARD (10)/ STUERMANN,JOSEPH (11)/ LOEWITH,
KARL (12)/ BOLLNOW,OTTO FRIEDRICH (13)/ LANDMANN,MICHAEL (14)/
HORKHEIMER,MAX (16)/ HABERMAS,JUERGEN (17)/ ADORNO,THEODOR W.
(18)/ THIEL,MANFRED (19)/ LITT,THEODOR (20-21)

ANTHROPOLOGIE.(1-21)/ ANTHROPOLOGIE,PHYSIOLOGISCHE (1)/
ANTHROPOLOGIE,PRAGMATISCHE (1)/ DUALISMUS (1)/ ANTHROPOLOGIE,
PHILOSOPHISCHE (1-2,9-21)/ KULTURANTHROPOLOGIE (3)/
BIOANTHROPOLOGIE (4)/ BIOLOGIE (4-7)/ MENSCH (1-18,21)/ TIER (6-
7)/ EVOLUTIONISMUS (7)/ SCHICHTENLEHRE (8,10)/ LEIBLICHKEIT (9-
10)/ SINNGEHALT (9)/ METHODE,HERMENEUTISCHE (9)/ SACHLICHKEIT
(10)/ GEIST (10)/ LEIB (10)/ ICH (10)/
SELBSTAUSZEUGUNGS-TENDENZ (11)/ ANIMAL,RATIONALE (12)/ HUMANITAET
(12-13)/ NATUR (12,15)/ VERNUNFT (13)/ KULTURBEWUSSTSEIN (14-15)/
GESCHICHTSVERSTAENDNIS (14,21)/ GESELLSCHAFT (16)/ FREIZEIT (17)/
BERUFSARBEIT (17)/ ENTFREMDUNG (17)/ METHODE,SOZIOLOGISCHE (18)/
EMPIRIE (19-20)/ ANTHROPOLOGIE,WISSENSCHAFTLICHE (19-21)/
HISTORIE (21)/ GESCHICHTLICHKEIT (21)

08.03-000114
(0026) ZEITSCHRIFT FUER RELIGIONS- UND GEISTESGESCHICHTE
21
1969
MOLITORIS,KLAUS
ZUM ANTHROPOLOGISCHEN PROBLEM IN DER KYBERNETIK.265-274

STEINBUCH,KARL (1-3,7)/ GOEDEL,KURT (4)/ WEIZSAECKER,CARL
FRIEDRICH VON (6)

KYBERNETIK (1-9)/ ANTHROPOLOGIE (1-9)/ DENKWEISE (1)/
SELBSTVERSTAENDNIS,MENSCHLICHES (1)/ IDENTITAET,PSYCHOPHYSISCHE
(2)/ REALITAET (3)/ MODELL (3)/ POSITIVISMUS,KYBERNETISCHER (3,5)/
VITALISMUS (3)/ MATHEMATIK (4)/ AXIOM (4)/ WIDERSPRUCHSFREIHEIT
(4)/ SPRACHE (6)/ INFORMATION (6-9)/ WAHRHEIT (6-7)/ WIRKLICHKEIT
(6-8)/ MENSCH (8-9)/ VERHALTEN (9)/ INFORMATIONSTHEORIE (9)

08.03-000188
(0002) KANT-STUDIEN
56
1965
BRUENING,WALTHER
DAS ONTOLOGISCHE PROBLEM DES RAUMES. ZU O.F.BOLLNOW,MENSCH UND
RAUM.79-85

BOLLNOW,OTTO FRIEDRICH (1-7)/ KANT,IMMANUEL (1)/ HEIDEGGER,MARTIN
(2,6)/ ARISTOTELES (4)/ BACHELARD,GASTON (7)

MENSCH (1-7)/ RAUM (1-7)/ TRANSZENDENTALITAET (1,3)/
EXISTENZIALISMUS (2)/ RAUM,ERLEBTER (3)/ RAUM,MATHEMATISCHER (3)/
RAUM,PHYSIKALISCHER (4)/ RAUM,BIOLOGISCHER (5)/ TIER (5)/ RAUM,
ANTHROPOLOGISCH-OBJEKTIVER (6)/ RAUM,KOSMISCHER (7)

08.03-000193
(0024) WISSENSCHAFT UND WELTBILD
26
1973
DIENELT,KARL
PAEDAGOGISCHE REALANTHROPOLOGIE.201-215

DERBOLAV,JOSEF (1,5-7)/ ROTH,H (2)/ LANGEVELD,M.J (3)/ FRANKL,
VIKTOR ERNST (4)/ BERTALANFFY,LUDWIG VON (8)

REALANTHROPOLOGIE,PAEDAGOGISCHE (1-8)/ PERSONALISMUS,
PHILOSOPHISCHER (1,3-4)/ MENSCH (3,5)/ LOGOTHERAPIE (4)/
EXISTENZANALYSE (4)/ AUFGABENSTRUKTUR-MENSCHLICHEN-DASEINS (5)/
BILDUNG (5)/ GEWISSEN (5)/ MENSCHWERDUNG,INDIVIDUELLE (6)/
REDUKTION,ANTHROPOLOGISCHE (7-8)

Register

Absicht 170
Absurde, das 205
Absurdität 126
act, mental 117
action, philosophy of 85
Adam 22, 37
Adler 168
Adorno 63, 64, 66, 125
Adskription 157
adskriptive Aussage 85
Ästhetik 173
affectus 178
Affekt 178
Aggression 168, 196
aisthesis 173
Akt 153, 170
Aktintentionalität 107
Aktivität 153
Akt-Noema 153
Akt-Noesis 153
Aktreflexivität 107
Aktualisierung 150, 197
Allbeseelung 118
All-Human-Welt 201
Alltagssprache 188
Alltagswelt 188
Alltagswelt, normale 200, 201
Allwelt, objektive 200, 203
Alter-Subjektivität 196
Alter-Welt 199
âme 101
Anästhesie 173
Analogie 196
Anaxagoras 33
Andersheit 188, 216
Anerkennung 169
Angeborenheit 145
Angst 91, 126, 180
anima 101
animal asociale 195
animal antisociale 195
animal rationale 112
animal sociale 195
animal symbolicum 230
animus 101, 113
Anlage und Umwelt 148
anomal 189
Anomalität, normale 159
Anschauung 176
An-sich-sein 87
Anthropina 42, 76, 226
Anthropographie 23, 71
Anthropologie 23, 40
Anthropologie
, analytische 69
Anthropologie
, behavioristische 68
Anthropologie
, biologische 52
Anthropologie
, bürgerliche 59
Anthropologie
, christliche 58
Anthropologie
, ethische 211
Anthropologie
, existenzialphilosophische 61
Anthropologie
, existenzorientierte 61
Anthropologie
, historische 44, 70
Anthropologie
, idealistische 45
Anthropologie
, konkrete 44
Anthropologie
, kritische 66
Anthropologie
, marxistische 62
Anthropologie
, medizinische 44, 126
Anthropologie
, negative 63, 67
Anthropologie
, neuzeitliche 37
Anthropologie
, pädagogische 44, 147
Anthropologie
, philosophische (Aufgabe) 17, 18, 24, 28, 29, 44, 56

Anthropologie, philosophische (Notwendigkeit) 18
Anthropologie, philosophische (Bestimmung) 28
Anthropologie, physiologische 42
Anthropologie, psychologische 44
Anthropologie, reflexive 17
Anthropologie, soziale 194
Anthropologie, theologische 44
Anthropologie, tiefenpsychologische 64
Anthropologie, transzendentale 235
Anthropologie, vergleichende 45
Anthropologie, weltanschauliche 55
Anthropologie, Wissenschaft 55
anthropologische Differenz 67
anthropologischer Biologismus 227
anthropologischer Emotionalismus 229
anthropologischer Existenzialismus 229
anthropologischer Historismus 222
anthropologischer Intellektualismus 229
anthropologischer Materialismus 227
anthropologischer Pluralismus 223
anthropologischer Skeptizismus 222
anthropologischer Strukturalismus 67
anthropologischer Voluntarismus 229

Anthropologisierung 38
Anthropologismus 41, 62
Anthropo-Metaphysik 28
Anthropo-Ontologie 182
Anthropos 21
Anthroposophie 23
Anthropo-Theorie 27
Antigott 77
Antihistorismus 70
Antriebsstruktur 167
Apel, K. O. 93, 162
Apollo 217
appetitus 167
Arbeit 79, 163, 185, 197
Arbeiter 63
Arbeitsplatzsicherung 169
Arbeitsteilung 53
Arbeitstrieb 168
Arbeitswesen 52
arbitrium liberum 128, 166
Archetypus 110
arete 165
Argumentieren 176
Aristoteles 34, 92, 96, 102, 134, 139, 160, 165, 166, 170, 175, 183, 195, 208, 210
Ars moriendi 208
Artistik 173
Arzt 191
Asket des Lebens 145
Atom 120
Aufklärung 41, 130
Aufschichtung 133
Auge-Licht-Modell 108
Augustinus 92, 132, 146, 166, 212
Ausbildung 124, 192
Ausdruck 78
Außer-sich-sein 87
Autokinese 90
Autor 191

Ba(n)tu 21
beatitudo 210
Bedürfnis 167, 169
Bedürfnisse, soziale 169
Befindlichkeit 91

Begierde 167
Behausung 202
behavioral sciences 26
Behaviorismus 98, 147, 152
Behaviorismus
, anthropologischer 68
behavior, verbal 152, 162
Bekanntheit 199
Beobachten 160, 176
Bereichsanthropologien 30
Bergmassivmodell des
Unbewußten 110
Bergson, H. 51, 206
Bernstein, E. 51
Beruf 185
Berufung 184
Beschreiben 176
Beschreiben, narratives 160
Bestätigung 169
Betroffenheit 159, 181
Bewegung 49
Bewegung, leibliche 154
Bewußtsein 82, 104, 105, 107, 111, 138, 156
Bewußtsein, Satz des 105
Bienen, Sprache der 80
Bildkraft 139
Bildung 46, 124, 192
Bindestrich-Anthropologien 44
Binswanger, L. 126, 181
biogenetisches Grundgesetz 51, 146
Biographie 103
Biologie 103
Biologie, dritte 24
biologische Uhr 92
Biologismus 103
bios 47, 103
black people 214
Blankenburg, W. 181
Bloch, E. 66
Boden 188
body 89
böse 219
Boethius 123, 210
Bollnow, F. O. 211

boulesis 165
Brand, G. 199
Brauch 144
Büchner 227
Buhr 207

Camus 126, 189, 205
Carnap, R. 69, 98, 142
Carus 47
Casmann, O. 23
Cassirer, E. 230
Chancengleichheit 124
Chaos 217
Chomsky, N. 146
Christentum 130, 165
Christentum
, Freiheitsidee 127
Cicero 223
Claessens 141
cogitatio 104
cogito 135
cogito ergo sum 38, 39, 121, 156, 185, 203, 232
common sense 116, 175
common-sense-philosophy 175
concupiscentia 167
conditio humana 18, 61, 205
conscience 105
conscientia 82, 104
consciousness 105
corps 89
corpus 88
Croce, B. 193
cultura animi 190

daimonion 104
Darwin(ismus) 50
Dasein 122
death 207
Deismus 185
Denken 173, 175
Denken, logisches 174
Denkformen 54, 173
Descartes, R. 38, 39, 97, 102, 104, 121, 135, 146, 156, 179

desiderium 167
deus sive natura 185
Deutewesen 222, 230
development 49
developpement 49
Dezisionismus 166
Diachronik 71
Dialektik 53
Dialektik, negative 63, 66
dialogisches Prinzip 196
dianoia 113
Diemer, A. 199, 201
Diktatur des Proletariats 53
Dilthey, W. 48, 140, 179, 186
Dionysos 217
Diskurs 215
Disposition 142, 143, 197
Distanz 81
double-aspect-theory 99
Drang 167
dritte Welt 183
Du 122

Ebenbildlichkeit Gottes
 33, 36, 37, 230
Eccles, J. C. 95
Ego 121, 196
Ego-Subjekt(ivität) 194
Ego-Welt 194, 199
Eigen-Welt 199
Einbildungskraft 139, 140
Einfügung 202
Einmaligkeit 121
Einordnung in eine Welt 203
Einräumung 202
Einsicht 174
Einstellung, normenkonforme
 165
Einzigartigkeit 121
élan vital 51
eleutheria 127
Elias, N. 71
Emergenztheorie 98
emotio 178
Emotionale, das 177

Emotionalismus
, anthropologischer 229
Empfindsamkeit 178
Empfindung 178, 181
Empirismus 40
Energetismus 50
Engels, F. 52, 79
Entfremdung 62, 72, 212
Entlastung 57, 80
Entscheidung 170
Entschluß 170
Entwicklung 49, 218
Entwicklung, Philosophie der
 19
Entwicklungsbedürfnisse 169
Entwicklungsgeschehen 45
Entwicklungswelt 220
Epiphänomen 98, 134
Epithymia 167, 178
Epiktet 127
Epiphyse 102
Erbgut, biologisches 145
Erfahrung, intuitive 177
Erfahrung, mystische 177
Erfahrung, praktische 159
Ereignis 158
Erkenntnis 176
Erleben 103, 156
Erlebenszeit 149
Erlebnisfeld 90
Erlebniszeit 92
Erwerbstrieb 168
Erziehung 190, 192
Es 65, 109, 122
Eschatologie 37
esprit 116
esprit de finesse 116
esprit de géometrie 116
ethelo 166
Ethnizität 214
Ethologie 26, 145
Ethos 144
eudaimonia 210
Euthanasie 131, 206
evidentia 174
evolutio 49

Evolution 51
évolution créatrice 51
Evolutionismus 48
Existenz 125
Existenz, nackte 125
Existenzial 203
Existenzialismus
, anthropologischer 222
Existenzphilosophie 72, 125
Existenzverfassung 126
explanatio 49
explicatio 49
Exzentrizität 58, 156

fancy 139
fantasy 139
Fascinosum 117
felicitas 210
Fenster der Seele 91
Ferne 188
Fernsinn 174
Feuerbach, L. 42, 71, 122
Fichte, J. G. 45, 122, 140
Form-Materie-Modell 96, 134
Forscher 191
Forschung und Entwicklung 50
Fortschritt 49
fortuna 206
Forum internum 106
Fragen 204, 221
Fragewesen 235
Frankfurter Schule 64, 126
Franklin, B. 79
Frau 46, 317
freedom 127
Freiheit 81, 125, 126, 127, 130, 154, 195, 235
Freiheit, Beweis 130
Freiheit, Grenzen der 130
Freiheit, individuelle 60
Freiheit, positive 128
Freiheit-wovon 128
Freiheit-wozu 128
Freiheitsgefühl 85
Freiheitsprobleme 130
fremde Metaphysik 205

fremde Welt 189, 200
Fremdheit 188
Freud, S. 53, 122, 228
Freude 91, 180
Freudo-Marxismus 65, 111
Frieden 195
Frisch, v. 80
Fühlen 178
Für-sich-sein 87
Furcht 91

Gadamer, H. G. 200, 202
Gang, aufrechter 77
Gassendi, P. 211
Gefühl 178
Gehirn 102
Gehlen, A. 42, 57, 78, 80, 141
Geist 57, 81, 114, 138, 173
Geist, Heiliger 112
Geist in der Maschine 96
Geist, objektiver 190
Geist, theoretischer 173
Geist, Widersacher der Seele 111, 112
Geistesleben 47, 190
Geisteswissenschaften 23, 54, 114
Gemeinsinn 116, 175
Gemüt 116, 178
Genesis 49
genetische Methode 49
Genie 193
Gerechtigkeit 219
Geschichte 33, 68, 73, 158
geschichtliche Dimension 192
Geschicht(lichkeit) 148, 150, 188
Geschick 206
Gesellschaft 126, 197
Gesellschaft
, bürgerliche 124
Gesellschaft
, entfremdete 197
Gesellschaft
, herrschaftsfreie 215

Gesellschaft, neue 64
Gesellschaft, offene 60
gesund 219
Gesundheit 191
Gesundheitswesen 192
Getast 174
Geulincx, A. 97
Gewissen 82, 105, 122, 123, 164, 209
ghost 117
Gleichheit, ontologische – aller Menschen 60
Glück 211
Glück, kleines 211
Goclenius, R. 23
Goethe, J. W. 208
Gott, sterblicher 77, 196, 231
Gotteskind 77
Grund 40
Grundbedürfnisse 169
Grundbefindichkeit 180
Grund, endothymer 178
Grund, Satz vom 115
Gruppentherapie 66
gut 219
Gymnasium, humanistisches 224

Habermas, J. 64, 146, 162
Habitualität 143
Habitualitätsbereich 142
Habitualitätsmoment 197
Habitus 165
Habitus, praktischer 164
Haeckel, E. 45, 50, 51, 146, 227
Halluzinationen 177
Hand 78
Hand – Kopf 33
Handeln, zweck- und wertrationales 115
Handlung 70, 137, 153, 158
Handlung, Deuten der 160
Handlung, Erklären der 160
Handlung, Folgen der 172
Handlung, Kausaltheorie 154
Handlung, Modalitäten der 157

Handlung, praktische 151, 163
Handlung, theoretische 172
Handlung, Verstehen der 160
Handlungsaktualisierung 170
Handlungsbewertung 160
Handlungserfahrung 159
Handlungsketten 158
Handlungskontextualität 158
Handlungslehre, materiale 160
Handlungslehre, phänomenologische 162
Handlungslogik 170
Handlungsperson, individuelle 154
Handlungsperson, soziale 154
Handlungssachverhalt 155
Handlungsschematisierung 155
Handlungstheorie, analytische 70
Handlungsursprung 154
Harmonie, prästabilierte 98
Hartmann, Ed. v. 65, 109, 110, 180, 211
Hartmann, N. v. 124, 134, 165, 180, 211
Hebenstreit 44
Hegel, G. W. 45, 46, 212
Heidegger, M. 61, 63, 65, 91, 92, 126, 131, 163, 165, 179, 180, 187, 190, 199, 202, 203, 211
Heiliges 192
Heilsein 219
Herder, J. G. 41, 45, 78, 80, 140
hermeneutische Situation 200
Heyer 48
Historia 71
Historismus 38, 50, 222
Hobbes, Th. 168, 195, 196, 228
Hoffnung 91
Homer 102
Hominisation 22

Hominismus 22, 72, 224
homme 22
homo 21, 233
homo coquens 79
homo creator 229, 233
homo faber 162, 163, 229, 233
homo ludens 79, 163, 233
homo oeconomicus 233
homo patiens 233
homo sociologicus 233
homo sapiens 232
homo viator 233
Horizont 186, 187
Horizontcharakter 188
Horkheimer, M. 66
Hormon 167
Huizinga 79
Humanismus 22, 40, 72, 223ff.
Humanismus, christlicher 224
Humanismus, existenzialistischer 224
Humanismus, naturaler 62
Humanismus, Neu- 224
Humanismus, pluraler 235
Humanismus, Renaissance 223
Humanismus, sozialistischer 224
Humboldt, W. v. 45, 46, 124, 140, 186, 204, 211
Hume, D. 69, 85
Hundt, M. 23
Hunger 167
Husserl, E. 93, 107, 131, 149, 163, 196, 199, 201, 202

Ich 121
ich 121, 122, 198, 202
Ich, idealistisches 122
Ich, Fichte 122
Ich, Kant 122
Ich-Hier-Jetzt 93
id 109
idea 174
Idealismus 38
Idealismus, transzendentaler 197

Idealtypus 218
Ideen, angeborene 146
Identität 66, 197, 214
Identitätserwerb 214
Identitätsfindung 209, 214
Identitätstheorie 99
Identitätsverlust 197
identitatis, principium 121
Idio-Welt 194, 199
Illusionen 177
imaginaire 139
imaginatio 139
imagination 139
inclinatio 167
In-der-Welt-sein 182
Individualentwicklung 45
Individualismus 195
Individualität 120, 124
Individualwelt 189
Individuationsprinzip 94
Individuum 46, 120
Informationswelt 193
innerer Sinn 175
inscius 108
Instanzen 86
Instinkt 144
Instinktentbundenheit 78
Instinktreduktion 42
Institution 58, 197
intellectus 114
Intellektueller 63, 116
intelligentia 114
Intelligenz 81, 116
Intentionalität 107, 154, 155, 177
Interaktion 197
Interaktion(ismus), Theorien 97
Interdialektik 196
Interdiaontik 196
Intermundivität 202, 203
Internalisierung 209
Intersubjektivität 194, 196, 197
Intersubjektivitätselbst 197
Intersubjektivitäts-Reflexivität 213

Intuition 78
Ironie, romantische 47
Isomorphismus 97

Jaspers, K. 72, 106, 126
je-Ich 121
Jung, C. G. 65, 101, 111, 113, 123, 141, 210

Kallistik 173
Kamper, D. 67
Kampf 195
Kampf ums Dasein 50
Kant, J. 34, 71, 105, 122, 124, 131, 140, 144, 149, 161, 166, 173, 174, 175, 179, 181, 197, 203, 211
Kapitalismus 185
Kastenmodell 96
Kehre 202
Kelsen, H. 165
Kernschichtung 133
Kernschichtung, Human- 136
Kernschichtung, kosmologische 135
Kettenhandlungen 158
Kierkegaard, S. 125
Kind 46
Kindergarten 190
Klages, L. 112
Klassen 53
Klassenvorgeprägtheit 146
Klaus, G. 207
Klavierspielermodell der Seele 100
Kleidung, Menschsein 80
Köhler, W. 80
Körper 89
Körper – Leib 88
Kollektivismus 124
Kolonialismus, anthropologischer 19
Kompetenz, kommunikative 146
Komplementarismus 99
Konstatieren 176
konstituierende Leistung 202
Konstitution von Welt 187

Kontextualität 156, 170
Konstellation 170
Konventionalismus 146
Kopernikanische Wende 181, 202
Kosmetik 182
Kosmetologie 182
Kosmologie, anthropologische 181
Kosmonaut 182
Kosmopolit 182
kosmos 133, 182
Kosmos, Stellung im 56
krank 216, 219
Kranker 191, 215
Kreativität 58
Krieg 195
Kritik 118
Kürfreiheit 128
Kultur 118, 190
Kulturanthropologie 24
Kultur-Dreieck 191
Kulturgut 191
Kulturleben 191
Kulturwelt 190
Künste, banausische 127
Künste, freie 127
Künste, mechanische 127
Künstler 191
Kunst 193
Kunstrezipient 191
Kunstwelt 193
Kybernetik 27, 227

Lamettrie, J. 43, 227
Landmann, M. 190
Lavater, J. K. 113
Leben 47, 103, 138
Leben, menschlich-geschichtliches 47
Lebensbedürfnisse 104
Lebenserfahrung 177
Lebensform 54, 104
Lebensform, sozio-kulturelle 82
Lebensgeister 102

Lebensphilosophie
   48, 54, 118, 179
Lebensqualität   103, 104, 124,
   203
Lebensraum   188
Lebenssicherung   169
Lebenssinn   103
Lebensstandard   218
Lebensstil   104
Lebenswelt   47, 103, 177, 180,
   189, 200
Legitimation   214
Leib   88, 89, 90, 93
Leib-Apriori   93
Leib, Ausdrucksfeld   90
Leibgefühl   90
Leibraum   92
Leib, Verhalten   90
Leibwelt   93
Leibzeit   92
Leib-Leben-Erleben   90
Leib-Seele-Problem   93
Leibniz, G. W.   98, 109, 124, 181
Leiche   89, 93
Leidenschaft   178
Leier modell der Seele   100
Leisegang, H.   173
Leistungstrieb   168
Lerntheorie   147
Letztboden   199
lex naturalis   38
Liberalismus   127, 128
libertas   127
liberty   127
libido   111
life-long-learning   192
Locke, J.   69, 195
Logik, mythische   173
Logik, rationale   173
logos   112
Logotherapie   65
Lokomotiv-Modell   100
Lorenz, K.   80, 145, 168
Luckmann, P.   199
Lukács, G.   64
Lust   181

Machttrieb   168
Malebranche, N.   97
man   22, 212, 216
Manipulation   148
Mann   46, 217
Mann von Welt   182
Marcuse, H.   66, 67, 111
Marx, K.   39, 52, 64, 79, 125, 193,
   212, 227
Marxismus   126, 206, 214
Maske   123
Materialismus   98
Materialismus
   , anthropologischer   43, 227
Materialismus
   , dialektischer   61
Maximal-All-Welt   201
me   121
Medizin   192, 206
Medizin, neue   52
Medizin, romantische   46
Meget-anthropos   45
Melanchthon, Ph.   23
mens   113
Mensch   22, 73, 78
Mensch, der neue   64
Mensch – Welt   41, 42
Mensch, Wesen   221
Menschenantlitz   76
Menschenbild   54
Menschenbild, wissenschaftliches
   231
Menschenbild, kybernetisches
   231
Menschenkunde   26
Menschenrechte   218, 219
Menschenrechte, Charta der
   127
Menschentum, nichteuropäisch
   15
Menschenverstand, gesunder
   116, 175
mental   117
mental-physical   95
Mentalismus   98
Merkwelt   187

Merleau-Ponty, M. 93
Meta-Anthropologie 30
Meta-Ethik 85
Metaphysik 204
Mikro-anthropos 45
Mikrokosmos – Makrokosmos 45, 135, 183
Milieu 188
mind 117
mind – body 95
Minimal-All-Welt 201
Mirandola, Pico della 41
Mit-einander-sein 195
Mitmensch 122
Mit-sein 196
Mitwelt 126
Mitwelt, soziale 192
Möglichkeit, Vermögen der 128
moi-Ich 121
moira 205
Moleschott, J. 227
monde 183
Monadengemeinschaft
, universale 201
Monismus 134
Monismus, psychophysischer 99
Moral 80
mors 207
mort 207
mos 144
Motiv 155, 165
Motivation 178
motus 167
Mundial 203
mundus 182
Mutterwitz 116
mystische Erfahrung 177
Mythos 204

Nähe 188
Nahsinn 174
Natur 73, 133, 190, 225
Naturgesetz 38
Naturrecht 38
Natur, zweite 145

natura humana 43
Naturalismus 50
Negation 82
Negativhandlung 157
Nein-sagen-können 145
Neo-Behaviorismus 69
Netzhandlungen 158
Neue, das 217
neuer Mensch 64
Neue Welt 183
Neuhumanismus 224
Neuropsychologie 89
nex 207
Nichts 126
Nietzsche, F. 78, 132
Noema 170
Noesis 170
nomos physikos 38
Normbefolgung 219
normal 159
Normalwelt 159, 188
Normalwelt, universale 201
Normalität 172, 216
Normalitätsaspekt 158
Normenorientierung 156, 164
nous 113
Novalis, F. 45

Objektivität, wissenschaftliche 201
Occasionalismus 97
Offenheit 60, 128, 143
Ontogenese 45
Ontologie, medizinische 52
orbis 182
ordo 183, 206
orexis 167
Organ 90
Organtheorie 193
Orphik 88
Ort 188
Ostwald, W. 50, 227
other minds 196

Pädagogik 192, 213
Paläopsyche 110

Panpsychismus 98, 118
Paracelsus, A. Th. 47
Parallelismus 97
Parallelismus, psycho-
 neurophysiologischer 97
Parallelismus, psychophysischer 97
Pascal, B. 45
passio 178
Pathochronie 92
pathologisch 178
pathos 177
Persönlichkeit 124, 209
Persönlichkeit, Entfaltung der 124, 210
Persönlichkeit, Jargon der 125
Persönlichkeit, mündige 59
Person 123
Personalismus 123, 124
Phänomenalismus 98
phantasia 139
Phantasie 138, 139, 140, 155, 173, 179
Phantasie, motorische 166
Phantasie, praktische 140, 166
Phantasie, produktive 175
Phantasie, reproduktive 175
Phantasie, theoretische 175
phantasma 139
Phantom-Erlebnis 92
Philosophia 183
Philosophicum 52
Philosophie, analytische 196
Philosophie, anthropologische 71, 72
phren 113
Phrenologie 113
Phylogenese 45
Physicum 52
physis 133
Plastizität 143
Platner, E. 44, 47, 109
Platon 33, 146, 165, 168, 178, 183, 206
Plessner, H. 57, 58, 156
Pluralismus 133

Pluralismus, anthropologischer 223
pneuma 94, 112
pneuma hagion 112
Pneumatik 23
Pneumatiker 94
Pneumatologie 23
poesis 161
Polarität 133, 218
Polaritätsmodell 217
Politik 192
Popper, K. 60, 95
Portmann, A. 79
pragmatisch 40
praxis 161
Praxis – Theorie 176
Praxisprävalenz 60
preknowledge 176
Privatsprache 200
Privatwelt 200
Probleme, anthropologische 235
Produkt 191
Produzent 191
progress 49
Proletariat 125
Prometheus 33, 77
Prozeß 49
psyche 94, 101
Psychiker 94
Psychoanalyse 27
Psychologie 23, 26
Psychologie, geisteswissen-
 schaftliche 52, 114
Psychologie, medizinische 124
Psychologie, neue 52
Psychologie ohne Seele 114
Psychosomatik 88, 99

raison 116
Rassismus 230
ratio 39, 113
Rationalismus 40, 114
Rationalität 115, 156
Rationalität, formale 115
Rationalität, materiale 115
rationality 117

Räumlichkeit 148, 187
Raum 92, 188
Raumleib 92
Reaktion 144
Realismus, empirischer 197
reason 117
reasonableness 117
Recht 192
Reduktionismus 98
Referenz 153
Reflex 144
Reflexion 73, 82, 107
Reflexivität 137, 144, 208
Reformation 41
Reich, O. 111
Reifung 210
Reinhold, K. L. 105
Reiter-Pferd-Modell 100
Reiz-Reaktions-Schema 69, 153
Religion 192
Renaissance 40
Revolution 53
Revolution, wissenschaftlich-technische 193
Romantik 46, 179
romantischer Mensch 47
Rothacker, E. 57
Rousseau, J. J. 130
Rücksichtslosigkeit 157
Ryle, G. 69

Sachlichkeit 81
saeculum 182
Säkularisierung 38, 182
Sartre, J. P. 125, 126, 189
Scheinproblem 96
Scheler, M. 56, 77, 82, 123, 145, 163, 167, 180, 196, 229
Schelling, F. W. 46
Schema 92
Schemata 175
Schematismus 140
Schichten 133
Schichtengesetze 134
Schichten-Modell des Unbewußten 108, 109

Schichtenphilosophie 134
Schichtung, anthropologische 132
Schicksal 206
Schiller, F. 79
Schleicher, A. 48
Schluß, praktischer 170
Schöpfer und Geschöpf der Kultur 58, 190
Schöpfungsakt 37
Schopenhauer, A. 211
Schulanthropologie 43
Seele 100, 101
Seele, Sitz der 102
Sehnsucht 167
Sein-als 196
Sein und Sollen 106
Selbst 119, 202
Selbstbestimmung 123
Selbstbewußtsein 107
Selbstbewegung 90
Selbstentfremdung 209
Selbsterhaltungstrieb 168
Selbstfindung 210
Selbstgewinnung 210
Selbstidentität 124
Selbstsein 208
Selbstverantwortung 123
Selbstverständlichkeit 199
Selbstwerden 209
sensus 173
sensus communis 116, 175
Sexualtrieb 168
Sicherheitsbedürfnis 169
Siegel 139
Sinn 153, 204, 205
Sinne 91
Sinne, fünf 174
Sinnenleib 91
Sinnlichkeit 173
Sinnlichkeit, praktische 166
Sinnwesen 230
Sitte 144
Sittlichkeit 144
Situation 156, 170
Skeptizismus, anthropologischer 222

Skinner, B. F. 152, 162
Sokrates 165
Solipsismus 195
Sollen 88, 144
soma 88, 94
soma – sema 88, 96
Somatiker 94
Sonnemann, U. 63, 67
soul 101
Sozial-Darwinismus 51
Sozialdimension 59
Sozialisation 209
Sozialismus, philosophischer 194, 196
Sozialismus, schöpferischer 64
Sozialphilosophie 194
Sozialwelt 189
Spencer, H. 51
Spielen 79
Spinoza, B. 185
spirit 117
Spiritualismus 98, 118
spiritus 113
spiritus animales 102
spiritūs sanctus 112
Spontaneität 144, 154
Sprache 42, 57, 78, 202
Sprache, Menschsein 80
Sprachform, innere 140
Sprachhandlung 163
Sprachkompetenz 146
Spranger, E. 140, 179
Sprechen 197
Staat 192
Stabilisierung 197
Stand 183
Stegmüller, W. 201
Sterben 206
Sterblicher 77
Steuermannmodelle 99
Stimmen 179
Stimmung 91, 179
Stimulus-Response-Schema 69, 153
Stoa 130
Streben 168

Struktur 67
Strukturalismus
, anthropologischer 67
Subjekt 22, 38
Subjekt-Objekt-Spalte 106
Sündenfallmythos 33, 36, 77
Synchronik 71
syneidesis 104
syntheresis 104
Systemtheorie 28
System der Welt 185
Szientismus 62

tabula rasa 146
Tätigkeit 153
Tat 155, 172
Tatsache 172
Technik 173, 193
temps vécu 149
Tetens, J. N. 44, 161, 178, 179
thanatos 207
Thanatologie 207
Thema 155
theoria 160
Theorie, kritische 64
Theorie und Praxis 161, 176
Therapie 65
Thomas v. Aquin 91, 96, 202, 210, 229
thymos 178
Tiefenhermeneutik 111
Tiefenpsychologie 27
Tier, arriviertes 227
Tier, nichtfestgestelltes 57
Tiersprache 80
Tod 81, 93, 126, 130, 206
Todestrieb 111, 169, 208
tool making animal 79
Topos 180
Totalität 124
Totalliberalismus 195
Totalität des Daseins 204
Tradition 78, 81, 203
Tradition, griechische 36
Tradition, katholische 36
Tradition, protestantische 36
Transzendentale, das 131

Transzendentaltheorie 147
Transzendenz 131
Transzendenz des Daseins 141
Tremendum 117
Trieb 167
Triebe, ökonomische 168
Trieblehren 168
Triebsystem 53, 65
Tugend 165
Tugendkataloge 165
Tun 156
tyche 206

von Uexküll, J. 57, 187
Überbau 188
Über-Ich 111, 122
Überlegung 170
Übermensch 132
übernormal 159
Über-sich-hinaus 17
Uhr, biologische 92
Uhrengleichnis 100
Umgreifendes 126, 186
Umwelt 57, 69, 145, 203
Umwelttheorie 187
unbekannt 200
Unbewußtes 46, 53, 65, 108, 109, 111, 138
Unbewußtes, kollektives 65, 110
Unbewußtes, metaphysisches 65, 110
Unbewußtes, persönliches 65, 110
Unbewußtsein 109
Unendlichkeit 133
Unheimlichkeit 189
Universalität 124
Universalmenschheit 201
Unlust 181
unreif 159
Unspezialisiertheit d. Menschen 78
Unsterblichkeit 95, 206, 208
Unterbau 193
Unterbewußtes 47
Unterlassung 157, 170
Urphantasie 141
Urteilskraft 174

Vacherot, E. 48
Variation des Menschseins 54, 215
Verantwortung 157, 172
verbal behavior 152, 162
Verbrechen 220
Verdinglichung 213
Verfallen 212
Vergegenständlichung 213
Verhältnisse, materielle 193
Verhalten 152
Verhaltensmuster 147
Verhaltenswissenschaften 26
Vermögen 143
Vernachlässigung 157
Vernunft 39, 115, 174
Vernunft, praktische 140
Versachlichung 213
Verstand 113, 115, 174
Verstandesmensch 116
Verstehen 54, 90, 200
Verstoß 219
Versuch 170
Vertrautheit 199
Virchow, R. 52
virtus 165
visio 174
vita 103
vita activa 210
vita contemplativa 210
Völkerpsychologie 52
Vogt, C. 227
Volksgeist 196
Vollkommenheit 211
Voluntarismus 229
voluntas 166
Vorhaben 170
vorhanden 167
Vorsehung 81
Vorstellung(skraft) 139
Vorverständnis 147, 176

Wachs 139
Wahl 170
Wahrnehmung 176
Ware Mensch 213
Watson, J. B. 68

Wechselverhalten, sprachliches 160
Wechselwirkungs-Theorien 97
Weib 217
Weizsäcker, V. v. 99
Welt 78, 136, 182, 186, 198
Weltanschauung 39, 54, 140, 186, 187
Weltanschauungen, Philosophie der 54
Weltbewältigung 203
Weltbild 187, 189
Welt, dritte 37
Weltentwurf 141
Welteroberung 203
Welt, fremde 188, 200
Weltgeist 185
Welt, kranke 219
Weltleib 93
Welt, meine 199
Welt, Mensch und 182
Welt, Neue 37, 133
Welt, physikalische 189
Welt, präreflexive 188
Welt, schizophrene 159
Weltseele 118
Weltvernunft 185
Welt, verrückte 159
Weltweisheit 185
Welt, wissenschaftliche 189
weltlicher Mensch 182
weltoffen 57
Werk 118, 191
Werken 79, 172
Werkzeug 79
Wert 118
Wertphilosophie 180
Wertschätzungsbedürfnis 169
Wesensfreiheit 128
White, R. J. 102
Wille 85, 165
Willensakt 170
Willensfreiheit 70, 128
Winkelmann, J. J. 224

Wir 126, 211
Wir-Welt 200
Wirken 163, 172
Wirklichkeitskonstitution 93, 162
Wirkwelt 187
Wirtschaft 193
Wirtschafter 191
Wissen ist Macht 38
Wissenschaft 175, 193
Wittgenstein, L. 200
Witz 174
Wolf 195
Wolff, Chr. 105
Wollen 170
world 183
Wright, v. G. H. 170
Wundt, W. 52
Wunsch 170

Yangprinzip 217
Yin-Yang-Modell 133

Zeitalter 182
Zeitbewußtsein 81
Zeiterlebnis 92
Zeitleib 92
Zeitlichkeit 148, 188, 202
Zeitlichkeit, Human- 149
Zeit und Raum 148
Zivilisation 190
zoe 103
zoon logon echon 34, 80, 112, 163
zoon politikon 34
zoon theion 230
Zufall 205
Zufriedenheit 211
zuhanden 91, 167
Zukünftigkeit 203
Zukunft 51
Zurechnungsfähigkeit 123, 157
Zu-sich 17
Zwischenwelt 140

Alwin Diemer
Elementarkurs Philosophie: Dialektik
224 Seiten, 22 Graphiken, Broschur

Was bedeutet »Dialektik«? Ist sie eine »Leerformel«, »logische Falschmünzerei«, mehr als nur ein aktuelles Schlagwort innerhalb der geistigen Auseinandersetzungen? Ihre Befürworter sehen in ihr die Grundgesetze der Wirklichkeit wie des Denkens. – Aufgabe einer kritischen Philosophie muß es sein, vor der Kritik, sich selbst zu informieren, um dann auch die Position des kontroversen Standpunktes zu verstehen. Diese Darstellung schafft die Voraussetzungen, die Dialektik in allen ihren Problemsituationen zu erfassen.

ECON Verlag · Postfach 9229 · 4000 Düsseldorf 1

Alwin Diemer
Elementarkurs Philosophie: Hermeneutik
296 Seiten, Broschur

Hermeneutik ist die »Lehre vom Verstehen«, aber auch die »Kunst des Verstehens« oder die »Normen des Verstehens«. Dieser Band befaßt sich mit allen Aspekten der allgemeinen oder philosophischen Hermeneutik: Er beleuchtet den historischen und systematischen Wortsinn, zeichnet die historische Entwicklung und die verschiedenen Richtungen auf und liefert innerhalb der Systematik die einzelnen Theorien sowie die Typologie des Verstehens.

ECON Verlag · Postfach 9229 · 4000 Düsseldorf 1